DICTIONNAIRE HÉRALDIQUE

DE L'AUVERGNE.

DICTIONNAIRE HÉRALDIQUE

DE L'AUVERGNE,

FACILITANT
LA RECHERCHE DU NOM DES FAMILLES
AUXQUELLES APPARTIENNENT LES ÉCUSSONS OU ARMOIRIES
PEINTES, SCULPTÉES, GRAVÉES
OU ÉMAILLÉES SUR LES MONUMENTS DE TOUTE NATURE,
LESQUELLES, EN GÉNÉRAL, FIGURENT DANS LE NOBILIAIRE D'AUVERGNE,
OU SONT PEINTES
DANS L'ARMORIAL GÉNÉRAL DE LA GÉNÉRALITÉ DE RIOM,
EXISTANT A LA BIBLIOTHÈQUE IMPÉRIALE ;

PAR

J.-B. BOUILLET,

CHEVALIER DE LA LÉGION D'HONNEUR,
CORRESPONDANT DU MINISTÈRE DE L'INSTRUCTION PUBLIQUE POUR LES TRAVAUX HISTORIQUES,
MEMBRE DE L'INSTITUT DES PROVINCES DE FRANCE
ET DE PLUSIEURS ACADÉMIES ET SOCIÉTÉS SAVANTES, NATIONALES ET ÉTRANGÈRES.

CLERMONT-FERRAND,
TYPOGRAPHIE DE PAUL HUBLER.
1857.

INTRODUCTION.

On voit des écussons chargés d'armoiries, partout, sur les tours et sur les portes des châteaux, sur les portes de beaucoup d'édifices publics et privés, sur les tombeaux, sur les sceaux, dans les églises, notamment sur les clefs de voûtes; et le plus souvent l'archéologue et le simple curieux ne peuvent dire à quelle famille appartiennent ces marques de distinction.

Les pierres sépulcrales ont souvent aussi des armoiries qui révèlent les noms et les titres de ceux qui reposent sous ces sortes de dalles.

Pour arriver d'une manière certaine à expliquer ces marques archéologiques, et pour éviter des recherches souvent infructueuses, nous voulions, immédiatement après avoir fini le *Nobiliaire d'Auvergne*, publier, comme complément, un DICTIONNAIRE HÉRALDIQUE de la même province; mais comme nous avions d'autres travaux sur le chantier, force nous a été de suspendre.

Ayant vu avec un très-grand bonheur que M. Potier de Courcy avait eu, *pour la Bretagne*, la même pensée que nous, et qu'il nous avait dévancé, nous avons remis très-activement la main à l'œuvre.

Considérant son ouvrage, le *Dictionnaire héraldique de la Bretagne*, comme un excellent guide, nous l'avons suivi quant à la classification alphabétique. Comme cet auteur, nous avons divisé notre travail en cinq chapitres, en débutant par les émaux des champs des écussons, puis les partitions de l'écu, et ensuite nous avons indiqué les figures héraldiques ou pièces honorables, etc.

Dans un nobiliaire disposé par ordre alphabétique, il est facile de trouver les armoiries d'une famille, mais il n'en est pas de même pour appliquer le nom du possesseur d'un écusson que l'on voit isolé sur une porte ou sur une clef de voûte.

Les armoiries furent accordées ou autorisées par les rois, aux familles, aux communautés et aux corporations civiles et religieuses, comme une distinction transmissible à perpétuité.

L'opinion qui fait remonter les armoiries au-delà du dixième siècle, est réfutée par Spelman, André Duchène, les Frères de Sainte-Marthe, Justel, Lepinoy, Chifflet, Fauchet, Dutillet, le P. Ménestrier, le P. Mabillon, etc.; ces auteurs disent que ce sont les tournois qui ont fait fixer les armoiries.

On peut admettre, comme le dit M. de Courselles, que l'origine des armoiries remonte incontestablement à la fin du 10ᵉ siècle, plusieurs sceaux l'établissent; mais c'est plus particulièrement à l'époque des croisades qu'elles ont été régulièrement établies, puisqu'elles devinrent des récompenses accordées aux chevaliers et aux villes qui se distinguèrent dans les guerres saintes. C'est de ces guerres saintes que sont venues ces multitudes de croix de toute forme, de toute couleur, de toute dimension, qui ornent les armoiries. Plusieurs familles dont les armes ne figurent pas au musée historique de Versailles, n'ayant pas eu d'ancêtres à l'une des sept croisades, ont néanmoins introduit ce signe dans leurs blasons, par pure dévotion, et probablement sans l'intention de faire croire à une plus ancienne origine de leur noblesse.

L'empereur Henri-l'Oiseleur, qui régla les tournois en Allemagne, environ l'an 938, donna lieu d'inventer et de régler ces marques d'honneur, qui sont plus anciennes chez les Allemands que dans tout le reste de l'Europe.

Cependant, si l'origine des armoiries vient d'Allemagne, on peut dire que c'est en France qu'a commencé la science du blason (synonyme d'armoiries); car selon le père Ménestrier, les Français sont les premiers qui ont donné les préceptes, et les Allemands n'en ont presque rien dit. De la France, le blason, qui naquit, comme toutes les choses humaines, insensiblement, a passé en Angleterre, en Italie, en Espagne, etc.

Les armoiries n'ont bien été en usage que depuis le onzième siècle. Ce n'est que vers cette époque que l'on commence à voir des cottes d'armes, espèce de livrée composée de bandes de plusieurs couleurs, d'où sont venus la *fasce*, la *bande*, le *pal*, le *chevron*, la *losange*, etc., qui ont pour ainsi dire été le commencement des armoiries.

Charles V, par ses lettres du 9 août 1371, permit aux bourgeois de Paris de posséder fiefs et arrière-fiefs, sans être tenus de payer aucune taxe, et de porter des armes timbrées, comme les nobles d'extraction. Plus tard, les bourgeois les plus notables des provinces imitèrent cet exemple et demandèrent des armoiries.

Charles VIII, par lettres du 17 juin 1487, avait créé un maréchal d'armes, pour écrire, faire peindre et blasonner dans les registres publics les noms et les armes de toutes les personnes qui avaient le droit de porter cette marque de distinction.

Les remontrances que la noblesse, convoquée à Paris, fit à Louis XIII en 1614, pour ordonner une recherche de ceux qui avaient usurpé des armoiries, au préjudice de l'honneur et du rang des anciennes familles, et suivant les motifs des ordonnances de Charles IX et de Henry III, le roi établit un juge d'armes. Cet officier fut chargé de dresser des registres dans lesquels figuraient le nom et les armes des personnes réellement nobles, des ecclésiastiques, des officiers d'épée, de robe et de finance et tous autres ayant emplois. Chaque maison était tenue de fournir aux baillis et sénéchaux ses blasons et ses armes; mais tous les fonctionnaires pourvus de cet office, n'eurent pas l'autorité suffisante pour conserver le lustre des armes des grandes et anciennes maisons.

Dans un moment pressant d'argent, Louis XIV, par un édit du 20 mars 1696, mit à la disposition de ses intendants 500 lettres de noblesse qui furent accordées moyennant 6000 livres. Les choix devaient tomber, ainsi que le porte le texte de l'édit, « sur ceux qui s'étaient le « plus distingués par leurs mérites, leurs vertus et leurs « bonnes qualités, avec préférence de ceux qui, par des « emplois et des charges qu'ils avaient exercés, se se- « raient rendus dignes d'être élevés à ce degré d'honneur « et de distinction, même les négociants et marchands « faisant le commerce en gros, lesquels pourront le « continuer sans déroger. »

Par un arrêt du conseil d'Etat du 31 juillet de la même année 1696, tous ceux qui avaient obtenu ces lettres, étaient tenus de les représenter dans deux mois, pour tout délai, devant les commissaires départis dans chaque généralité, pour être taxés au conseil et pour jouir de la confirmation de noblesse. Ceux qui n'avaient pas satisfait au paiement des sommes auxquelles ils avaient été taxés, pour jouir de la confirmation desdites lettres, devaient payer la taxe, dans un mois, à dater du jour de la signification de l'arrêt, et faute par eux ou leurs descendants d'y avoir satisfait, les lettres obtenues étaient cassées et révoquées, sans pouvoir à l'avenir être rétablis dans leur noblesse.

A cette occasion, il fut fait au conseil un état des noms et surnoms des personnes, cet état fut envoyé dans les généralités pour que ces personnes fussent imposées aux charges roturières.

Plus tard, Louis XIV, persuadé que rien n'était plus digne de la gloire de son royaume que de rechercher les nouveaux abus qui s'étaient glissés dans le port des armoiries, et de prévenir ceux qui pourraient s'y introduire dans la suite, créa et établit à Paris, par un édit du mois de novembre 1696, une grande maîtrise générale et souveraine avec un armorial général ou dépôt public des armes et blasons du royaume. Toutes personnes, nobles ou bourgeois, et notamment les corporations des arts et métiers, furent dans l'obligation de faire enregistrer, moyennant 20, 25 ou 50 livres, leurs armoiries. Suivant ce même édit, M. Adrien Vannier fut chargé du bureau établi dans la généralité de Riom, pour recevoir les armoiries des personnes, des villes, des chapitres, des séminaires, des couvents, des communautés et des corps de justice. Il les transmettait aux commissaires généraux du conseil, député par Sa Majesté, par arrêts des 4 décembre 1696 et 29 janvier 1697, pour être enregistrées, peintes et blasonnées à l'armorial général. Les brevets étaient délivrés et remis à M. d'Hozier, conseiller du roi, généalogiste de sa maison, garde de l'armorial général. Aux personnes qui n'en produisaient pas et qui néanmoins avaient payé les droits, on leur imposait d'office des armoiries composées des pièces, meubles et émaux, suivant l'avis de M. d'Hozier.

Un édit du mois d'août 1700, supprima la grande maîtrise et les maîtrises particulières.

Beaucoup de prescriptions étaient faites aux anoblis,

dans la période de 1696 à 1700, et ces prescriptions ont été rarement exécutées; ainsi, par exemple, suivant la déclaration du roi, du 3 mars 1699, les anoblis et tous autres ne pouvaient prendre la particule *De* devant leurs noms et signer autrement que les noms propres de leurs familles.

Suivant une autre déclaration du roi du 8 décembre 1699, tous roturiers possesseurs de terres titrées ne pouvaient porter les titres honorables de ces terres, à peine de cent florins d'amende pour chaque contravention.

Les cadets des maisons nobles devaient porter des brisures dans leurs armoiries de famille, sous peine de 50 florins d'amende.

Ceux qui, sans aucun titre ni droits, portaient sur leurs écussons des casques en pleine face, des couronnes de princes, de ducs, de marquis ou de comtes, étaient condamnés à trois cents florins d'amende.

Pour empêcher les usurpations qui étaient à charge au public et qui déshonoraient la véritable noblesse, il fut ordonné que les usurpateurs seraient condamnés à 2,000 livres d'amende.

Les roturiers qui auraient pris les noms et armes des maisons nobles, et même les nobles qui auraient pris les noms et armes d'autres familles nobles, sans permission, étaient condamnés à cent florins d'amende.

Ceux qui auraient usurpé les noms de fiefs et de terre qu'ils possédaient, dont le nom a donné le surnom à une famille noble, comme aussi les roturiers qui auraient pris les qualités de marquis, de comte, de baron, et autres titres honorables de terres titrées qu'ils possédaient, étaient condamnés à cent florins d'amende.

Ceux qui, ayant dérogé à la noblesse, avaient pris des titres et qualités, avant d'avoir obtenu des lettres de réhabilitation, étaient condamnés à pareille amende de cent florins.

Qu'arriverait-il, aujourd'hui, si, par exemple, un décret, portant les mêmes prescriptions que la déclaration du roi du 8 décembre 1699, était mis en vigueur, ou si l'on ordonnait une vérification des titres nobiliaires? Combien de nobles et de roturiers seraient pris en défaut! L'abus scandaleux que l'on fait de la particule nuit aux distinctions les plus honorables, et les met à la merci de la vanité et du charlatanisme. Combien pourrions-nous citer, dans le département du Puy-de-Dôme seulement, de noms de personnes qui se croient nobles et titrées, parce qu'elles ont découvert dans la ferraille d'un de leurs ancêtres un cachet sur lequel un graveur complaisant a surmonté des armoiries d'une couronne de comte ou de marquis! Combien de personnes, reniant le nom de leur père, s'approprient, sans droit, des qualifications nobiliaires! M. le premier président Delangle le disait déjà le 28 février 1855, dans un rapport présenté au Sénat : « Comment est-il possible, dans un État bien réglé, et quand l'existence de la noblesse est consacrée par la constitution elle-même, que le premier venu puisse à son gré s'affubler de titres auxquels il n'a pas droit; que pour satisfaire à des convenances prétendues de famille, de fortune, de position, sans autre règle que son caprice, il s'intitule baron, comte, marquis? »

De ces derniers, Molière en a fait justice dans son *Ecole des Femmes*, quand il dit :

> Quel abus de quitter le vrai nom de ses pères,
> Pour en vouloir prendre un bâti sur des chimères !
> De la plupart des gens c'est la démangeaison,
> Et, sans vous embrasser dans la comparaison,
> Je sais un paysan qu'on appelait Gros Pierre,
> Qui, n'ayant pour tous bien qu'un seul quartier de terre,
> Y fit tout à l'entour faire un fossé bourbeux,
> Et de Monsieur de l'Isle en prit le nom pompeux.

Bientôt, on doit l'espérer, nous verrons disparaître ces désordres et ces inconcevables prétentions de noblesse ; le gouvernement s'occupe sérieusement de cette question grave pour la société. Le Conseil d'Etat en a été saisi par ordre de l'Empereur.

Tous les noms que nous donnons dans cet ouvrage n'appartiennent pas, comme on le verra, à des familles nobles. L'édit de Louis XIV du mois de novembre 1696, en a fait introduire dans l'armorial général, déposé à la Bibliothèque Impériale, un très-grand nombre d'autres, avec les corporations des arts et métiers, les villes, les couvents, abbayes, etc. ; aussi nous distinguons très-soigneusement tous ces derniers par un astérisque, dans la pensée que leurs armoiries n'ont pas été confirmées, malgré l'arrêt du conseil du 19 mars 1697.

Pour les recherches que l'on voudra faire dans cet ouvrage, comme toutes les figures d'un écusson sont rangées par ordre alphabétique, il est facile après que l'on aura trouvé, au moyen de la table, une des pièces principales de l'écu, de voir si pour le champ on trouve le même nom se rapportant à celui de la pièce dont on veut avoir l'attribution.

Nous avons divisé, comme nous l'avons dit, notre travail en cinq chapitres.

Le Ier est consacré aux émaux du champ de l'écu;

Le IIe aux partitions de l'écu.

Le IIIe aux figures héraldiques ou pièces honorables;

Le IV aux figures naturelles subdivisées en :

§ 1er Figures humaines;

§ 2 Animaux;

§ 3 Plantes;

§ 4 Astres;

§ 5 Eléments;

Le Ve aux figures artificielles, subdivisées en ;

§ 1er Instruments de cérémonies sacrées ou profanes;

§ 2 Vêtements et ustensiles;

§ 3. Armes, enseignes et instruments de guerre, de chasse et de navigation;

§ 4. Ouvrages d'architecture;

§ 5 Instruments d'arts et métiers.

Nous devons prévenir nos lecteurs que la description des armoiries que nous donnons, est uniquement prise sur les écussons existant dans le *Nobiliaire d'Auvergne*, que nous avons publié en sept volumes, et dans *l'Armorial général de la Généralité de Riom*, déposé à la Bibliothèque impériale.

Nous ne reconnaissons, nous, quant à présent, que ces armoiries comme authentiques.

NOTIONS HÉRALDIQUES.

Il n'y a pas d'histoire sans blason. La science héraldique a joué pendant beaucoup de siècles un rôle important ; elle forme un caractère principal du moyen âge. Sa langue et ses lois doivent être connues des hommes qui veulent comprendre l'histoire. — L'antiquaire, l'archéologue ne doivent point l'ignorer.

Pour l'intelligence des personnes peu versées dans l'art du blason et qui auront à se servir de ce dictionnaire, pour la recherche, la description et l'explication des écussons, nous joignons ici une planche représentant les émaux et les principales figures héraldiques. Nous donnons aussi un abrégé très-succinct du langage héraldique.

ÉMAUX.

Pour les armoiries, deux métaux et quatre principales couleurs et deux fourrures ou pannes, constituent toutes les couleurs employées. On les nomme : *or, argent, gueules, azur, sable, sinople, hermine, vair et contre vair* (1).

---

(1) Règle générale, en blason on ne trouve pas métal sur métal, ou couleur sur couleur ; il n'y a que très-peu d'exceptions.

Les sculpteurs et les graveurs suppléent, pour représenter ces couleurs, des traits et des points; nous les donnons dans les doubles figures de la planche ci-contre.

L'Or ou le jaune est l'emblème des hautes vertus, la justice, a clémence, etc. Il indique aussi la richesse, la générosité et l'amour. Un pointillé le représente en gravure. (*Voyez figure* 1re *de la planche.*)

L'Argent, emblème de l'innocence, de la beauté et de la franchise, est uni, blanc, et n'est pas représenté par des hachures. (*Voyez fig.* 2.)

Le Gueules, la couleur rouge, est représenté en gravure par des hachures verticales, de haut en bas. (*Voyez fig.* 3). Il indique le courage, la vaillance et le carnage des combats, le sang versé pour la défense de la patrie.

L'Azur, bleu céleste, symbole de la douceur, de l'aménité et de la vigilance, représentant le ciel, est indiqué par des lignes horizontales. (*Voyez fig.* 4.)

Le Sable, le noir, adopté par les chevaliers qui voulaient garder l'incognito, désigne aussi le deuil, la tristesse, la prudence, l'humilité, le dégoût du monde; on l'indique par des lignes croisées, horizontales et verticales. (*Voyez fig.* 5.)

Le Sinople, moins employé que les autres couleurs dans les armoiries est *vert*. Il représente l'espérance, la jeunesse, la beauté, l'abondance, la courtoisie et la joie. La gravure le distingue par des lignes diagonales de droite à gauche (1). (*Voyez fig.* 6.)

L'Hermine, qui indique une haute autorité, une puissance, est une peau entièrement blanche (argent), couverte de mouchetures noires, placées en quinconce. On compte ces mouchetures en blasonnant si le nombre est inférieur à trois ou quatre. (*Voyez fig.* 7.)

Le Contre-Hermine, est la substitution des couleurs, c'est-à-dire le champ de sable et les mouchetures d'argent. (*Voyez fig.* 8.)

---

(1) Pour décrire un écusson, il ne faut pas se le figurer en face de soi, il faut au contraire le supposer placé sur sa poitrine.

COULEURS FIGURES
et Pièces Héraldiques des Ecussons.

1.	1.	2.	2.	3.	3.
Or.	Or.	Argent.	Argent.	Gueules.	Gueules.
4.	4.	5.	5.	6.	6.
Azur.	Azur.	Sable.	Sable.	Sinople.	Sinople.
7.	8.	9.	10.	11.	12.
Hermine.	Contre Hermine.	Vair.	Contre-Vair.	Parti.	Coupé.
13.	14.	15.	16.	17.	18.
Tranché.	Taillé.	Ecartelé.	Gironné.	Fretté.	Losangé.
19.	20.	21.	22.	23.	24.
Chef.	Pal.	Fasce.	Bande.	Barre.	Bordure.

Lith. Hubler.

J. B. Bouillet

Le *Vair* est composé d'argent et d'azur, au moyen de petites cloches opposées les unes aux autres et rangées sur quatre rangs ou tires. (*Voyez fig.* **9**.)

Le *Contre-Vair* est formé de cloches opposées par les bases et par les pointes, de pièces de même émail. (*Voyez fig.* **10**.)

Lorsque les pièces de vair sont d'autre émail que l'argent et l'azur, on dit que l'écu est *vairé* ou *contre-vairé*.

Le *Pourpre* est une couleur que l'on emploie aussi dans les armoiries, mais très-rarement. En gravure, elle est figurée par des lignes ou hachures dirigées de gauche à droite, et signifie la dignité, la puissance, etc.

L'homme, avec sa couleur naturelle, est dit *de carnation*.

Les animaux, les fruits, dans le même cas, sont dits *au naturel*.

PARTITIONS DE L'ÉCU.

On appelle *Partitions*, les différentes manières de diviser un écu en parties égales au moyen de lignes droites. Plusieurs auteurs ont prétendu que les partitions représentent des coups d'épée donnés sur les boucliers, les écus des combattants ; d'autres croient qu'elles viennent de l'usage de porter des habits de diverses couleurs.

Le *Parti* est représenté par une ligne perpendiculaire tirée du milieu du sommet de l'écu à la pointe de la base. (*Voyez fig.* **11**.)

Le *Coupé*, par une ligne horizontale, partageant l'écu. (*Voyez fig.* **12**.)

Le *Tranché*, par une ligne diagonale de l'angle droit du sommet, à l'angle gauche de la base. (*Voyez fig.* **13**.)

Le *Taillé* est le contraire du tranché : la ligne est de gauche à droite. (*Voyez fig.* **14**.)

L'*Ecartelé* en croix est produit par les lignes du *parti* et du *coupé* réunies. Le premier quartier, appelé quartier d'honneur, est à droite, au haut de l'écu, le deuxième à gauche, etc. (*Voyez fig.* 15.)

L'*Ecartelé* en sautoir est formé par la réunion des lignes du *tranché* et du *taillé*; et lorsqu'on y ajoute les lignes du *parti* et du *coupé*, la figure porte alors le nom de *Gironné*. (*Voyez fig.* 16.)

Le *Fretté* est produit par des bâtons croisés en sautoir, laissant des espaces vides et égaux, en forme de losanges. (*Voyez fig.* 17.)

Le *Losangé*,

L'*Echiqueté*. La première de ces figures ne diffère de la seconde que par la forme de ses pièces, qui sont en losange au lieu d'être en carrés. (*Voyez fig.* 18.)

FIGURES OU MEUBLES DE L'ÉCU.

On appelle *figures* ou *meubles*, tous les objets que l'on place sur le champ de l'écu. Leur nombre est infini, car chacun d'eux représentant un fait honorable, un vœu, un souvenir, ou même un caprice, on conçoit que le nombre doit en être multiplié.

Les figures sont de quatre sortes :
1º Héraldiques ;
2º Naturelles ;
3º Artificielles ;
4º Chimériques.

PIÈCES OU FIGURES HÉRALDIQUES.

Les figures formées de divers signes de convention du plus grand usage dans les armoiries sont appelées *figures honorables*, parce qu'elles ont été les premières mises en usage ; elles sont divisées en trois ordres.

PREMIER ORDRE.

Le premier ordre est composé de douze pièces très-fréquemment employées, savoir : *le chef, le pal, la fasce, la bande, la barre, la croix, le sautoir, le chevron, la bordure, le franc-quartier, l'écusson en cœur et la champagne.* Leur dimension est toujours du tiers de l'écu, sauf pour le franc-quartier, qui n'est que du quart à peu près.

Le Chef occupe la partie superieure de l'écu et n'en occupe que le tiers. (*Voyez fig.* 19.)

Le Pal, marquant la juridiction du baron, est placé au centre de l'écu dans le sens vertical. (*Voyez fig.* 20.)

La Fasce, ou ceinture du chevalier, dont elle reproduisait la couleur et les ornements. Elle occupe le milieu de l'écu dans le sens horizontal. (*Voyez fig.* 21.)

La Bande, représentant l'écharpe passée sur l'épaule, ou le baudrier de l'épée. On la représente au moyen d'une diagonale tirée de l'angle supérieur de droite à l'angle inférieur de gauche. (*Voyez fig.* 22.)

La Barre, représentant aussi l'écharpe du chevalier, mais disposée dans un sens contraire de la bande. C'est ordinairement un signe de bâtardise, quand elle est un peu diminuée de sa largeur. (*Voyez fig.* 23.)

La Croix, signe de notre rédemption, est formée au moyen de la réunion du *pal* et de la *fasce*. La forme en est très-variée.

Le Sautoir, que l'on obtient au moyen de la *bande* et de la *barre*, est une croix que l'on appelle souvent croix de saint Antoine et croix de Bourgogne.

Le Chevron, l'emblème de l'éperon, est pris aussi pour signe hiéroglyphique de toiture de château, des machines de guerre et des tours de bois en usage dans les siéges.

La Bordure, symbole de faveur et de protection, enveloppe l'écu, sans le couvrir entièrement. Les souverains l'ont accordée comme récompense d'un service signalé. (*Voyez fig.* 24.)

Le Franc-Quartier, que l'on place à l'angle supérieur à dextre de l'écu, sert souvent de brisure.

L'Ecusson en cœur, plus petit des deux tiers que l'écusson principal, occupe le centre ou le cœur de l'écusson. C'est presque toujours une concession d'un souverain.

La Champagne, occupe le tiers inférieur de l'écu. Elle n'a guère été employée que depuis les armoiries concédées par l'Empereur Napoléon Ier.

SECOND ORDRE.

Les figures de cet ordre, sont d'une origine plus récente que les précédentes, et par conséquent d'un usage moins fréquent. Elles sont au nombre de huit : *le Pairle, le Canton, l'Orle, le Trescheur, la Pointe, la Pile, le Lambel et le Giron*, très-peu usité.

Le Pairle, composé de trois rayons partant du centre de l'écu, a la forme d'un Y ; sa signification est incertaine. Les uns y voient la représentation de la sainte Trinité ; d'autres, celle des trois vertus théologales ; d'autres enfin, les trois grandes dévotions du chevalier : *son Dieu, son roi, sa dame* ; on y voit aussi la réunion du *pal*, de la *bande*, et de la *barre*, chacune pour la moitié de sa longueur.

Le Canton est plus petit que le franc-quartier, il n'occupe que le neuvième de l'écu et se trouve placé en chef, tantôt à l'angle dextre, tantôt à l'angle sénestre.

L'Orle est une bordure réduite à la moitié de sa largeur ordinaire et séparée des bords de l'écu.

Le Trescheur ou *Essonnier*, c'est l'orle rétréci dans sa largeur. Il est presque toujours double et souvent orné de fleurons.

La Pointe, pièce triangulaire, occupant les deux tiers de la base de l'écu et montant en angle aigu jusqu'au chef; quelquefois elle se meut d'un des flancs de l'écu. On dit qu'elle est posée en *fasce*, en *bande*, en *barre*, etc.

La Pile est la pointe renversée, qui est quelquefois double et triple.

Le Lambel est une pièce d'étoffe toujours placée horizontalement, ayant le plus ordinairement trois pendants; on l'emploie le plus souvent pour indiquer une brisure de branche cadette.

TROISIÈME ORDRE.

Les pièces qui composent cet ordre, sont des figures carrées ou rondes, comme :

Les Billettes, pièces carrées un peu plus longues que larges, et posées à plat sur l'écu;

Les Carreaux, pièces tout à fait carrées.

Les Losanges, pièces carrées, allongées, posées sur un des angles;

Les Fusées, losanges très-effilées;

Les Macles, losanges percées à jour par une ouverture carrée;

Les Rustes, macles, avec ouvertures en rond;

Les Besants, figures rondes comme des monnaies et toujours de métal;

Les Tourteaux, comme les besants, mais de différentes couleurs.

Les croix, qui jouent un si grand rôle dans le blason, ont un nombre infini de formes; on en comprend suffisamment les figures pour ne pas les rappeler ici.

Nous croyons inutile de donner les noms de toutes les autres figures, plantes et animaux représentés sur les armoiries, de même que l'explication de tous les termes, de tous les emblèmes employés dans la science héraldique.

Nous voulons cependant ajouter encore quelques noms de figures et quelques termes de blason, comme, par exemple :

Accompagné ou *accosté*, quand d'autres pièces accompagnent la pièce principale.

Alérions, aigle sans bec et sans pieds, aux ailes étendues.

Brisé, addition ou diminution des armoiries des puînés ou des cadets.

Brochant, lorsqu'une pièce passe sur les autres.

Chargé, pièces sur d'autres pièces.

Contourné, faisant face à la gauche de l'écu.

Cousu, quand le chef est de même couleur ou de même métal que le champ.

Créquier, espèce de pruniers sauvages.

Huchet, cor de chasse.

Léopard, lion à tête de face.

Massacre, tête de cerf ou de bœuf décharnée.

Merlette, oiseau sans bec et sans pieds, aux ailes fermées.

Patenotre, roue sans jantes.

Quintefeuille, fleur de pervenche à cinq feuilles.

Rai ou *Rai d'escarboucle*, roue ornée de fleur de lis.

Rencontre, tête de front.

Sur le tout, écu sur un autre écu écartelé.

Tierce-feuille, trèfle sans queue.

Vannet, coquille de saint Jacques vue intérieurement.

Vol, deux ailes étendues et jointes.

Demi-vol, une seule aile.

DICTIONNAIRE HÉRALDIQUE

DE L'AUVERGNE.

CHAPITRE Ier.

ÉMAUX DES CHAMPS.

§ 1. Champs d'or.
2. — d'argent.
3. — de gueules.
4. — d'azur.
5. — de sinople.

§ 6. Champs de pourpre.
7. — de sable.
8. — d'hermine.
9. — de vair.

§ 1er.

CHAMPS D'OR.

*Achard (1), greffier.
*Achard, femme Blic.
*Achimp, conseiller du roi.
*Aimuquet, lieutenant.
*Albanel, procureur.
*Albois, bourgeois.
*Alexandre, marchand épicier.
Aligier.
*Amariton de la Motte.

(1) Nous répèterons ici ce que nous avons dit dans l'introduction, que les noms précédés d'un astérisque viennent de *l'Armorial général de France*, formé en vertu d'un édit du mois de novembre 1696, et que les personnes ou les communautés qui ont fait enregistrer leurs armoiries, moyennant un droit de 20, 25 ou 50 livres, ne sont pas, pour la plupart, considérées comme nobles.

*d'Anchenet, docteur médecin.
*d'Andelat, femme.
André ou Andrieu, de Ludesse.
*d'Apchier, abbé.
d'Apchier.
d'Apchon-Saint-Germain.
d'Apchon.
*Apesier, chanoine.
d'Arbouse.
*Archimbaud, chanoine.
Aribert.
d'Arnoux.
d'Asenières ou d'Azènières.
*Aubert, chanoine.
d'Aubier.
d'Aubière.
*d'Aubusson, écuyer.
d'Aureille, écuyer.
d'Aurelle, écuyer.
*d'Aurellie, écuyer.
d'Auriouse, ou plutôt d'Aurouse.
*Auterroche, conseiller.
*Auterroche, bailli.
d'Auvergne (comtes).
d'Auvergne (dauphins).

de Baffie.
*Balleret, bourgeois.
*Baptiste, greffier.
des Barres.

*Barrier, greffier.
*Barthèlemy, bourgeois.
*Barthèlemy, lieutenant.
de la Baune-Pluvinel.
de Beauclair.
de Beaufranchet.
de Beaujeu.
*de Beauregard, conseiller.
de Bédoc.
de Belet.
Benaud ou Benault, de Lubières.
de Beraud de Bar.
*de Berbezet, seigneur.
*Bergounioux, marchand.
*de Bernard, écuyer.
*Bertier, bourgeois.
*Bertrand, curé.
de Blanchefort.
*Blatin, marchand.
*Blauf, avocat.
Bœuf.
Bohier ou Boyer.
*Boiras, conseiller.
*Boirc, conseiller.
*de Boisredon, seigneur.
de Boisset.
de Boissières.
*de Boissières, veuve.
*de Boissieux de Maisonneuve
*Boisson, bourgeois.
*Boissy, conseiller.
*Boissy, juge.

*Bompart, avocat.
*Bonhoure, avocat.
*Bonnafoux, lieutenant.
*Bonnet, avocat.
*Bordelle, gentilhomme.
Borel de Montchauvel.
de Bort.
de Bosquevert.
*de Bosredon, seigneur.
*Bouchard, femme.
*Boudaix, chanoine.
*Boudet, chanoine.
*Boudet, notaire.
*Bouilhat, prêtre.
de Bourbon.
*Bourlin, veuve.
de Bournac ou de Bournat.
*de Bournat, écuyer.
*de Bournat, veuve.
de Boussant.
*Boutevine, bourgeois.
de Bouzel.
*Boyer, conseiller.
*Brettanges, femme.
*du Breul, écuyer.
de Broglie.
*de Brousse.
*Brugeat, marchand.
*Brun, doyen.
du Buisson ou du Buysson.
du Buisson.
*Bure, procureur.

*Cabrespine, secrétaire.
*Cailard, conseiller.
*de Caldaguais, femme.
de Caldaguès.
*Canque, veuve.
*de Cantonnet, écuyer.
*la Carrière, conseiller.
*Carrière, avocat.
*de Castéras, écuyer.
de la Caze.
de Cereys ou Sereys.
*la Chabanes, bourgeois.
*de Chabannes, chantre.
*Chabrier, prêtre.
*Chaduc, chanoine.
*Chaivolle, bourgeois.
*de Chalier, gentilhomme.
*de Chalus, femme.
de Chalus, d'Entraigues.
*Chalvet, écuyer.
*de Chambon, veuve.
*Chamel, marchand.
de Chamerlat.
*de Champflour, veuve.
*Chandeyre, procureur.
*Chanteloup, prêtre.
*Chantemerle, marchand.
*Chapel, conseiller.
*Chapouilhe, marchand.
de Chappes.
*Charbonnier, marchand.
Chardon du Ranquet.
*de Chassaigne, dame.

*Chassaigne, marchand.
*Chassaing, bourgeois.
*Chassat, marchand.
de Châteauneuf-Randon.
de la Chaume.
*de Chaunat, s^r de Montlogier
de Chazeron.
*Chedeville, marchand.
*Chevalier, seigneur.
*Chevalier, bourgeois.
*Chevogeon, docteur en médecine.
*Chevogien du Vivier.
*Chirol, bourgeois.
*Choussy, contrôleur.
*Cistières, conseiller.
*Claux, marchand.
*Colin, chanoine.
de Cologne.
*Comte, chanoine.
*de Conquant.
*Costes, marchand.
*Courtade, bourgeois.
*de Courtaurelle, écuyer.
de Cousans.
*Cousserand, marchand.
*de Couzans, gentilhomme.
du Croc.
*Croizier, lieutenant.
*Croze, bourgeois.
*Cusson, marchand.

Damas.

*Darles, greffier.
*Dathènes, chanoine.
*Daudin, conseiller.
*Daurelle, greffier.
David.
*Dayran, écuyer.
*Delhors, chantre.
*Delhors, chanoine.
*Delperte, écuyer.
*Delprat, marchand.
*Delzons, procureur.
*Depreux, chanoine.
*Desgirard, femme.
*Dessaigne, gentilhomme.
*Destave, avocat.
*de Dienne, écuyer.
*de Digons, écuyer.
*de Diollet, seigneur.
*Dogerdias, avocat.
*Doussaint, notaire.
*du Doyer, femme.
*de Dry, seigneur.
*Dumas de Chastelmel.
*Dumas de Faugières.
*Dupont, écuyer.

*d'Escorailles, chanoine.
*d'Escorailles d'Elpouget.
*Espinouze, avocat.
*d'Estel de Montal.

*Fabre, procureur.
*Fabre, bourgeois.

*de Falvard, premier échevin.
de la Farge.
*de Fargues, seigneur.
*Faure, avocat.
Favard.
de Faydides ou Feydides.
*du Fayet, écuyer.
*de la Fayette.
*Ferget, écuyer.
*de Ferriolle, femme.
Feydets.
*Feydit, seigneur.
*de Fighac, écuyer.
*Fillias de Fernoel.
*Filliolle de Fauconnerie.
*du Floquet, conseiller.
Foix.
*de Fontanges, écuyer.
*de Fontfreyde, écuyer.
*Fortet, conseiller.
*de Fournols, écuyer.
*Foussat, chanoine.
*du Fraisse, bourgeois.
*du Fraisse, avocat.
*Fraissy, avocat.
*de Frédeville, marquis.
*Fressanges, chanoine.
*de Fretat, écuyer.
*Fromentin, femme.
de Fumel.

*Ganière, greffier.
*Ganil, prêtre.

*Garand Poncher.
*de la Gardette, bourgeois.
*Garnaud des Rois.
*Gaston, bourgeois.
*Gaytte, greffier.
*Gely, marchand.
*Génébrard, bourgeois.
de Giac.
*Gibral, avocat.
de Giou.
*de Girard, seigneur.
*Girard, chanoine.
*Gomet, greffier.
*Gourbine, notaire.
*Gourlat, conseiller.
*Gourlat, avocat.
*Goutenègre, conseiller.
*Goyt, conseiller.
*de la Grange, bourgeois.
*de la Grégie, bourgeois.
*Grenel, bailli.
Grenier.
de Grivel.
*Guaireau, marchand.
*Guérin, ecclésiastique et autres.
de la Guesle.
*Guévin, bourgeois.
*Gulhot, greffier.

*Haboust, prévôt.
Hautefort.
*Huguet, greffier.

des Issards.
d'Isserpens.

*Jacques, doyen.
*de Jadon, écuyer.
de Jarente.
de Jarrie.
Jory.
*Jouve, chanoine.
*Juvenceau, écuyer.

*Labaye, greffier.
*du Lac, écuyer.
du Lac.
*de Laire, chanoine.
de Laligier.
*Lambert, chanoine.
*de Langeac, seigneur.
de Langeac.
*de Lapchier, juge.
*Lardarel.
*de Larfeuille, notaire.
*de Lastier.
*de Laudan.
*de Laudent, chevalier.
*de Laudines, écuyer.
*de Lauriat, écuyer.
*Laval, prêtre.
de Lavieu.
*Laville, bourgeois.
*Lazenier, bourgeois.
*Legay, épicier.
*Lemeyris, marchand.

*de la Lende, trésorier.
de Léotoing.
*Lescure, bourgeois.
*de Lestrade, bourgeois.
de Lévis.
*Ligier de la Prade.
de Loménie.
*de Lorme, marchand.
*de la Loubère, seigneur.
de Ludesse.
*Luiller, bourgeois.

de Madic.
*Maignol, curé.
*Maignol, bourgeois.
de Malleret.
*Mallessagne, médecin.
*Mantaigne, lieutenant.
*Marcellanges, chanoine.
de Marcellanges.
le Maréchal.
*Mareghon, marchand.
de Marmiesse.
*Martinon, assesseur.
Marze.
*Masses, procureur.
*Massis, greffier.
*le Masson, notaire.
*de Matharel, bailli.
*Mathieu, conseiller.
*Maubert, marchand épicier.
*Maubet, avocat.
*May, procureur.

*Mayet, greffier.
de Mayet.
*Mayel, procureur.
*Mège, greffier.
de Meilhaud.
*Menudel, notaire.
Mercier.
Merle.
*Micolon, marchand.
Milhaud.
*Mirabeau, bourgeois.
*de Miramont, seigneur.
de Monceaux.
de Montferrand.
*Montiffaud, bourgeois.
de Montlaur.
de Montluçon.
de Montmorillon.
de Montredon.
*Moranges, chanoine.
de Moret.
*Morin, marchand.
*Morin, conseiller.
*Morin, greffier.
*Mothier, marchand.
*de Mouricaud, gentilhomme.
*Mournat, procureur.
*de Murat, chevalier.
de Murols.

*Norlas, marchand.

*Olivier, bourgeois.

*Ollier, conseiller du roi.
d'Ornhac.
d'Ossandon.
d'Ouvrier.

*Pageix, curé.
de Panevert.
de Parades.
*de Pastural, de Labrelle.
*du Pechier, gentilhomme.
*Peghoux, greffier.
*Peitavey, procureur.
de Pelabœuf.
*de Pélignère Delaire.
*Pelissier, doyen.
de Penne.
*Peraire, notaire royal.
*Perier de Bienassis.
*Périsel, marchand.
*Perret, marchand.
*Perron, bourgeois.
*de Peyrac.
de Peyre.
de la Peyrouse.
de Peyroux.
*de Peyrusse, gentilhomme.
de Pierrefort.
de Pierrevive.
*de Plaux de Regaud.
*Podevignes, prêtre.
Podevigne de Grandval.
de Pompignac.
*de Pons, chevalier.

*Pont, chanoine.
de Pontanier.
du Pouget de Nadaillac.
*Pouzadoux, chanoine.
*de Pouzat de Charmensac.
*Pradel, secrétaire.
*de Pradeville, bourgeois.
du Prat.
*Preuf, greffier.
de Prevenquières ou Provenquières.
du Puy.

*Rahon, bourgeois.
*Raslus.
*Ravel, premier assesseur.
de Ravel.
*Raymond, écuyer.
Raynaud, hoste.
de Reclaine.
*Redon, juge.
*Reynaud, procureur.
de Ribes.
*de Ribeyre de Combes.
*de Ribien, écuyer.
*de la Richardie.
*de Rigauld, bourgeois.
*de Riol, gentilhomme.
de Riom.
*Rochaix, chanoine.
*de la Roche du Fieu.
*Rochefort, conseiller du roi.
*Rochefort, lieutenant.

*du Ronzet, écuyer.
de la Roque-Senezergues ou de la Roque-Archambaud.
*Roudaire, greffier.
*Rouget, avocat.
*Rougier, marchand.
de Roussel.
*Roux, conseiller du roi.
*Roux, marchand.
*Roux, commissaire enquêteur.
de Rulhac.

*Sablon, conseiller du roi.
*Sadourny, chanoine.
de Saignes.
*de Saint-Martial, prêtre.
de Saint-Christophe.
de Saint-Exupéry.
de Saint-Pardoux.
de Saint-Quentin-Beaufort.
Salers.
*Saunier, fils.
*de Sauret, bourgeois.
*de Saussat, gentilhomme.
*Sauvage, conseiller du roi.
de Serre de Saint-Romain.
*Servolle, bourgeois.
*de Sirmond Barrel.
*Soubrany Benezit.
*Soulages, procureur.
*de Souleau, greffier.
Stuart.

de Tailhac.
*Tailhardat, notaire.
*Taillandier, chanoine.
de Tane.
du Teil ou Duteil.
du Teil.
Teilhard ou Teillard.
*Teilhot, chanoine.
*Teillard, conseiller du roi.
*Terrasse, bailli.
*Textorix, avocat.
*Textorix, chanoine.
de Thianges.
de Thiers.
de Tinières.
*Torrent, bourgeois.
de Toulet.
de la Tour-des-Bains et de Saint-Vidal.
*de la Tour.
*de Tournemire, écuyer.
de Tournemire de Marzes.
*Trébuchet, chanoine.
*Treille, écuyer.
*du Treul.
*Tristanges, bourgeois.
de Troussebois.

*Vachier.
*La Vallée, greffier.
*Vallin du Tour.
*Vazeilles, marchand.

*du Verger, marchand.
de la Vergne.
*Vernat, bourgeois.
*de la Vernède Saint-Mary.
*Vernet, avocat.
*Vernet, chanoine.
du Vernet.
*Véron, bourgeois.
*Versepuis, bourgeois.
*Veysset, chantre.
*de Vèze, seigneur.
*Vialle, conseiller du roi.
*de la Vialle, gentilhomme.
*Vialles, procureur.
Viarge.
*Viccorspy, bourgeois.
*Vidal, chanoine.
Vidal.
*Vigier, conseiller.
*des Vignes, prêtre.
*Vigniolle, greffier.
de Villaret.
de Vinols.
*Vischambes, procureur.
*de Vissaguet, trésorier.
*Vissas, avocat.
*de la Volpilière, avocat.
de la Voute.
de Wautier.
*la ville d'Allanche.
*la ville d'Ardes.
*la ville de Brioude.
*la ville de Combronde.

- *la ville de Courpières.
- *la ville de Mauriac.
- *la ville de Vic.
- *l'abbaye de Chantoin.
- *l'abbaye de la Chaise-Dieu.
- *l'abbaye de l'Eclache.
- *la commanderie de Celles.
- *la commanderie de Montchamps.
- *le prieuré de la Vaudieu.
- *le prieuré de Vigean.
- *le prieuré de Saint-Saury.
- *le prieuré de Rouffiac.
- *le prieuré de Saint-Sentin-Cantalès.
- *le prieuré de Saint-Geneix-les-Monges.
- *le prieuré de la Bajasse.
- *le prieuré d'Esteil.
- *le prieuré de Saint-Antoine.
- *le prieuré de Pleaux.
- *le prieuré de Vieille-Brioude.
- *le chapitre de Cébazat.
- *le chapitre de Murat.
- *le chapitre de Saint-Geneix.
- *la communauté des religieux de Saint-Robert de Montferrand.
- *la communauté des prêtres de Lamothe.
- *la communauté des prêtres de Glénat.
- *la communauté des prêtres de Besse.
- *la communauté des prêtres du bourg et de la ville d'Arlanc.
- *le couvent des religieux de la Visitation de Brioude.
- *le couvent des religieux de Mégemont.
- *le couvent des religieuses de la Visitation Sainte-Marie de Clermont.
- *le couvent des religieuses de la Visitation Sainte-Marie de Billom.
- *le couvent des religieuses de Montferrand.
- *le couvent des religieuses de Riom.
- *le couvent des religieuses de Pébrac.
- *le couvent des religieuses de la Visitation Sainte-Marie d'Aurillac.
- *l'abbaye des religieuses de Bragheac.
- *le couvent des religieuses de Sainte-Claire d'Aurillac.
- *le couvent des religieuses de Notre-Dame de Saint-Paulien.
- *le couvent des religieux de Mozac.

* la communauté des apothicaires, chirurgiens et meuniers de Montferrand.
* la communauté des apothicaires d'Aurillac.
* la communauté des apothicaires de Clermont.
* la communauté des arts et métiers de Billom.
* la communauté des arts et métiers de Murat.
* la communauté des arts et métiers de Pierrefort.
* la communauté des aubergistes de Brioude.
* la communauté des aubergistes et hôteliers d'Ambert.
* la communauté des avocats, notaires et procureurs de Maurs.
* la communauté des avocats, notaires et procureurs d'Ambert.
* la communauté des avocats, notaires et procureurs de Langhac.
* la communauté des bouchers de Saint-Flour.
* la communauté des bouchers, menuisiers, charpentiers, sculpteurs d'Ambert.
* la communauté des boulangers et hôteliers de Maringues.
* la communauté des chapeliers, vitriers, potiers d'étain et de terre de Saint-Flour.
* la communauté des chaudronniers, armuriers, couteliers, serruriers, maréchaux, forgerons et éperonniers d'Aurillac.
* la communauté des chirurgiens de Maringues.
* la communauté des cordonniers, formiers de Riom.
* la communauté des cordonniers de Saint-Flour.
* la communauté des experts priseurs et arpenteurs jurés de Riom.
* la communauté des maçons, tailleurs de pierre, couvreurs et paveurs de Riom.
* la communauté des marchands de Pierrefort.
* la communauté des marchands de Langheac.
* la communauté des marchands bouchers de Riom.
* la communauté des marchands, arts et métiers de Maurs.

- *la communauté des marchands, arts et métiers de Vic.
- *la communauté des marchands apothicaires de Saint-Flour.
- *la communauté des maréchaux, selliers, bridiers et bâtiers de Riom.
- *la communauté des médecins, apothicaires, chirurgiens, perruquiers et barbiers de Brioude.
- *la communauté des médecins, apothicaires et chirurgiens de Blesle.
- *la communauté des médecins, apothicaires et chirurgiens de Langhac.
- *la communauté des notaires et procureurs de Vic.
- *la communauté des notaires et procureurs d'Issoire.
- *la communauté des notaires et procureurs de Cournon.
- *la communauté des notaires royaux et apostoliques de Riom.
- *la communauté des pâtissiers de Clermont.
- *la communauté des procureurs et notaires royaux d'Ennezat.
- *la communauté des sculpteurs, peintres, orfèvres et horlogers de Saint-Flour.
- *la communauté des selliers, cordiers, bridiers et bâtiers de Brioude.
- *la communauté des selliers, bâtiers et chaudronniers de Saint-Flour.
- *la communauté des serruriers, armuriers, éperonniers et couteliers de Riom.
- *la communauté de tailleurs d'Aurillac.
- *la communauté des tanneurs et pelletiers de Clermont.
- *la communauté des teinturiers et maçons d'Ambert.
- *la communauté des tisserands, cardeurs et matelassiers de Riom.

§ 2.

CHAMPS D'ARGENT.

des Ages.
d'Alagnat.
d'Albars.
d'Alcher, del Chier ou du Chier.
d'Alexandre.
d'Alexandre.
*d'Andrieu, notaire.
d'Anjony.
Anne.
*Ardaillon, contrôleur.
Armand.
*Artaud, docteur.
*Arvet, chanoine.
*d'Aubert, bourgeois.
*Aubert, bailli.
d'Aubeyrac ou d'Auberac.
*d'Audebrand, écuyer.
d'Auger.
d'Augerolles-Saint-Polgues.
*Aumard, prêtre.
d'Autressal.

*du Bac, écuyer.
*Balme, chanoine.
*de la Barge, chevalier.
de la Barge.

*Bayet, receveur.
*de Beaufort, chevalier.
*de Beaufort, écuyer.
de Beaufort-Turenne.
de Beaumont, de Rochemure.
*de Beauvergier, seigneur.
*le Begue, écuyer.
*de Belivaix.
de Belvezeix.
de Bénavent.
*de Benoit, seigneur.
*Beraud, bourgeois.
*Berthier, marchand.
de Bertrand et quelquefois Bertrandi.
*Besseyre, bourgeois.
*Besson, chanoine.
*Bichard, notaire.
de Biencout.
*Bigot, bourgeois.
*Blic, écuyer.
du Bois.
*du Bois, seigneur.
*du Bois, contrôleur.
*du Bois, veuve.
du Bois de Saint-Etienne.
*Boisset, conseiller.

*de la Boissieur Du Puy.
*Boissieux.
*de Boissieux, écuyer.
de Boissonnelle.
de Boissonouze.
*Bombard, médecin.
de Bonnebaud, Bonnebault ou Bonnevaut.
de Bonnevie.
* Bonniol, curé.
du Bos, du Bosc ou du Bost.
de Bosredon.
*Bouchard, bourgeois.
*Bouchard, conseiller.
du Bouchet ou du Bouschet.
du Bouchet ou du Bouschet.
de Bouchut.
de Bourbon-Malause.
*Bourdeix, du Montel.
*Bourlin, veuve.
*Bourlin, chanoine.
*Boussage, archiprêtre.
*Bouteix, marchand de soie.
de Bouthéon, anciennement Bothéon.
*Boyer, procureur.
de Boysseulh.
de Brandon.
Bravard.
*du Breuil, chanoine.
*de Brives, seigneur.
*de Brossignac.
de la Broue.

*de Brugier, écuyer.
de Bucy.

*de Caffres, écuyer.
de Caissac ou Queyssac.
de Calonne.
*de Cambefort, conseiller.
*Canque, procureur.
*Cassière, chanoine.
*Cassière, marchand.
*Cazantine, procureur.
*de Caylar de Saint-Bonnet.
de Bermond-Toiras.
de Cayrac.
de Cébazat ou Sébazat.
de la Celle.
*de Chabancé, propriétaire.
*Chabanier, contrôleur.
de Chabre.
*Chaduc, veuve.
de Chamerlat.
de Chany.
de Charbonnel.
*Chaliat, avocat.
*Chandon, juge.
*Chapette.
*Charmes, avocat.
*de la Chassagne, écuyer.
de la Chassaigne.
du Chassain.
*de Chassignolles, seigneur.
*Chaudessolles, chanoine.
*de Chaussecourte, femme.

de Chaunac.
de Chavagnac.
*de Chavagnac.
de Chaylus ou Cheylus.
de Chazeron de Monestay.
*Chevalier, marchand.
*Chevalier, bourgeois.
de Cisternes.
*de Cisternes de Vinzelles.
de Cisteyrols.
Coffinhal du Noyer.
*de Combres, greffier.
*de Combres, écuyer.
*de Combres, chanoine.
*Conte, bourgeois.
*Coquery, chanoine.
de Cosnac.
de Cros-Murat.
*Costes, avocat.
*de Courtilles, écuyer.
de Coustave.
*Crespat, chanoine.
*du Croc, écuyer.
*du Croizet de Merqueure.
*du Croizet, chanoine.
*Crozat, trésorier.
de Croze.

*Dagusoue, marchand.
*Danguy, bourgeois.
*Daubié, avocat.
*Daubusson, doyen.
*David, prêtre.

*Debouis, marchand.
*Deffieu, chanoine.
*Dessaigne, chanoine.
Desaix.
*Didier, marchand.
*de Dienne, écuyer.
*Dogerdias, avocat.
de Dorette ou Dourette.
*Douhet, seigneur.
*de Dourdon de Cœurnègre.
*de Drossanges, écuyer.
*Dumas, conseiller.
*Dumas de Chastelmel.
*Durbiat, gentilhomme.
*Durand, veuve Montanier.

d'Ebrard ou d'Hébrard.
*d'Escaffre.
d'Eschalard.
Escures.
*Esparvier, seigneur.
*d'Espinassol.
Evrard.
*Eymé, écuyer.

de la Fage.
de Falvard ou de Falevard.
de la Farge.
*Faucon, conseiller.
*Faucon, chanoine.
de Faure.
de Faye d'Espeisses.
de Ferrières.

*Ferrier, chanoine.
*de Ferteils, veuve.
de la Fin.
de la Fon ou de la Font-De-
jean.
*Fondary, procureur.
*de Fonsinte, écuyer.
*de Fontaines, femme.
*de Forest, chevalier.
de la Forest-Bulhon.
*Fougoux, notaire.
du Four.
*du Four, marchand.
*Fournier, greffier.
du Fraisse.
*du Fraisse, conseiller.
*du Fraisse, chantre.
*du Fraisse, lieutenant.
*du Fraisse avocat.
*Fraissy, veuve.
de Fredeville.
du Four.

*Gaches, chantre.
*Gaignon, prêtre et chanoine.
*Galeix, marchand.
*Gauthier, procureur.
Gayte.
*Gilbert, bourgeois.
de Gioux ou de Giou.
*Godemel, marchand, bour-
geois.
de Golfier ou Golphier.

de Gouzolles.
*de la Grange, chanoine.
de la Grange.
*Gras, femme Poisson.
*Gras, femme de Brousse.
de Greffuelhe ou Griffuelh.
le Groing.
*le Gros, seigneur.
*le Gros de Maringues.
*Guerin, bourgeois.
*de Guerry, femme.
de Guillaumanches.
*Guinot, marchand.
*Guitton, conseiller.
*Guyot, avocat.

d'Hirques.
*d'Houest de Morenville.

*Jafeux, bourgeois.
Jaffinel ou Japhinel
*de Joncoux.
Jouvenceau.
de Juliac.
Jussac.

de Lage.
de Laire.
*Lalemand, notaire.
de Langlade.
de Laparra-de-Fieux.
*Laporte, conseiller.
de Laurens.

de Laurie.
de Lavaure de Sainte-Fortunade et de Gaignac.
*de Lassal.
*Laville, veuve.
*de Léautoin, gentilhomme.
de Lérette ou Leyrette.
de Lespinat Dépinac.
*Leymond, conseiller.
de Lezé ou de Lezer.
*de Ligonie, conseiller.
*Lolier, conseiller.
de Longa ou de Longua.
de Lorme ou de Lhorme.
de Loubartès.

de Maffre.
*Magaud, châtelain.
*Majour, prêtre.
Maigne de la Gravière.
*Mallet, bourgeois.
*Malroux, marchand.
*Marat, greffier.
de la Marche.
*Marie, bourgeois de Langheac.
de Marillac.
*Marret, procureur.
*de Mascon du Tilhet.
*de Mascon, écuyer.
de Mauran.
*May, bourgeois.
*Mazat, greffier.

*Mazuel.
*Mège, conseiller.
*Ménard, directeur.
*Mercier, conseiller.
*Méret, chanoine.
*Merle, marchand.
*de Mestrac.
du Meynil ou du Mesnil-Simon.
*de Mialet de Faulat.
*Minguet, greffier.
Miremont.
Mitte-de-Mons.
*Mointou, marchand, bourgeois.
*Monuet, secrétaire.
*Montaurier, trésorier.
de Monteil.
*de Montreil, écuyer.
de Montchanson.
de Mont-d'Or.
*de Montrognon, écuyer.
*Morel, procureur.
*Morin, conseiller.
*Morin, bourgeois.
de Montsalvy.
de Murat-de-Rochemaure.

de Neuvéglise ou de Neuve-Eglise.
*Nigou, conseiller du roi.
*de Nuzières, dame.

2

Onslow.
d'Oradour.

Pagès.
de Palemourgues.
de la Palice ou de la Palisse.
de Parlan.
*du Passard.
*Pechert, marchand.
*Peix, marchand, bourgeois.
*Pelissier, greffier.
*Pelissier, veuve.
de Pennautier (Beynaguet).
*Périer, procureur.
*Pérille.
de Pestels.
*de Pestelet, écuyer.
Peyrusse.
de Pinhac, Pignac, ou Puylhac.
de la Pivardière.
*de Plaignes, écuyer.
de Plas.
de Polastron.
*de Pomeyre, conseiller du roi.
*Pommier, marchand.
*Portepin, marchand.
de Pouzols ou Pousols.
*de Prades, écuyer.
de Pradines.
de Pralat ou Prallat.
*Prohet, avocat.

*de Prouliat, dame.
de Provenchères.
de Pruines.
du Puel.
*du Puy, prêtre.

de la Raffini.
*Rassus, avocat.
de Recourt.
*de Reynaud, écuyer.
*de Reyrolles, chanoine.
*de Ribier, chanoine.
*de la Richardie.
du Rieu.
de Rigauld ou de Rigaud.
de Riom.
de Robert-Lignerac.
*de la Roche, gentilhomme.
de la Roche.
de la Roche de Weltes.
*Roche, marchand.
de la Rochelambert ou de la Roche-Lambert.
de la Rochenégly ou de la Roche-Négly.
*Rochette, conseiller du roi.
Rodier.
*Rollet, chantre.
*de la Roque, gentilhomme.
de la Roque de Bouillac et de Toirac.
*des Rosiers de Laval.
*Rouget, bourgeois.

*Roussillon, femme.
de Roux.
de la Rue.

*Sadourny, lieutenant.
de Saillans.
de Saint-Georges-de-Vérac.
de Saint-Haon.
de Saint-Loup.
de Saint-Paul ou Saint-Pol.
de Saisset.
*de la Salle, écuyer.
*de la Salle, seigneur.
de Sarrazin.
de Sarron.
de Savignac ou Savignhac.
*de Sauret, avocat.
*Sauret, greffier.
*de Sausines de Vény.
*de Saussay, gentilhomme.
*Sauze, conseiller du roi.
*Sauzedde, greffier.
de Sédages ou Sedaige.
de Semur.
*Servant, conseiller et procureur du roi.
de Servin.
de Sévérac.
*Sirejean, greffier.
*du Solies, marchand, bourgeois.
de la Souche.
*Soulier, bourgeois.

*Souvigeon, procureur.
de Suat.
*Sudre, marchand, bourgeois.

*Tailhardat, marchand, bourgeois.
*Tamen, marchand.
*Tassy, veuve Grandval.
*de Téraules, écuyer.
*Testoris, bourgeois.
de Tersac.
*Thierry, marchand, bourgeois.
*Thiolier, veuve Garnaud.
Thomas.
*Trioullier, greffier.
*Trottier, femme Lecourt.
de Tubeuf.
de Turenne.

de Valans.
*Valette, marchand, bourgeois.
de la Valette.
*Vallet, marchand épicier.
*Vallon, conseiller du roi.
*Vazeilles, marchand.
de Veauce ou Veaulce.
de la Veissière ou plutôt Vessière.
*de la Veissière, procureur.
*la Veissière, chanoine.
*de Vergne, aumônier.

de la Vergne.
de Veyrières ou Verrières.
de Verdonnet.
*Vernat, conseiller du roi.
*de la Vesse, marchand, bourgeois.
*Viallard, bourgeois.
*Vialle, lieutenant.
*Vigeral, procureur.
*Viguier, chirurgien.
*Villecourty, marchand, bourgeois.
de Vissaguet.
*de Vissaguet, conseiller du roi.
*Vissard, procureur.
*de Vixouse, conseiller du roi.
de Volore.
*de la Volpilière, chevalier.

*la ville d'Issoire.
*la ville de Vic-le-Comte.
*l'abbaye de Blesle.
*la commanderie de Saint-Antoine.
*le prieuré de Marioles.
*le prieuré de Reillac.
*le prieuré de Thiézac.
*le prieuré de Viellevie.
*le prieuré de Viescamps.
*le prieuré de la Voulte-Chil.
*le chapitre de Chaudesaigues.
*le chapitre d'Aurillac.
*le chapitre de Montsalvy.
*la communauté des prêtres de Combronde.
*la communauté des prêtres d'Aurillac.
*la communauté des religieux de Saint-Antoine de Montferrand.
*le couvent des religieux de Feniers.
*la communauté des religieuses de la Voute.
*le couvent des religieuses de Vic.
*la communauté des religieuses de Brioude.
*le couvent des religieuses de Chaudesaigues.
*le couvent des religieuses bénédictines de Clermont.
*le couvent des religieuses du Buis d'Aurillac.
*la communauté des arts et métiers de Saint-Amant-Tallende.
*la communauté des avocats, notaires et procureurs de la ville de Brioude.
*la communauté des boulangers de Clermont-Ferrand.
*la communauté des chapeliers, cordiers, selliers;

bâtiers, éperonniers, potiers d'étain d'Issoire.
*la communauté des chapeliers de Clermont.
*la communauté des chirurgiens de Riom.
*la communauté des hôteliers et aubergistes d'Issoire.
*la communauté des hôteliers et cabaretiers de Saint-Flour.
*la communauté des jaugeurs de Clermont.
*la communauté des marchands de Blesle.
*la communauté des maréchaux, serruriers, gaîniers, couteliers, armuriers et fourbisseurs de Saint-Flour.
*la communauté des médecins et apothicaires de Chaudesaigues.
*la communauté des médecins, apothicaires et chirurgiens de la ville d'Allanche.
*la communauté des menuisiers et sculpteurs de Clermont-Ferrand.
*la communauté des menuisiers, charpentiers, vinaigriers, chaudronniers et charrons de la ville de Riom.
*la communauté des notaires de Saint-Amant-Tallende.
*la communauté des notaires d'Aurillac.
*la communauté des notaires et des procureurs d'Allanche.
*la communauté des notaires royaux et procureurs au bailliage de Saint-Flour.
*la communauté des perruquiers de Riom.
*la communauté des procureurs de la sénéchaussée et siége présidial de Riom.
*la communauté des notaires et procureurs à Chaudesaigues.
*la communauté des procureurs d'Aurillac.
*la communauté des tailleurs d'habits de Saint-Flour.
*la communauté des teinturiers, cordonniers, selliers et bâtiers d'Aurillac.
*la communauté des tisserands d'Ambert.
*la communauté des tisserands et des sergers de Saint-Flour.

§ 3.

CHAMPS DE GUEULES.

d'Acher ou d'Achères.
*d'Albiat de Pontcharal.
*d'Albignat, conseiller du roi.
*d'Albignat, bourgeois.
d'Aldin.
d'Alègre ancien.
d'Alègre de Tourzel.
d'Aleyrac, d'Alleyrac ou d'Alteyrac.
d'Alibac.
d'Allanche.
d'Allemaigne.
d'Alzon.
Amarithon ou Amariton.
*André, avocat.
d'Anghars.
*d'Aoust, bourgeois.
Armand.
*Arnauld, femme.
des Arnois.
d'Arpajon.
d'Artasse.
d'Artaud.
*Artaud, bourgeois.
*Aschier, gentilhomme.
*Assolent, bourgeois.

Aubert.
d'Aurel.
*d'Auriat, seigneur.
d'Avenières.
*d'Avoulhe, chevalier.
Aymar.

de la Bachélerie.
de Baile ou Bayle.
*de Bailes, écuyer.
*Baille, prêtre.
*Ban, procureur d'office.
de Banson.
de Bar.
de Bar de Vissac.
de Baron.
*Barrel, gentilhomme.
de Barriac.
*Bauduy, chanoine.
de Bauny du Mazet.
de Beaudéduit.
Beaujeu.
*Bégon, seigneur.
*Bellon, curé.
de Belvezer ou Belvezeix.
de Bénavent.

*de Beral, écuyer.
Berard.
*de Berbezet-Jonchières.
de Berny.
*de Besse de la Richardie.
*Besseyre, bourgeois.
*Blauf, bourgeois.
*Blauf, avocat.
de Blazère.
*de Boisredon, écuyer.
de Bompar ou Bompard.
*de la Borie, gentilhomme.
de Bossoreille.
de la Boulaye.
*Bourzeix, expert.
*Bousset, curé.
*Boutin, marchand.
*de Bragelongue, prêtre.
*de la Bréceville, écuyer.
*Bréqueulle, bourgeois.
Breschet.
*de Brexolles, gentilhomme.
de Brezons.
de Brion.
de Broc.
*Broliat, conseiller.
de Brossadol.
*de Brousselières, seigneur.
*Brulon, chantre.
*de Brun, écuyer.
Brun.
de Buffevent.

*Cairol, marchand.
*Cambefort, procureur.
*de Cambefort, bourgeois.
de Cambefort.
de Carbonnel.
de Cardaillac.
de Carlat.
de Carmantrand.
*Cartier, veuve.
de Castellane-d'Aubijoux.
*Ceyssat, bourgeois.
de Chabannes.
*Chabrier, curé.
*Chabrut, veuve.
de Chalencon.
de Chaliers.
*de Chaliers, seigneur.
de Chalons.
*de Chalus, écuyer.
*de Chalus de Vialle-Velours.
de Chalvet de Rochemonteix.
de Chambon.
*Chambon, prêtre.
*Chambonnet, marchand.
de Chandieu.
*Channoing, capitaine.
*Charrier, marchand.
de la Chassagnolle.
*Chassaingt, prêtre.
de Chassignolles.
de Chastel-Saligny.
de Châtillon ou Chastillon.
de Chatte.

de Chauldes.
*de la Chaux, gentilhomme.
de Chavanoux.
*Chazebon, conseiller.
*de Chazelles, écuyer.
de Cheminades de Lormet.
*Chevalier, prêtre.
*Cheverlanges, veuve.
de Cistel.
de Clanche.
de Claviers.
Clavières.
de Clavières.
de Clermont-Chaste.
de Coëffier de Ruzé.
de Coisse.
*Collombier, marchand.
de Combes.
*de Comblat des Gories.
Comboursier du Terrail.
*de Couesse de Saint-Quentin.
Cousin de la Tour-Fondue.
de Crémeaux.
de Croiset ou Croizet.
*du Croizet, écuyer.
de Cropières.
*de Crosne, chanoine.
Crozat.
de Cureige ou Cruège.

Daits, plutôt d'Aix ou d'Aiz.
*Dalmas, doyen.
*Darches, conseiller.

*Daumas, veuve.
Dauphin de Leyval.
*Décat, bourgeois.
*Defforges, veuve.
*Descorailles, bourgeois.
*Desfaux, procureur.
*de Digons, femme Rozier.
*Dondrian, chanoine.
de Dorat.
de Drossanges.
*Dumas, seigneur.
*Dumas, bailli.

*Endrodias, écuyer.
d'Esparvier de Blazères.
*Espigoux, marchand.

de la Fagette.
*Fanghoux, veuve.
de Fay.
de la Fayette.
*Ferest, conseiller.
de Ferrières-Sauvebœuf.
de Florac.
de Fontanges.
de Fontfreyde.
*Fournier, lieutenant.
*Fournier, conseiller.
de Frèdefont.

*Gachon, veuve Dulac.
*de Gadagne, veuve.
de Galauba.

de la Garde de Sourniac.
de la Gardette.
*Gaudicher, chanoine.
*Geay, chanoine.
*de Gilberteix, veuve.
*de Godefroy, femme.
de Gordièges.
*Gourbeyre, marchand.
de Gouzel.
de Gouzollés.
de Gozon.
Grangier.
*Grangeon, notaire.
*Gras, avocat.
*Grassal, avocat.
de Grégoire de Gardies de Saint-Rome.
du Greil de la Volpilière.
de Grenier.
de la Grillère.
*Gros, marchand.
de Guénégaud.
Guérin de Gas.
*Guéringaud, bourgeois.
de Guilhot.

de la Haye.
*Hélias, bourgeois.
Henrion de Bussi.
de l'Hopital.
d'Hostun.

*Imberdier, marchand.

*Janney, marchand.
Jar.
*Juilhen, chanoine.
Jurquet.

*de Laire, veuve.
*Lardaret, marchand.
*de la Salle, écuyer.
*de Lasbros, bourgeois.
de Lastic.
de Laudouse.
*de Laurie.
de Lavieu.
*Lefèvre, bourgeois.
de Lentilhac.
*Lesclauze, procureur.
de Lestrange.
de Lignac.
*Losies, marchand.
de Loubens de Verdalle.

*Maignes, bourgeois.
de Magnac.
de Marcenac ou Marcenat.
de Mars.
*Martinon, bourgeois.
de Mascon.
de Mazerolles.
de Mercœur.
de Métivier.
de Milly.
de la Moleire.
Moleyre.

de Moncelard ou Montcelard.
de Monceaux.
de Monstuéjouls ou Mostuéjouls.
*Montagnier, chantre.
de Montaigu-le-Blanc.
de Montaigu-Bouzols.
de Montal.
de Montamat.
*Montel, bailli.
de Montgascon.
Montmorin.
*Montpautie, marquis.
de Moré, Mourez, Morrès ou Mouré.
de la Mothe.
de Mouchet.
de Mourgues.
de Murat.

de Neuville.
de Neyrac.
*Neyron, conseiller du roi.
de Noailles.
de Norry ou Noury.
*de Notaire, conseiller du roi.
*de Nozières de Montal.
de Nupces.

*Olières, procureur.

Pages.

de Palemourgues.
*Papot du Vacher.
de Paray, Parey, Parède, Paret, Parez.
*Pasturel, chanoine.
du Pâtural ou Pastural.
*Paye, procureur.
Peirenc de Moras.
*de Perrobert, dame.
Pérusse ou Peyrusse d'Escars.
*Perron, conseiller du roi.
*de Peyrollet, écuyer.
de Pières.
*de Pigavol, bourgeois.
de Pleaux ou Pleux.
de Poinsat.
de Pompignac.
de Ponceaux ou Pontceaux.
*de Pons de Tallendes.
de Pontgibaud.
de Pouzols.
de la Poype.
de Prades.
du Puy-de-Fou.

*de Queyssac de Requirant.
*de la Queuille, marquis.
de Queyriaux de Beaulieu
*de Raffayet, prieur.
*Rahon, porte-coffre.
Rancilhac de Chazelles.
de Rehès de Sampigny.

*Reit, bourgeois.
de Reynaud, Raynaud ou Renaud.
de Ribeyre.
de Ribier.
de la Richardie de Besse.
*Richen, greffier.
de la Roche.
de Rochebaron.
de Rochefort-d'Ally.
de Rochemonteix.
de la Rodde.
*de la Roffinie, bourgeois.
*Rollat, marchand.
*Ronvat, marchand, bourgeois.
*de la Roque, écuyer.
de la Roque-Sénezergues ou de la Roque-Archambaud.
*de Rouannes, écuyer.
*Rougier, marchand.

*Sagnit, chantre.
de Saignes-de-Florac.
*de Saint-Gervazy, gentilhomme.
*de Saint-Giron, écuyer.
*Saint-Martin, chevalier.
de Saint-Mamet.
*de Saint-Paul, écuyer.
*de Saint-Priest.
de Saint-Sorlin.
*de Salers, baron.

de la Salle.
de Salvages.
de Sarlans.
de Sauzet ou Saulzet.
de Sénezergues de la Rode.
*Sénèzes, bourgeois.
*de Sennezergues, conseiller du roi.
de la Serre.
*de Séveyrac, chanoine, comte de Brioude.
de Soualhat de Fontalard.
de la Souchère.
*de la Souderie, veuve.
Sudre.

*Talameuf, greffier.
de Talemandier.
*Tallemandier, bourgeois.
*Taravant, greffier.
de Teissières ou Teyssières.
de Thiers.
de Tissandier.
*Tissandier, conseiller du roi.
Tocy-Baserne ou Toucy.
de la Tour-d'Auvergne.
de la Tour de la Peyre.
de la Tour-Saint-Paul.
de la Tour-Saint-Vidal.
de Tourzel.
*Traveisse, bourgeois.
*de Trémeuge, écuyer.
*de Trémeuge, chanoine.

de Trémeuges, ou Tremeugeol.
*Trilhot, marchand, bourgeois.
de Tubières.

d'Usson.
*d'Ussel, marchand.

de la Valette.
de Vaubecourt.
*de Vaux, écuyer.
Véal-du-Bleau.
de Vertolaye.
*La Veyssières, procureur.
de Vieille-Brioude.
de Vienne.
*de Viers, procureur.
de Vigier.
Vimal.
de Vissac.
de la Volpilière.
*de la Vort fils.

*la ville d'Aurillac.
*la ville de Langheac.
*la ville de Lezoux.
*la ville de Pont-du-Château.
*la ville de Salers.
*l'abbaye de Feniers.
*le prieuré de Saint-Illide.
*le prieuré de Briffons.

*le chapitre de Pont-du-Château.
*le chapitre de Langheac.
*le chapitre du Marthuret.
*le chapitre d'Herment.
*le chapitre du Crest.
*la communauté des prêtres de Saint-Martin.
*la communauté des prêtres de Dienne.
*la communauté des prêtres de Montaigut.
*la communauté des prêtres de Saint-Flour.
*le couvent des religieux de Gannat.
*le couvent des religieuses de Pébrac.
*le couvent de Sauxillanges.
*la communauté des arts et métiers de Courpières.
*la communauté des arts et métiers de Saint-Germain-Lembron.
*la communauté des arts et métiers de Clermont.
*la communauté des bouchers de Brioude.
*la communauté des bouchers d'Issoire.
*la communauté des bouchers, teinturiers, marchands, etc., de Montaigut.

*la communauté des boulangers et pâtissiers d'Ambert.
*la communauté des boulangers de Brioude.
*la communauté des boulangers, bouchers et hôteliers de Thiers.
*la communauté des boulanlangers et pâtissiers d'Issoire.
*la communauté des charpentiers, sculpteurs et vitriers de Thiers.
*la communauté des chirurgiens d'Aurillac.
*la communauté des cordonniers de Clermont.
*la communauté des couteliers de Thiers.
*la communauté des marchands de soie de Riom.
*la communauté des marchands, arts et métiers de Vic-le-Comte.
*la communauté des tanneurs, gantiers, pelletiers, cordonniers et savetiers de Brioude.
*la communauté des tanneurs, gantiers et corroyeurs d'Aurillac.

§ 4.

CHAMPS D'AZUR.

d'Agrain.
*Albanel, conseiller du roi.
*d'Albignat, conseiller du roi.
*d'Albos, marchand.
d'Aldebert.
d'Alègre.
d'Alexandre.
*Amariton, lieutenant.
*Amariton, greffier.
André d'Aubière.
André ou Andrieu de la Ronnade.
Androdias.
d'Anglars.
*Anjobert, seigneur.
d'Anteroches.
d'Apchon.
d'Araquy.
l'Arc ou de Larc.
*Archon, conseiller.
d'Arfeuille.
Armand.
Arnaud.
*Arnaud, écuyer.

*Aragonnès, conseiller.
*Artaud, marchand.
*Artaud, marchand.
*Assolent, secrétaire.
*Astavières, bourgeois.
*d'Astier, seigneur.
*Astier, chanoine.
*Astier, notaire.
Astorg.
d'Audebrand.
*Augier, conseiller.
d'Aulhac ou d'Aulhat.
d'Aurelle.
d'Aurellie ou d'Aurelhe.
*Aurial, bourgeois.
d'Aurières.
d'Aurillac.
*d'Autezat, chanoine.
d'Autier.
d'Auzolles.
*d'Auzolles, gentilhomme.
*d'Ayrolles, bourgeois.

*Ballet, bourgeois.
de Balzac.
*Baptiste, chanoine.
Barbat du Closel.
*Barbe, référendaire.
de Bard.
de Bardet.
*de Bargues, avocat.
de Barillon.
*Barize, avocat.

Barjac.
*de la Barre, avocat.
des Barres.
*de Barriac, doyen.
*Barry, greffier.
Bartillat.
*Basset, chanoine.
de la Bastide.
de Batz.
*Baussat.
*Beaufils, docteur.
*Beaufils, marchand.
de Beaufranchet.
*Beaulieu, avocat.
Begon de la Rouzière.
*de Bellegarde, écuyer.
de Bellenave.
*de Benoist, curé.
de Béral.
*de Beraud, chanoine.
Bermondet.
de Bernard de Talode.
de Bernard.
*de Bernard, chanoine.
*de Bernard, seigneur.
*Berthon, avocat.
Bertrand.
de Besse.
de Besse de Bellefaye.
de Besse du Couffour.
de Besse du Luguet.
de Besset.
*Besson, marchand.

*Bétary, bourgeois.
*Beynaud, notaire.
*Blanc, prêtre.
*Blanchard, procureur.
*Blancher, notaire.
*Blandinières, bourgeois.
*de Blanzère de Céloux.
de Blau.
Blich.
de Blosset.
*Blot, greffier.
*Bochard, chanoine.
*du Bois, trésorier.
*du Bois, bourgeois.
*du Bois, écuyer.
*de Boissieux, écuyer.
de Boissieux.
*Boisson, marchand.
de Bomparan.
de Bonafos.
*Bonel, marchand.
de Bonnal.
*Bonnault, conseiller.
*Bonnefons, marchand.
*Bonnefont, prieur.
*Bonnefont, docteur.
*Bonnet, greffier.
*de Bonnet, conseiller.
*Bonnet, bourgeois.
*de Bonnevie, écuyer, seigneur.
de Bonneville.
de la Borie.

*Borie, procureur.
de Bort.
du Bost.
Bouchard.
Bouchet.
*Boucheyron, marchand.
*Bougier, écuyer.
*Bourand, curé
de Bourassol.
de Bourbon, 3e maison.
de Bourbon-Montpensier.
de Bourbon-Busset.
de Bourdeilles, ou plutôt Bourdelles.
*Bourdilhon, bailli.
du Bourg.
*Bourlin, avocat.
*Bourlin, conseiller.
*Bourlin, aide porte-coffre.
*Bourzeix, lieutenant.
*Bouschet, secrétaire.
*Boutarel, lieutenant.
de Boyer.
*Brassat, gentilhomme.
des Bravards.
*de Bremont ou Bromont.
de Bréon.
*de Bressollet, chanoine.
*Bretanges, bourgeois.
de Bretanges.
de Brisson.
de Broé.
de la Broue.

de Brousse ou de la Brousse.
*de Broussettes.
de Brugier.
*Brujas, avocat.
*Brun, bourgeois.
*Brun, chanoine.
*Brunel, seigneur.
*Bruyas, bourgeois.
du Buisson.
*Burin du Clos.
*de Bussac, visiteur général.
de Bussières.
de la Bussière ou de la Buxière

de Cabanes-Comblat.
*du Cail, écuyer.
*Cailhe, procureur.
*Cailhot, greffier.
*Caillet, marchand.
de Canillac.
de Canillac de Lavort.
*de Canillac, chanoine.
de Carbonnières.
de Carlat.
de Cassagnes-Beaufort-Miramon.
*Cassière, procureur.
*Castellat, procureur.
Cathol.
*de Chabanes, conseiller.
*Chabrier, procureur.
*Chabrol, docteur en médecine.

*Chaivalle, avocat.
de Chalier.
*Chalvon, notaire.
de Chalus de Prondines.
de Chalus ou Chaslus.
de Chambaron.
*de Chambaron, bourgeois.
de Chambeuil.
*Chamboissier, bailli.
de Chambon.
*Chambonnet, marchand.
*Chamalière, procureur.
*Chamel, bourgeois.
*Champet, chanoine.
*Champet, bourgeois.
*de Champétières, bourgeois.
de Champflour.
de Champredonde.
des Champs.
*Chanteloup, avocat.
de Chanterelles.
de Chapel.
*Chapelle, marchand.
de Chapt de Rastignac.
*Chardon, conseiller.
*Chardon, trésorier.
de Charpin.
*Charrier, écuyer.
Charvil.
*de Châteauneuf, gentilhom.
de Chatelet.
de Chaudesaigues.
*Chauliaguet, veuve.

*Chauliaguet, avocat.
*Chauliaguet, conseiller.
*Chauliaguet, marchand.
de Chaumes.
de Chaussaing.
*Chauveau, chanoine.
de Chavanat.
*Chazeledde, bourgeois.
de Chazelles.
de Chazerat.
*de Chazeron des Astiers.
de Chazettes des Bargues.
de Chery.
*Chevalier, avocat.
*Cheverlangues, avocat.
de Chillac.
*Cibié, conseiller du roi.
*Cissoire, chanoine.
*de Cisternes, seigneur.
de Clary.
*Claur, chanoine.
*de Clavières,
*de Clavières, femme.
*de la Clède, contrôleur.
*Clément, greffier.
du Clos de l'Estoile.
*Clouvet, chanoine.
de Clusel ou Cluzel.
*du Cluzeau, notaire.
de Cluzèl.
de Cluzes ou de Cluzel.
de Cocural.
de Coëffier.

*Cohade, avocat.
*Colinet, conseiller.
*de Colonges, prévôt.
*de Colonges, chanoine.
*Colonges, prêtre.
*Colonges, conseiller.
*Conchon, veuve.
de Conquans.
*Cordemoy, abbé.
*Cordier, conseiller.
*de Cormaillon de la Motte.
les Cortes.
de Coubladour.
de Coulom.
de Cournon.
*Coursayre, notaire.
*Court, chanoine.
le Court.
de Courtaurel.
*de Courtaurelle.
de Courtin.
Coutel.
*Coutel, conseiller.
*Cousty, marchand.
*de Couzant
de Crespat.
de Crestes.
de la Croix de Castries.
*du Croizet, gentilhomme.
de Croset ou du Crozet.
*Crozat, prêtre.
de Curières.
de Cussac ou de Cusson.

*Cussat, chantre.

*Dalmas, conseiller.
*Daude, marchand.
*David, marchand.
*Degieu, conseiller.
*Delom, avocat.
*Delom, chanoine.
*Delpeuh, conseiller.
*Dery, fils.
Desmarets de Maillebois.
*Desplats, conseiller.
*Deydier, bourgeois.
*Deydier, conseiller.
*Deyrix.
de Dienne.
de Digons.
Ducrohet.
*Dulac, prêtre.
*Dulac, conseiller.
*Dulac, écuyer.
*Dumas, greffier.
*Dumas, veuve.
Dumay.
*Dumont, chanoine.
Durant.
*Duranthie, bourgeois.
*du Duret, écuyer.
de Durfort.
*Duriat, marchand.
*Durin, marchand.

*d'Escorailles, chanoine.
d'Escourolles.
de l'Espinasse ou de Lespinasse.
d'Espinchal.
Esquint.
*d'Estain, abbé.
d'Estaing.
d'Estresses.
Eymé et quelquefois Aymé.
*Eymond, comte.
*d'Eyssac.

*Fabre, conseiller.
*Faidit, avocat.
*Falcimagne, chanoine.
*Faucher, marchand.
de Faucon.
de Faugières ou Fougières.
*de Faugières, gentilhomme.
*Faure, chanoine.
*Favier, avocat.
Faydit.
*de la Faye, doyen.
de la Faye.
du Fayet de la Tour.
du Fayet.
*du Fayet, écuyer.
*Fayet, chevalier.
*Ferluc, bourgeois.
*Ferrier, femme.
*de Ferriolles, président.
de Feu.
le Fèvre-d'Ormesson.

de Fidedy de Lavergne.
du Floquet.
de Floret ou Florit.
*de la Font, écuyer.
de Fontanet.
*de Fontanges, seigneur.
*de Fontenilles, bourgeois.
*de Fontenilhes, femme.
*de Fontfreyde, écuyer.
*Fonfreyde, bourgeois.
de Forget.
Fournier de Rioux.
*Fradet, chanoine.
*de la Frédière, gentilhomme.
de Fretat.
*de la Fuste, curé.

de Gain de Montagnac de Linars.
*Gallière, procureur.
de Gannat, ou de Larrat.
de la Garde.
de la Garde-Chambonnas.
de la Garde.
*de la Gardette, écuyer.
*Garnaud, conseiller.
*Garnaud, veuve.
*Garnaud, élu.
*Garnier, bourgeois.
Gaschier.
*Gauvoint, veuve.
Gay.
de Gebelin de Florensolles.

de Genestet de Saint-Didier.
de Gibertès ou Gilbertès.
*Gigaud, avocat.
*Gilbert, bourgeois.
*Gillet, avocat, et Gillet, conseiller.
*Girard, marchand.
*Girard, écuyer.
*de Girard, chanoine.
*Girard, femme.
*de Girard, seigneur.
*Girard, ancien chanoine.
Girard de la Prugne.
*Giraud, notaire.
de Gironde.
Girot de l'Anglade.
*Gontaud, veuve.
Gouge de Charpagne.
*Gourd, bourgeois.
*Grabotz, chantre.
*de Grandsaigne, écuyer.
*de la Grange, conseiller.
de Grenier.
de Grignols.
*Grobost, conseiller.
*Gros, marchand.
*Gros, veuve.
Gueffier.
*Guérin, trésorier.
*Guérin, prêtre.
de Guérin.
*Guéringaud, veuve.
Guerrier.

*de Guerry, veuve.
de Guignard ou Guiniard.
de Guilhen.
*Gumery, avocat.

de l'Hôpital.
*Huguet, chanoine.

Izarn.

de Jacques.
de Jadon.
*de Jadon, écuyer.
de Jarrier.
*Jeoffroy, notaire.
*de Jevaugues, gentilhomme.
*Joannet, avocat.
de Joigny.
*Jolly, marchand.
*Jozat, prêtre.
*Juillien, avocat.
*Jullien, conseiller.
Jurquet.

de Labro.
*du Lac, écuyer.
du Lac.
*Lacas, conseiller.
*de Laire, écuyer.
*de Laire, syndic.
*de Laire, conseiller.
de Laire.
de Lampres.

de Langes.
*le Large, chanoine.
*de la Salle, écuyer.
*de la Salle de la Pachevie.
*de Lasdalies, bourgeois.
*de Lastic, chevalier.
*de Laudines, chanoine.
*Lausel, bourgeois.
de Lauzanne ou Lozanne.
*Laville, bourgeois.
*Laville, médecin.
de Layat.
*Lentillac, procureur.
*Lescure, conseiller.
*de Lespinasse.
*de Lespine, chanoine.
*Ligier, châtelain.
*Ligier, conseiller.
de Ligondès ou Ligondez.
Lizet.
de Lodan ou Lodant.
*Lolier, conseiller.
de Lolière, de l'Olière ou d'Olière.
le Long.
*Loucet, conseiller.
le Loup.
de la Loyre.
Luillier.
*de Luzuy, conseiller.

de Macheco.
de Mâcon.

*Magaud, receveur.
*Maheas, receveur.
de la Majorie.
Malet ou Mallet de Vandègre.
*Malet, échevin.
*Mallet, tanneur.
*Mallet, bourgeois.
Malouet.
de Malras.
*des Manes, conseiller.
*Mangier, prêtre.
de Marcon ou Marcou.
de Margalet.
*Marin, bourgeois.
de Marmagnac.
*Marnasse, marchand, bourgeois.
du Maraussans ou de Maroussans.
*Martin, bourgeois.
*Martin, chanoine.
*Martin, notaire.
de Martrain ou Martrin.
du Mas de l'Isle.
du Mas.
de Masse.
de Massebeau.
*Masses, marchand.
*Matharel, bourgeois.
*de Matharel, conseiller.
de Matharel.
*Matthieu, prêtre.
Matthieu.

de Maumont ou Maulmont.
de Mauran.
de Mauriac.
de May ou Mai.
de Méalet ou de Méallet.
*Mégemont, chanoine.
*Mellun, prêtre.
de Méric.
*Meyrand, conseiller.
de Michel.
de Micolon.
*Micolon, marchand.
de Miet ou Myet.
*Miguet, chanoine.
*Milanges, chanoine.
*Milanges, veuve.
de Miremont de Mauriac.
de Miremont.
*Mogue, capitaine.
*Moisant, prévôt.
de Molen, Molein, Moleire, Molin et Moulin.
de Molette de Morangiès.
*Molle, avocat.
de Monami ou de Monamy.
de Monceaux.
*Monnet, procureur.
*de Monstier, avocat.
*de Montaigut de Bouzol.
de Montal.
*Montbur, procureur.
*de Montclar, comte.
*de Montclar.

*de Montellet, bourgeois.
de Montgranat.
*de Montigny, veuve.
de Montjoui.
de Montmonedier.
*de Montmoton, femme.
Montorcier.
de Montrognon et Montroignon.
de Montservier.
de Montvallat.
*de Montvallat, chevalier.
*de Montvallat, seigneur.
de Montvert, quelquefois Montbert.
*Moranges, conseiller.
de Moreau.
de Moricaud ou de Mouricaud.
*Mosle, échevin.
*Mosnier, apothicaire.
de la Mothe.
*de Mouliérat, bourgeois.
*de Mourson, greffier.
de Murat.
*Musnier, trésorier général de France à Riôm.
*de Muzy, femme.

de Naillac.
*de Nagut.
de Naucaze.
*de Naviaze, marquis.

*Nayron, prieur.
de Nerestang.
de Neuville.
*de Neuville de Larboulerie.
*Noel, bourgeois.
Noellas.
*de Nozières, chanoine.

*d'Oberulle, femme.
Ollier.

de Pagnac.
de Palemourgues ou Pelamourgues.
*Palloquin, prêtre.
*de Parentignat, gentilhomme
Pascal.
*Pastel, avocat.
*de Passefons, conseiller du roi.
*Pasturel, avocat.
*Paty, doyen.
*Paulet, médecin.
Paut ou Pauc.
*Paye, greffier.
*Peghoux, marchand.
*de la Peindre, écuyer.
*Pelissier, chanoine.
*Pelissier, curé.
*Pelissier, bourgeois.
*Pelissier, marchand.
*Pelissier, d'Ambert.
Pélissier de Féligonde.

CHAMPS D'AZUR. 59

*Périer, seigneur.
de Peuchaud.
de Peyrat de Jugéals.
*Peyronnel, procureur.
de Peyronnenc.
*Peyronnet, curé.
de Pierre de Bernis.
du Pinet du Bouchet.
*Piron, procureur.
de la Pize ou Lapize.
de Plagnes ou Plaignes.
*Poisson.
*Poisson, bourgeois.
*Poisson, trésorier.
Poisson, femme.
*Ponchapt, chanoine.
*Pons, conseiller du roi.
*de Pons, écuyer.
de Ponsonailles.
*Portal, avocat.
*de la Porte de la Combe.
*Potière, avocat.
*Pottière, procureur.
*Pouchon, avocat.
*de Poupé, écuyer.
*Poursain, avocat.
de Pouzols.
*Pradon, greffier.
*Prohet, avocat.

de Quinemont.

*Rabany, tanneur.

*des Raines, bourgeois.
*Ravel, chanoine.
de Ravel.
*Ravidal, marchand.
Reboul du Chariol.
*Redon, conseiller du roi.
de Retz de Bressoles.
de Reynaud de Mons.
*de Reynaud, femme.
de la Reynerie.
de la Ribe.
de Ribeyre.
*de Ribeyre, chevalier.
*de Ribier, écuyer.
*Rigaud, marchand.
de Riols ou Riolz.
de Riom.
de la Roche.
*de la Roche, écuyer.
de Rochebonne.
de Rochedagou ou Rochedagoux.
de Rochedragon ou Roche-Dragon.
*Rochefort, avocat.
*Rochefort, comte d'Ally.
*Rochette, veuve.
de la Rochette.
de la Rodde.
*Rodde, bourgeois.
*Roland, marchand.
de Roland ou Rolland.
Rollet.

*Romannet, conseiller du roi.
*Rome, procureur.
Romeuf.
*de la Ronade, conseiller du roi.
*Ronchon, veuve.
de la Roque.
de la Roque de Montal.
de Roquecave d'Haumière de Thuret.
*de Roquelaure.
de Roquemaurel.
de Roqueplan.
de Rosier ou des Rosiers.
*de Rostang, veuve.
*Roussel, bourgeois.
*Roussel, veuve.
de Roussi ou Roussy.
Rousson.
*Roy, semi-prébendé.
des Roys ou de Roays.
de Ruols ou Ruolz.

Sablon du Corail.
de Saint-Aignan.
de Saint-Floret.
*de Saintjal, avocat.
de Saint-Martial.
de Saint-Nectaire.
*de Saint-Paul, écuyer.
*de Saint-Saturnin, écuyer.
*de Salers, seigneur.
de Sales ou de Salles.

de Sarret.
de Sartiges.
de Sassy ou Saxi.
*Saulnier, bourgeois.
de Saunier.
*Sauret, conseiller, procureur du roi.
Savaron.
de Scorailles ou d'Esco-railles.
*de Sédages, écuyer.
de Sédières.
Séguier.
de la Seiglière.
*de la Selle, femme.
de Sémiers.
*Sénaud, secrétaire.
de Séneret ou Céneret.
*de Sennezergues, père.
*Serancé, chanoine.
*Seriès, greffier.
de Serres.
*Servoint, tanneur.
*Servolles, chanoine.
de Sery.
de Sévérac ou Sévérac.
*Sevin, procureur du roi.
de Sirmond.
*Soleliage, docteur.
de Solilhac.
de Sommièvre.
*Soualhat, marchand.
*Soubrany, conseiller.

Soubrany de Bénistant.

de Tailhac.
*Talon, conseiller du roi.
*Taphanel, procureur.
*Tassy, conseiller du roi.
de Téraules.
*Ternier, avocat.
Terreyre.
*Thierry, marchand.
*Thiers, chanoine.
*Thomas, notaire royal.
*Thomaze, receveur du papier.
*Tixier, bourgeois.
*Tixier, procureur.
*Torenty.
de Torsiac ou Toursiac.
de Touchebœuf.
*de la Tour.
*de la Tour, écuyer.
de la Tour-d'Auvergne.
de la Tour de la Borie.
de la Tour-d'Enval.
*de la Tournelle, écuyer.
de Tournemire de Leybros.
Toutée.
de Tourtoulon.
*de Trémeuge de Fargues.
de Tresmoyles, ou plutôt Tresmoylhes.
de Trinquier ou Trainquier.
*Trottier, bourgeois.

*Truchon, bourgeois.

d'Ussel.

de Vabres.
*Vachier, écuyer.
*de la Vaille, écuyer.
du Vair ou Duvair.
de la Vaissière ou de la Veissière.
*de la Val.
*Valeix, conseiller du roi.
de Valeix.
*Valence, veuve.
de la Valette.
de Valiech ou Valiecq.
*Vallaix, conseiller du roi.
de Valrus.
*Vanaire, marchand, bourgeois.
de Varènes.
de Varennes.
de Varvasse.
*Vassadel, bourgeois.
de Vauchaussade.
de Vaux ou Vaulx.
de Veilhan de Pénacort.
de Veilhan.
de la Veissière ou de la Veyssière.
de Vendat.
*de Ventilhac, écuyer.
Verdier de Marcillac.

de Verdonnet.
de Vernaison.
*Vernaizon, conseiller du roi.
*de la Vernède, écuyer, chanoine.
*Vernet, lieutenant de la ville de Thiers.
du Verney.
*Verny, marchand.
de Vertamy.
*Vessier, médecin.
de Veyre.
Vialart.
de Vigier.
*Vigier, avocat.
*Vigot.
*Vigot, fille.
*de la Villaine, prêtre.
*de la Villaine, procureur du roi.
*la Ville, écuyer.
*Villot, avocat.
de Villelume.
*de Vissaguet, bourgeois.
de Vogué.

*la ville d'Ambert.
*la ville de Besse.
*la ville de Billom.
*la ville de Blesle.
*la ville de Chaudesaigues.
*la ville de Clermont-Ferrand.
*la ville de Maringues.
*la ville de Montaigut.
*la ville de Montferrand.
*la ville de Murat.
*la ville de Riom.
*la ville de St-Amant-Tallende
*la ville de St-Germain-Lembron.
*la ville de Sauxillanges
*l'abbaye de Bellaigues.
*l'abbaye du Bouchet.
*l'abbaye des Chazes.
*l'abbaye de Saint-Alyre-les-Clermont.
*le prieuré de Jussat.
*le prieuré de Saint-Priest-des-Champs.
*le prieuré de Saint-Germain-Lembron.
*le chapitre de Saint-Cerneuf.
*le chapitre de Saint-Germain-Lembron.
*le chapitre de l'église collégiale de Notre-Dame de Saint-Flour.
*le chapitre de la cathédrale de Saint-Flour.
*le chapitre de l'église cathédrale de Clermont.
*le chapitre de la Sainte-Chapelle de Riom.
*le chapitre d'Orcival.
*le chapitre du Port de Clermont.

- *le chapitre de Vertaizon.
- *le chapitre du Broc.
- *le chapitre de Saint-Martin de Cournon.
- *le chapitre de Lezoux.
- *le chapitre du château de la ville d'Ennezat.
- *le chapitre de Montferrand.
- *le chapitre de l'église de St-Genès de Clermont.
- *le chapitre de l'église de Chamalières.
- *le chapitre de la ville de Vic-le-Comte.
- *le chapitre de Laqueuille.
- *la communauté des prêtres de la Chaise-Dieu.
- *la communauté des curés et prêtres de Salers.
- *la communauté des prêtres d'Ardes.
- *la communauté des prêtres de l'église de Maringues.
- *la communauté des prêtres de Nonette.
- *la communauté des prêtres de Volvic.
- *la communauté des prêtres de Chalinargues.
- *la communauté des prêtres de Saint-Amant (Cantal).
- *la communauté des prêtres de Neuve-Eglise.
- *la communauté des prêtres de Mauriac.
- *le collége des P. jésuites de Saint-Flour.
- *le collége des P. jésuites de Mauriac.
- *le collége des P. jésuites de Clermont.
- *le collége des P. jésuites de Billom.
- *le couvent des religieux de l'abbaye de Bouchet.
- *le couvent des religieux de Saint-Flour.
- *le couvent des religieux de Saint-Joseph de Brioude.
- *le couvent des Bénédictins d'Issoire.
- *le couvent des religieux de Notre-Dame de Brioude.
- *le couvent des religieux de l'abbaye de Montpéroux.
- *le couvent des Bénédictins de Mauriac.
- *le couvent des religieux de Saint-Flour.
- *le couvent des Minimes de Courpières.
- *le couvent des Minimes de Chaumont.
- *les Pères chartreux du Port-Sainte-Marie.

*les Pères de l'Oratoire de Clermont.
*les prêtres de l'Oratoire de Riom, en corps.
*le séminaire de Saint-Flour.
*le séminaire de Clermont.
*le séminaire de Thiers.
*le couvent des religieuses hospitalières de Riom, ordre de Saint-Augustin.
*le couvent des religieuses d'Ambert.
*le couvent des religieuses de Sainte-Ursule de Montferrand et de Clermont.
*le couvent des religieuses de la Veyne.
*le couvent des religieuses de Murat.
*le couvent des religieuses de Sainte-Ursule de Maringues.
*le couvent des religieux de St-André-les-Clermont.
**les religieuses de Notre-Dame de Marsac.
*les religieuses de Notre-Dame de Riom.
*la communauté des apothicaires de Riom.
*la communauté des arts et métiers de Pontgibaud.
*la communauté des avocats, notaires et procureurs de Blesle.
*la communauté des bouchers et tripiers de Maringues.
*la communauté des bouchers, boulangers et pâtissiers d'Aurillac.
*la communauté des boulangers et pâtissiers de Saint-Flour.
*la communauté des boulangers de Riom.
*la communauté des boulangers, pâtissiers, cabaretiers et bouchers de Montferrand.
*la communauté des boulangers, pâtissiers, cabaretiers et bouchers de Montaigut.
*la communauté des cardeurs, tondeurs et teinturiers de Saint-Flour.
*la communauté des sergers, teinturiers et tisserands de Maringues.
*la communauté des maîtres cartiers, charpentiers et gaîniers de Thiers.
*la communauté des chamoiseurs, cordonniers, charretiers et autres de Maringues.

*la communauté des charrons, menuisiers et charpentiers de Maringues.
*la communauté des maîtres chirurgiens de Clermont.
*la communauté des maîtres épiciers de Riom.
*la communauté des experts jurés de Clermont.
*la communauté des hostes et hôteliers de Clermont.
*la communauté des maçons, couvreurs et blanchisseurs de Saint-Flour.
*la communauté des marchands de Blesle.
*la communauté des marchands et autres arts et métiers d'Auzon.
*la communauté des marchands d'Ambert.
*la communauté des marchands de Besse.
*la communauté des marchands de Montaigut.
*le corps des marchands de Brioude.
*la communauté des marchands épiciers et orfèvres de Maringues.
*la communauté des marchands de Saint-Flour.
*la communauté des marchands épiciers, regrattiers et marchands de fromages d'Aurillac.
*la communauté des marchands de draps, de soie, merciers, quincailliers, marchands de points et orfèvres d'Aurillac.
*La communauté des marchands de Chaudesaigues.
*la communauté des marchands, arts et métiers de Saint-Germain-l'Herm.
*la communauté des marchands, arts et métiers de Paulhaguet.
*la communauté des marchands, arts et métiers de Montferrand.
*la communauté des marchands de Courpières.
*la communauté des marchands, arts et métiers de Cournon.
*la communauté des marchands d'Allanche.
*la communauté des maréchaux et serruriers de Maringues.
*la communauté des maréchaux, serruriers, forgerons, épingliers et bâtiers d'Ambert.

* la communauté des médecins, chirurgiens et apothicaires de Montaigut.
* la communauté des médecins, apothicaires et chirurgiens de Saint-Germain-Lembron.
* la communauté des médecins, apothicaires et chirurgiens d'Ambert.
* la communauté des médecins, apothicaires et chirurgiens de Sauxillanges.
* la communauté des médecins et apothicaires de Pierrefort.
* le corps des médecins, chirurgiens et apothicaires d'Issoire.
* la communauté des médecins et apothicaires de Murat.
* la communauté des menuisiers, maçons et charpentiers de la ville de Brioude.
* la communauté des notaires et procureurs de la ville de Besse.
* la communauté des notaires de Clermont.
* la communauté des procureurs de Clermont.
* la communauté des notaires royaux et ordinaires de la ville de Mauriac.
* la communauté des notaires et procureurs de la ville de Pont-du-Château.
* la communauté des orfèvres de Clermont.
* la communauté des orfèvres, horlogers, écrivains, sculpteurs, peintres, vitriers, joueurs d'instruments et tapissiers de Riom.
* la communauté des pâtissiers de Riom.
* la communauté des pelletiers, gantiers, tanneurs et blanchisseurs d'Ambert.
* la communauté des potiers d'étain, peigneurs de chanvre, chapeliers et teinturiers de Riom.
* la communauté des sculpteurs, menuisiers, charpentiers d'Issoire.
* la communauté des selliers, bridiers, bâtiers et cordiers de Clermont.
* la communauté des sergers, teinturiers et tisserands de Maringues.
* la communauté des serru-

riers, des armuriers, maréchaux, cloutiers et orfèvres de Brioude.
*la communauté des serruriers, des armuriers, maréchaux, cloutiers et orfèvres d'Issoire.
*la communauté des tailleurs d'Ambert.
*la communauté des maîtres tailleurs d'habits de Clermont.
*la communauté des tailleurs, cadissiers, teinturiers, chapeliers et tisserands de Brioude.
*la communauté des tailleurs, cadissiers, teinturiers, chapeliers et tisserands de Cournon.
*la communauté des tailleurs d'Issoire.
*la communauté des tailleurs d'habits, libraires et imprimeurs de Riom.
*la communauté des tanneurs, pelletiers et corroyeurs de Saint-Flour.
*la communauté des tanneurs, pelletiers et corroyeurs de Maringues.
*la communauté des tanneurs de Riom.
*la communauté des tisserands et foulons d'Aurillac.
*la communauté des tisserands d'Issoire.

§ 5.

CHAMPS DE SINOPLE.

*Annat, bourgeois.
*Archon, chanoine.
*Ardilhon, curé.
*d'Aumy, curé.

*Bon, bourgeois.
*de Boudé, gentilhomme.
*de Bougier, conseiller.

*Brunel, procureur.

*la Carrière, docteur.
*de Carts, seigneur.
*Chauliaguet, veuve.
*Chaumet, bourgeois.
*Chevogeon, docteur en médecine.

*du Claux, bourgeois.
*Combes, chanoine.
Combes de Bressoles.
*Courton, semi-prébendé.
*de Couzans fils.
*Croizié, notaire.

*de Damas de Trédieu.
*Dupré, conseiller.
*Durif, apothicaire.

Escures.

*de la Farge, écuyer.
*de Feydit, femme.

*Garcellon, marchand.
*la Gardette, procureur.
de Gas, en 1285.
*Gaytte, chanoine.
de la Grange.
*Granier, conseiller.
de la Guiche.

*Ivery, marchand, bourgeois.
*Jallot, procureur.
*Jally, notaire.
*Lacombes, conseiller.

de Malbec.
Marilhac.
*Matthieu, conseiller.
*Maubet, procureur.

*Mercier, chanoine.
*de Merville, seigneur.
*de Moussier, avocat.

*Nicolas, marchand.

*Pélissier, femme.
du Pouget de Fosses et de Villars.
*Prohet, chanoine.

*Reignat, veuve.
*de Rigaud, écuyer.
*de Rochannis, avocat.
de la Roche.
de Rochedragon.
*Rollet, chanoine.
*de la Roque Sennezergues.
*Rouderon, greffier.

*de Sagnes, veuve.
Saint-Chamans, anciennement Saint-Amant.
de Saint-Gervazy.
*de Sartiges, écuyer.
*de Séguy, écuyer.
*Servoint, tanneur.

*Taravant, médecin.
*Tissandier, conseiller du roi.
*Tortillon, bourgeois.
*du Tour, bourgeois.

*Valette, marchand épicier.
*de Vareille, écuyer.
*de Veirebrousse, bourgeois.
*de Vitrac.
*de la Volpilière, écuyer.
*le prieuré de Saint-Etienne.
*le prieuré de Vézac.
*la communauté des prêtres d'Aurillac.
*la communauté des arts et métiers d'Ennezat.
*la communauté des arts et métiers de Pont-du-Château.
*la communauté des marchands d'Issoire.
*la communauté des marchands et autres arts et métiers de Sauxillanges.
*la communauté des marchands et autres arts et métiers de Saint-Paulien.

§ 6.

CHAMPS DE POURPRE.

*du Gibanel, écuyer.

*Malet, prêtre.
*Marie, conseiller.

*Pavel, conseiller du roi.
*Peitavey, conseiller du roi.

§ 7.

CHAMPS DE SABLE.

*Albanel, femme.
d'Albiat.
d'Albon.
*Allayrat, bailli.
d'Anglars.
Aragonès.
d'Artaud.

d'Astorg ou d'Astorgue.
Aulbot.
*d'Auteroche, bourgeois.
Aycelin.

*de Baisle, conseiller.
*Baudet, contrôleur.

de Beaufranchet.
*Beaumont, écuyer.
de Beauzac ou Bauzac.
*Bigot, seigneur.
*de Bladis, bourgeois.
*Bochatel, conseiller.
Bohan.
*de Boisseret.
de Bordes.
*de Bort, seigneur.
*de Bournat, écuyer.
*Boutaudon, imprimeur.
de Brandon.
de Bressolles.
*du Breuil, chantre.
*de Broussettes, femme.
*de Brugier, écuyer.

*Calhot, châtelain.
*Carton, chanoine.
*Ceisset, veuve.
*Chaduc, chanoine.
*de la Chaize, écuyer.
*Chambon, bourgeois.
*Chassaing, conseiller.
de Châteauneuf-Marcillat.
de Chavagnac.
*Chauluy, bourgeois.
*Chevalier, chanoine.
*Cheverlanges, prêtre.
*Colonges, femme.
*de Conrost, marquis.
*Constratin, avocat.

de Cortial.
*Coutel, marchand.

*Dalmas, veuve.
*Delom, conseiller.
*de Douhet, prêtre.

*Escalier, bourgeois.

*Falbelly, juge.
*de Falvard, écuyer.
de la Farge.
*Fayol, femme.
*Fiège, veuve.
de Flageac.
*de Fretat, écuyer.

de Gals ou Galles.
*Granier, marchand.
*Greslier, apothicaire.

*de Jacques, écuyer.
*Jouanel, bourgeois.
de la Jugie.

*de Labournat, gentilhomme.
*de Lafond, docteur en médecine.
de Laizer.
*de Laval, bourgeois.
*Laville, conseiller.
*de Ligonie, chanoine.
*de Longua, écuyer.

de Loudières.

*Magnet, abbé.
*Maigne, procureur.
de la Marthe ou de la Martre.
*Maubet, marchand.
de Meymont.
*Merle, lieutenant.
Meynade de Meynadou.
de Montagnac.
Montaigut-Listenois.
*de Montal de la Marque.
*Monteil, procureur.
de Montespon.
de Montjurieu.
de la Mothe.
de Monstoulat.

*de Naucase.
de Neuville.
*de Neyrac, marchand.
*Nicolas, prêtre.
le Normand de Flageac.

*Pegeyre, prieur.
Pelet de Beaufranchet.
*de Poughol, écuyer.

de la Queuille.

Raibe.
*Raffeix, chanoine.
*Ralus, femme.

Rebours.
*Requestat, bourgeois.
Richard de Prades.
*de Rigaud, écuyer.
*de Rivis, conseiller du roi.
*de la Roche-Canilhac.
de la Roche-Aymon.
*de Roux, veuve.
*Roux, marchand cirier.
de Rully ou Ruylly.

*Sablon, procureur.
*Sain, écuyer.
de Saint-Julien.
*de Saint-Simon.
de Sales.
de Sarrazin.
de Saugues.
de Sédages.
*Seintigot, greffier.

de Talaru.
*Teillard, conseiller du roi.
du Tour de Salvert.
*Trein, conseiller du roi.

*Valeix, veuve.
*Valette, chantre.
*Vallain, chanoine.
*Vallevier, gentilhomme.
*Vessier, prêtre.
*de la Veyrive, conseiller.
*de Viescamps.

*Vigier, femme. de Vissaguet.
*de la Vouède, écuyer.

*l'abbaye de Mégemont.
*le chapitre de Montsalvy.
*le chapitre de Langheac.
*le couvent des religieuses Augustines de Clermont.
*les religieuses Carmélites de Riom.
*la communauté des religieuses de la Chaise-Dieu.
*la communauté des cordonniers d'Issoire.
*la communauté des libraires et imprimeurs de Clermont.
*la communauté des notaires et procureurs de Montaigut.
*la communauté des notaires de Maringues.
*la communauté des notaires et procureurs de Sauxillanges.
*la communauté des notaires de Courpière.
*la communauté des notaires de Murat.
*la communauté des teinturiers et tanneurs de Thiers.

§ 8.
CHAMPS D'HERMINE.

du Bouchet.

*Gaignon, conseiller.

*de Montpentières, chanoine.

de Sermur.

*de Vaux.

§ 9.
CHAMPS DE VAIR.

*de Bosredon.

de Monteynard.

*de Panneveyre, écuyer.

d'Urfé.

de Vassel.
*Verdier, médecin.
*de Veyre, infirmier.
de Vichy.

CHAPITRE II.

PARTITIONS DE L'ÉCU.

§ 1. **Parti.**
2. **Mi-Parti.**
3. **Tiercé.**
4. **Coupé.**

§ 5. **Tranché.**
6. **Écartelé.**
7. **Contre-écartelé.**
8. **Équipollé.**

§ 1er.

PARTI.

d'Aureille, d'Aurelhe ou d'Aurelle.
*d'Aurière, écuyer.

de Ballerin.
de Bar.
*de Bard de Couteix.
*Bouonet, avocat.
de Brandon.
de Brion.
de Broussignat.
de Bruel.

de Canis de Chalvet de Rochemonteix.
de la Chassaigne.
de Chaussard.
de Chaussecourte.
de Combarel-Gibanel.

Cornaro de Curton.

Dantil ou d'Antil.
Delzons.
de Dorat.

de l'Estang.

de Felzins.

de Gaches.
*Garnier, médecin.
de la Grillère.
de Guirard-Montarnal.

de Jonas ou Jonat.
de Jozerand ou Joserand.

Kayr de Blumenstein.

de Landrodie.

de Malboyer, peut-être Malbois.
de Massol de Serville.
de Meyras.
de Murat-Sistrières.

de Noziéres.

*de Péluche, prévôt.
*Peyron, directeur.
du Puy.

de Rigal.
de Rochefort.
de Roquelaure.
de Royère.

de Sadours.
de Saint-Aignan.
de Sarret.
de Seguy.
de Solas.
*de Strada, seigneur.
de Suris, Souiris ou de Soyris.

Tailhardat de la Maison-Neuve.
de Talaru.
Tixier.
de Tournon.
de Trenqualye.

d'Umières.

de Val.
de Verdelon.
de Villebœuf.

*la ville de Saint-Flour.
*l'abbaye de Mauzac.
*l'abbaye du Mouthier.
*le prieuré de Saint-Constant.
*la communauté des marchands de Pontgibaud.
*la communauté des marchands et artisans de Mauriac.
*la communauté des marchands de Mauriac.
*la communauté des marchands et autres arts et métiers de la Voûte.

§ 2.

MI-PARTI.

de la Roche-en-Reinier.

§ 3.

TIERCÉ.

*de Viescamps.

*la communauté des cordon-niers, selliers et bridiers d'Ambert.

§ 4.

COUPÉ.

*d'Autier de Villemontée.

Brun ou Bru.

Dupuy ou du Puy.

Girard.
de la Grillère.

Higonet.

Merle de la Gorce.

de Nevrezé.

Pages.
du Peschin.
de Pollalion.
de Provenchères.

de Sales.
de Strada.

§ 5.

TRANCHÉ.

de Capony.

*de Cistrières, femme.

§ 6.

ÉCARTELÉ.

d'Aldin .... aux 1 et 4 de sable, au lion rampant d'or ; aux 2 et 3 d'argent, à trois tourteaux de gueules.

*d'Albon .... aux 1 et 4 de sable, à la croix d'or ; aux 2 et 3 d'or, au dauphin contourné d'azur.

d'Armagnac .... aux 1 et 4 d'argent, au lion de gueules ; aux 2 et 3 de gueules, au léopard lionné d'or.

d'Aubusson .... aux 1 et 4 d'or, à la croix ancrée et alesée de gueules, qui est d'Aubusson ; aux 2 et 3 de gueules, au massacre de cerf d'or, qui est de Banson.

Aurellie .... aux 1 et 4 d'or, à cinq losanges de sable accollées en bande ; aux 2 et 3 de sable, à trois molettes d'éperon d'or, à la bordure de gueules.

l'Auvergnat .... aux 1 et 4 de gueules, à l'ombre de soleil d'or ; aux 2 et 3 d'argent, à trois bandes de gueules.

Auzerand .... de gueules, à une tête de femme d'argent à chaque quartier, l'écu divisé par une croix en billettes d'or et d'azur.

d'Auzon .... d'or et d'azur.

d'Ayrolles .... aux 1 et 4 d'azur, au lion rampant d'argent ; au 2 de sable, à l'aigle éployée d'or ; au 3 d'or, à une gerbe de branches d'olivier de sinople.

ÉCARTELÉ. 57

de Barentin de Montchal......	aux 1 et 4 d'azur, à trois fasces une d'or et deux d'argent, accompagnées de trois étoiles d'or en chef; aux 2 et 3 de gueules, au chef d'or chargé de trois molettes d'azur.
*de Beaufort, seigneur.........	aux 1 et 4 d'azur, au lévrier d'argent colleté de gueules, à la bordure dentelée d'argent; aux 2 et 3 d'argent, à la bande de gueules, accompagnée de six roses de même en orle.
*de Beaufort, seigneur.........	aux 1 et 4 d'or, au lion d'azur; aux 2 et 3 d'azur, à deux lévriers dressés et affrontés d'argent, colletés de gueules et surmontés de deux croisettes d'or.
* de Beauverger, chevalier......	aux 1 et 4 fascés d'or et de sable; aux 2 et 3 échiquetés d'argent et d'azur, au chef de gueules; sur le tout d'hermine et fascé d'argent et d'azur de l'un en l'autre.
de Beauvoir......	aux 1 et 4 d'or, au lion de gueules, aux 2 et 3 de gueules, à l'émanche d'or.
Beker et Martha..	au 1 d'azur, à une épée d'argent montée d'or; aux 2 et 3 d'or; au 4 d'azur, à trois étoiles d'argent posées en pal.
de Belestat.......	aux 1 et 4 de gueules, au gonfanon d'or; aux 2 et 3 d'argent.
de Bénavent......	aux 1 et 4 de gueules, au lion d'or; aux 2 et 3 d'argent, à trois bandes de gueules.
de Bérenger......	aux 1 et 4 de gueules, au griffon d'or; aux 2 et 3 de gueules, au sautoir d'argent cantonné de quatre clefs de même.

de Besse......... aux 1 et 4 d'azur, au lion d'argent; aux 2 et 3 de gueules, à la bande d'argent, chargée de trois étoiles d'azur.

de Besse......... aux 1 et 4 d'azur, au lion d'argent; aux 2 et 3 d'or, à trois flanchis ou sautoirs de gueules.

de Bessuéjouls de Roquelaure.... aux 1 et 4 d'azur, à trois rocs d'or; aux 2 et 3 d'argent, à deux lions de gueules.

Blanc du Bos.... aux 1 et 4 de sinople, au cor de chasse d'or, lié et virolé de même; au 2 et 3 d'azur.

de Blot.......... aux 1 et 4 de sable, au lion d'or; aux 2 et 3 d'or, à trois bandes de gueules.

de Bonnavent.... aux 1 et 4 de sable, au lion rampant d'argent; aux 2 et 3 de sinople, à la tierce feuille d'or.

de Bonnevie...... aux 1 et 4 d'azur, à trois barbeaux d'argent posés en fasce; aux 2 et 3 d'azur, semés de fleurs de lis d'or.

de Bosredon...... aux 1 et 4 d'azur, au lion d'argent; aux 2 et 3 vairés d'argent et de sinople de quatre tires.

de Bosredon...... de vair et de gueules.

de Bouchard de Jalasset.......... aux 1 et 4 de gueules, à trois léopards passants l'un sur l'autre; aux 2 et 3 losangés d'or et d'azur au chef de gueules.

de Bouillé ou de Boulier .... aux 1 et 4 d'argent, à la fasce de gueules frettée d'or et accostée de deux burelles du second émail.; aux 2 et 3 de gueules, à la croix ancrée d'argent.

de Brugière de Barante.......... aux 1 et 4 d'or, à quatre bruyères de sino-

ÉCARTELÉ. 59

      ple soutenues d'une champagne de même ;
      aux 2 et 3 d'azur, à la croix pattée d'argent.

de Bueil......... aux 1 et 4 d'azur, au croissant d'argent, accompagné de six croix recroisetées, au pied fiché d'or.

de Bulhon....... aux 1 et 4 d'azur, au lion d'or issant de trois fasces ondées d'argent ; aux 2 et 3 d'argent, à la bande de gueules accompagnée de six coquilles de même.

de Burin........ aux 1 et 4 d'azur, à la bande d'argent accostée de deux soucis d'or ; aux 2 et 3 de gueules, à la tour d'argent crénelée et maçonnée de sable, avec un loup rampant à la porte.

de la Carrière.... aux 1 et 4 d'azur, à la fasce échiquetée d'argent et de sable de trois traits ; aux 2 et 3 d'azur, à trois têtes de lion d'or arrachées.

de Castanède..... aux 1 et 4 d'or, à trois fasces de gueules, à la bande de même, chargée de trois fleurs de lis d'or ; aux 2 et 3 d'azur, au lion d'or s'appuyant sur un arbre.

de Castellas ou Casteras.......... aux 1 et 4 de gueules, à la tour crénelée d'argent, ajourée et maçonnée de sable ; aux 2 et 3 d'azur, à trois maillets d'or.

de Cédail ou Sédail. aux 1 et 4 de gueules, à la bande d'or accompagnée de six lionceaux dragonnés ; aux 2 et 3 d'azur, à trois roses d'argent, à la bordure de gueules.

de Chabannes	aux 1 et 4 de Chabannes, aux 2 et 3 fuselés d'azur et d'argent, à la bordure de gueules, qui est de Dammartin.
de Chabre	aux 1 et 4 d'azur, au chevron d'or accompagné de trois têtes de chèvre de même; aux 2 et 3 d'azur, à la croix d'argent et à la bordure de gueules.
de Chabrol.......	aux 1 et 4 d'azur, au chevron d'or accompagné de trois molettes d'argent; aux 2 et 3 d'azur, au pal d'or chargé d'un lion de gueules et accosté de six besants d'or, trois à dextre et trois à senestre, posés en pal.
de Chalencon.....	aux 1 et 4 de gueules, à la bordure de sable chargée de huit fleurs de lis d'or; aux 2 et 3 de gueules, au chef échiqueté d'argent et d'azur.
de Chardognes....	aux 1 et 4 d'azur, au chien d'argent; aux 2 et 3 de gueules, au chevron de sable, accompagné de trois étoiles d'or.
de Chastel-Perron.	d'or et de gueules.
de Chaumeil	aux 1 et 4 d'azur, au chevron d'or, accompagné de trois bourdons de même; aux 2 et 3 d'azur, à trois pals d'or.
de Combettes.....	aux 1 et 4 d'or, à l'arbre de sinople; aux 2 et 3 d'azur, au lévrier d'argent, et sur le tout d'azur, à la croix d'or, au chef de même.
de Cordebœuf-Beauverger-Montgon	en sautoir d'hermine et de sable, à la bordure contre-écartelée de même.

de Cordebœuf-
Beauverger-Mont-
gon............ aux 1 et 4 contre-écartelés d'or, à trois fasces de sable et échiquetés d'argent et d'azur ; aux 2 et 3 contre-écartelés en sautoir d'hermine et d'argent, à deux fasces d'azur.

de Courcelles..... aux 1 et 4 de gueules, à trois fasces d'argent chargées chacune de trois fleurs de lis d'azur ; au 2 d'azur, à la bande d'or accompagnée de six fleurs de lis d'argent ; au 3 d'or, à dix fusées en losanges d'azur rangées en fasce, 5 et 5.

de Coustave...... aux 1 et 4 vairés d'argent et d'azur de trois tires ; aux 2 et 3 de gueules, au casque grillé d'argent, taré de profil.

de Curières ...... aux 1 et 4 de sable plein ; aux 2 et 3 d'argent, à trois têtes de lion de sable.

Dalmianes........ aux 1 et 4 de gueules, à la croix alesée de vair, accompagnée de quatre clés d'argent ; aux 2 et 3 losangés de gueules et d'or, à la bande d'azur, brochant.

Daurier.......... aux 1 d'azur, à trois étoiles d'or ; au 2 de gueules, à l'épée d'argent mise en pal ; au 3 d'argent, à trois chevrons de gueules, au comble de même, chargé d'un lion naissant ; au 4 d'azur, au cheval cabré d'or.

Désaix, général ... au 1 de comte, tiré de l'armée ; au 2 de gueules, au cor d'or ; au 3 de gueules, à une branche de chêne d'argent, à une branche de laurier d'or en barre croisée par la tige; au 4 d'argent plein, à la bordure échiquetée d'or et d'azur.

Désaix (les frères). au 1 d'argent, à la bande de gueules, chargée de trois coquilles d'or; au 2 un franc quartier à sénestre de gueules, à l'épée haute d'argent posée en pal; au 3 d'argent, au lion rampant de gueules; au 4 d'azur, à trois pyramides d'or terrassées de même.

de Douhet........ aux 1 et 4 d'azur, à la tour d'argent maçonnée de sable; aux 2 et 3 de gueules, à la licorne passante d'argent.

Dumas de Polard.. au 1 d'or, à l'élan passant de gueules; au 2 de gueules, à une épée d'argent posée en pal (baron militaire); au 3 de gueules, au chevron d'argent accompagné de trois rocs d'échiquier de même et sommé d'une merlette aussi d'argent; au 4 d'azur, à la croix haute pommettée d'argent, cantonnée en chef de deux étoiles d'or.

*Durand, conseiller........... aux 1 et 4 d'or, au bras de gueules tenant un glaive d'argent, au-dessous duquel est une flamme de gueules; aux 2 et 3 d'azur, au château d'argent, maçonné de sable.

d'Escaffres....... aux 1 et 4 d'azur, à la tour maçonnée de sable; aux 2 et 3 coupés d'azur, au lion d'argent et d'or, au taureau de gueules.

de l'Espinasse ou de
Lespinasse. . . . . aux 1 et 4 d'or, au dauphin pamé d'azur;
au 2 d'or, au gonfanon de gueules; au 3
d'azur, semé de fleurs de lis d'or, à la
tour d'argent brochante; sur le tout fascé
d'argent et de gueules de huit pièces.

d'Eux. . . . . aux 1 et 4 de sinople, à la croix ancrée d'or;
aux 2 et 3 d'azur, plein; les écartelures
séparées par un filet d'argent en croix.

Favard de l'An-
glade . . . . au 1 d'azur, à trois étoiles d'or; au 2 de
gueules, aux balances d'argent nouées de
sable; au 3 de gueules, au ramier contourné d'argent, posé sur une terrasse de
même; au 4 d'azur, au triangle d'or.

Ferrand ou Ferrant
de Fontorte. . . . aux 1 et 4 d'or, au lion de sable; aux 2 et
3 d'azur, à trois coquilles d'or.

Ferrand. . . . . aux 1 et 4 d'or, au lion de sable, armé,
lampassé et paré de gueules; aux 2 et 3
de gueules, au pilier d'argent.

de Foix. . . . . aux 1 et 4 d'argent, à la croix ancrée
de sable; aux 2 et 3 d'or, à trois pals de
gueules.

de Foix. . . . . aux 1 et 4 d'or, à trois pals de gueules;
aux 2 et 3 de vair, or et gueules.

de Fourniac. . . . . . aux 1 et 4 de gueules, au chef denché d'argent; aux 2 et 3 d'azur, à l'aigle éployée
d'argent, becquée et membrée de gueules.

de la Garrigue. . . . écartelé par une croix d'or au 1 de sinople,
au croissant d'argent; au 2 d'argent, à

	trois étoiles ; au 3 de gueules, à deux tours crénelées ; au 4 de sinople, à deux arbres.
de Gausserand....	aux 1 et 4 de gueules, à trois bandes d'or ; aux 2 et 3 d'azur, à trois rocs d'échiquier d'or.
Gillet...........	aux 1 et 4 de gueules, à la croix tréflée d'argent ; aux 2 et 3 d'azur, au lion d'argent.
de Giscard ou Giscars..........	aux 1 et 4 de gueules, au lévrier courant d'argent ; aux 2 et 3 d'or, au cor de chasse de gueules.
de Gontaud ou Gontaud-Biron....	d'or et de gueules.
de Goy ou de Gouy.	aux 1 et 4 d'or, à une fleur de lis de gueules, au chef de sable, chargé de trois coquilles d'argent ; aux 2 et 3 d'azur, à trois cors de chasse d'or virolés de même.
de Grégoire de Gardies de St-Rome.	au 1 d'azur, à trois étoiles d'or ; au 2 de gueules, à trois épis d'argent ; au 3 de sable, à deux vierges d'argent tenant une fleur de lis d'or ; au 4 d'azur, à trois fasces d'argent.
Guerrier.........	aux 1 et 4 d'azur, à trois aiglons d'or et à un cœur de même au centre ; aux 2 et 3 d'azur, à la fasce d'argent accompagnée de trois billettes d'or, deux en chef et une en pointe.
Guittard.........	au 1 d'azur, à une étoile d'or ; au 2 d'argent, à la tour de gueules ; au 3 de gueules, au lion d'or ; au 4 d'or, à trois bandes de sable.

d'Hérail.......... aux 1 et 4 d'azur, à la bande d'or, accompagnée en chef d'un lion de même, qui est de Pierrefort ; aux 2 et 3 fascés d'or et d'azur, qui est de la Rouë, et sur le tout d'or, au chef de sinople, qui est d'Hérail.

Lamy............ aux 1 et 4 d'argent, au pin de sinople; aux 2 et 3 d'azur, à la tour d'argent ajourée de sable, et sur le tout de sinople, à l'étoile d'argent.

de Lavie......... aux 1 et 4 d'argent, au lion d'azur; aux 2 et 3 d'or, à deux fasces crénelées de gueules.

de Léotoing ou Léothoing......... aux 1 et 4 de sable, à trois fasces d'or ; aux 2 et 3 échiqueté d'azur et d'argent, au chef de gueules.

* de Leygouye, trésorier........... aux 1 et 4 d'or, à l'arbre de sinople accompagné de flammes de gueules sur une rivière d'azur ; aux 2 et 3 d'azur, à une foi d'argent en fasce, embrassant une colonne d'or supportée d'une fleur de lis d'argent.

de Lur-Saluces ... aux 1 et 4 de gueules, à trois croissants d'argent et un chef d'or, qui est de Lur; aux 2 et 3 d'or, au chef d'azur, qui est de Saluces.

Mannay.......... aux 1 et 4 d'argent, à trois fasces de sable ; au 2 au franc quartier à sénestre de gueules, à la croix alesée d'or; au 3 d'azur, au lion rampant d'or.

5

Martha-Beker .... au 1 d'azur, à une épée d'argent montée d'or; aux 2 et 3 d'or, à une tête de cheval de sable arrachée et allumée du champ; au 4 d'azur, à trois étoiles d'argent posées en pal.

de Mezet ou de Mezeix .... aux 1 et 4 d'or, au chevron d'azur (ou de sable), accompagné de trois roses de gueules; aux 2 et 3 de gueules, au gonfanon d'argent.

de Michel........ aux 1 et 4 d'or, au château à trois tours donjonnées de gueules, fermées, ajourées et girouettées de sable; aux 2 et 3 d'azur, au cavalier armé de toutes pièces, tenant de la main dextre un sabre nu, le tout d'argent; sur le tout, de sinople, au rocher d'or mouvant de la pointe et surmonté en chef d'une étoile d'argent, au chef de gueules semé d'étoiles d'argent.

de Mier ou de Miers. d'argent et de gueules.

*du Montal, seigneur......... au 1 d'azur, à trois grenades d'or; aux 2 et 3 d'azur, à trois chevrons d'or; au 4 d'argent, à l'arbre de sinople.

de Montamat..... aux 1 et 4 d'or, à trois corneilles de sable; aux 2 et 3 de gueules, à une croix d'or tréflée.

de Montboissier... aux 1 et 4 d'argent, à la bande d'azur accompagnée de six roses de gueules en orle; aux 2 et 3 d'azur, au lévrier rampant d'argent, armé et colleté de gueules et à la bordure crénelée d'or; sur le tout, d'or, semé de croisettes de sable, au lion de même brochant.

de Montfaucon.... aux 1 et 4 de gueules, au faucon d'argent reposant sur une montagne de même; aux 2 et 3 de gueules, à trois chevrons d'or.

de Montgontier... aux 1 et 4 d'azur, au lion d'argent; aux 2 et 3 d'or, à trois sautoirs ou flanchis de gueules.

de Montjoui...... aux 1 et 4 de gueules, au besant d'or; aux 2 et 3 d'azur, à la croix alesée d'or.

de Montjournal... aux 1 et 4 d'azur, à trois fleurs de lis d'or; aux 2 et 3 d'argent, au lion de sable.

de Montravel..... aux 1 et 4 d'or et d'azur; aux 2 et 3 d'argent, à trois cyprès arrachés de sinople et rangés en pal, au chef de gueules, à trois besants d'or.

de Murat........ aux 1 et 4 d'azur, à trois fasces muraillées et crénelées d'argent, la première de cinq créneaux, la seconde de quatre et la dernière de trois, celle-ci ouverte en porte ronde au milieu, qui est de Murat; aux 2 et 3 de gueules, au lion léopardé d'or, qui est de Carlat.

des Ondes .... aux 1 et 4 de gueules, à trois fasces ondées d'argent; aux 2 et 3 d'azur, à la tour crénelée d'or maçonnée de sable.

Pages........... aux 1 et 4 de gueules, au lion d'argent; aux 2 et 3 coupés de gueules et d'argent.

*de Pajolat, écuyer. aux 1 et 4 d'or, au lion d'azur; aux 2 et 3 d'azur, au lion d'or.

de Pégayrolles.... aux 1 et 4 d'azur, à trois molettes d'éperon d'argent, au chef d'or; aux 2 et 3 coupés et émanchés d'or et d'azur, et sur le tout, d'azur, à la gerbe d'or surmontée de deux étoiles de même.

de Pelacot....... aux 1 et 4 d'or, à la rose de gueules; aux 2 et 3 échiquetés d'or et d'azur.

de Pierrefort..... aux 1 et 4 d'or, au lion de gueules; aux 2 et 3 d'hermine, à trois pals de sable.

*de Pons, seigneur. aux 1 et 4 d'azur, à trois bandes d'or; aux 2 et 3 fascés d'argent et de gueules.

*de Pons, seigneur. aux 1 et 4 d'argent, à la bande componée d'or et de gueules; aux 2 et 3 de gueules, à trois fasces d'or.

*de Pons........ aux 1 et 4 d'argent, à la fasce de gueules chargée de trois bandes d'or; aux 2 et 3 de gueules, à trois fasces d'or.

de Pons de Bar et de la Grange...... aux 1 et 4 de gueules, à trois fasces d'or; aux 2 et 3 d'azur, au chevron d'or accompagné de trois pommes d'or.

Pradel.......... aux 1 et 4 de sable, à la croix potencée d'argent; aux 2 et 3 d'argent, à deux lions passants de gueules l'un au-dessus de l'autre.

*de la Prea, gentilhomme........ aux 1 et 4 d'or, à la rose de gueules; aux 2 et 3 échiquetés d'or et d'azur.

*de Saint-Pardoux. aux 1 et 4 d'azur, à la bande d'argent; aux 2 et 3 de sable.

de Raymond ou Reymond...... au 1 d'azur, à deux lances d'or posées en sautoir et cantonnées de quatre étoiles de même ; au 2 de gueules, à deux fasces d'argent ; au 3 de gueules, au lion d'or ; au 4 d'azur, à la colombe d'argent ; et sur le tout, d'azur, à six besants d'or posés 3, 2 et 1.

de Ringal de Pradel
ou de Pradelle .. aux 1 et 4 de sable, à la croix potencée d'or ; au 2 d'argent, à trois arbres de sinople, au chef de gueules chargé d'une croisette potencée d'argent ; au 3 d'or, à deux bandes de gueules ; et sur le tout, un écu d'azur, au chevron d'or, accompagné de trois yeux humains ciliés d'argent, deux en chef, un en pointe.

de Riom........... d'or et d'azur, à une croix tréflée, aussi écartelée de l'un et de l'autre, c'est-à-dire d'azur sur or et d'or sur azur.

de Rochebaron ... d'or et de gueules, à la bordure de sable (ou d'azur) chargée de huit fleurs de lis d'or.

de Rochebriant ... d'or et d'azur.

de Rochefort d'Ally d'or, à la tour de gueules maçonnée de sable à chaque quartier.

de la Rochefoucauld..........: aux 1 et 4 d'or, à trois pals de vair ; aux 2 et 3 burelés d'argent et d'azur, à trois chevrons de gueules brochants.

Ronat ou Ronnat.. aux 1 et 4 fascés d'argent et d'azur ; aux 2 et 3 d'argent, au lion de gueules.

de Roquefeuil .... de gueules et de gueules, séparés par deux filets d'or en croix, à douze cordelières de même, trois dans chaque quartier d'écartelure

de la Saigne...... aux 1 et 4 de sable, au lion d'argent armé et lampassé de gueules; aux 2 et 3 d'argent, à la croix de gueules.

de Sainte-Colombe. d'or et d'azur, au lambel à trois pendants de gueules.

de Saint-Germain-
   des-Fossés..... aux 1 et 4 de gueules, à la fasce d'argent accompagnée de six merlettes de même; aux 2 et 3 d'or, semés de fleurs de lis d'azur.

de Saint-Giron... aux 1 et 4 d'or, à une tête de loup arrachée de gueules; aux 2 et 3 palés d'or et de gueules.

de Salazar....... aux 1 et 4 d'or, à cinq fers de pique de sable posés en sautoir; aux 2 et 3 de gueules, à cinq étoiles d'or aussi en sautoir, et sur le tout, d'argent, à l'aigle d'azur à deux têtes.

de la Salle de la
   Barrière....... au 1 de gueules, à trois bandes d'or bordées de sable; au 2 d'azur, à une maison forte d'argent percée de plusieurs croisées et flanquée de trois tours, le tout maçonné et ajouré de sable; au 3 d'azur, à cinq cotices d'or; au 4 de gueules, au lion d'or accompagné de dix billettes d'argent mises en orle.

Sauchon......... d'or et de gueules, au lambel de l'un en l'autre de trois pendants sur chaque canton du chef.

de Saunier....... aux 1 et 4 de sable, à la bande d'or; aux 2 et 3 d'argent, à la tour de gueules maçonnée de sable.

Simmer.......... au 1 d'azur, à la tour d'argent ouverte, ajourée et maçonnée de sable; au 2 au franc quartier à sénestre de gueules, à l'épée haute en pal d'argent; au 3 de gueules, au sabre d'argent, en bande, la pointe en haut, et surmonté d'un croissant de même; au 4 d'azur, à la tête de cheval d'argent.

Tassy............ aux 1 et 4 d'azur, à deux poissons d'argent posés en fasce; aux 2 et 3 de sable, à une aigle éployée d'argent, accompagnée de huit étoiles de même, mises en orle, au chef d'argent.

du Teil.......... aux 1 et 4 d'azur, semés de besants d'argent, au lion de même brochant et à la bordure d'argent; aux 2 et 3 de gueules à trois chevrons d'argent.

Vacher de Tournemire.......... d'or et d'azur, et sur le tout, une tête de vache de gueules en cœur.

Valette.......... aux 1 et 4 d'azur, à une épée d'argent posée en pal, la pointe en bas, accompagnée de trois roses de gueules en chef; aux 2 et 3 d'azur, au sautoir engrêlé d'or et à la bordure engrêlée de même.

de Valon de Roucheron d'Ambrugeac............ aux 1 et 4 d'or, à trois lions de gueules posés 2 et 1; aux 2 et 3 contre-écartelés d'or et de gueules.

de Veiny - d'Arbouse.......... aux 1 et 4 d'or, à un arbousier de sinople, qui est d'Arbouse; aux 2 et 3 de gueules, à la colombe d'argent, et sur le tout, d'azur, à trois molettes d'or et un bâton de gueules péri en bande.

de la Villate...... aux 1 et 4 d'or, à la croix ancrée d'azur, qui est de Tinières; aux 2 et 3 d'or, à la bande de sable chargée de trois étoiles d'argent, qui est de la Villate.

* le chapitre de St-Amable........ aux 1 et 4 d'or, aux 2 et 3 d'azur.

* le chapitre de Brioude........ aux 1 et 4 de gueules, à une main d'argent tenant une épée de même, à une tête de face au naturel, entourée de rayons d'or; aux 2 et 3 d'azur, à la croix d'argent cantonnée de trois fleurs de lis d'or dans chaque canton, 2 et 1.

§ 7.

CONTRE-ÉCARTELÉ.

de Cordebœuf - Beauverger-Montgont.......... à chaque quartier contre-écartelé.

§ 8.

ÉQUIPOLÉ.

de Saint-Priest ... à cinq points d'or et quatre points d'azur.

CHAPITRE III.

FIGURES HÉRALDIQUES OU PIÈCES HONORABLES.

SECTION Iʳᵉ.
CHEFS.

§ 1. Chefs d'or.
  2. — d'argent.
  3. — de gueules.
  4. — d'azur.
  5. — de sinople.
  6. — de sable.
  7. — d'hermine.
  8. — de vair.

SECTION II.
FASCES, FASCÉ ET VERGETTÉ.

§ 1. Fasces d'or.
  2. — d'argent.
  3. — de gueules.
  4. — d'azur.
  5. — de sinople.
  6. — de sable.
  7. — d'hermine.
  8. — de vair.
  9. Fascé.
10. Vergettes de sable.

SECTION III.
BURELLES, TRANGLES, BURELÉ.

Burelles d'argent.
Burelé.

SECTION IV.
JUMELLES.

§ 1. Jumelles de gueules.
  2. — d'azur.

SECTION V.
CHAMPAGNE DE SINOPLE.

SECTION VI.
PALS, PALÉ.

§ 1. Pals d'or.
  2. — d'argent.
  3. — de gueules.
  4. — d'azur.
  5. — de vair.
  6. — d'hermine.
  7. Palé.

SECTION VII.
PAIRLES.

§ 1. Pairles d'or.
  2. — d'argent.
  3. — de sable.

SECTION VIII.
BANDES, BANDÉ.

§ 1. Bandes d'or.
  2. — d'argent.
  3. — de gueules.
  4. — d'azur.
  5. — de sinople.
  6. — de sable.
  7. — d'hermine.
  8. — de vair.
  9. Bandé.

SECTION IX.
BARRES.

§ 1. Barres d'or.
  2. — d'azur.
  3. — de sable.

SECTION X.
COTICES, COTICÉ, BATONS.

§ 1. Cotices d'or.
2. — d'argent.
3. — de gueules.
4. — d'azur.
5. — de sinople.
6. — de sable.
7. Coticé.

BATONS.

§ 8. Bâtons d'or.
9. — de gueules.
10. — d'azur.
11. — de sinople.
12. — de sable.

SECTION XI.
CROIX ET CROISETTES.

§ 1. Croix d'or.
2. — d'argent.
3. — de gueules.
4. — d'azur.
5. — de sinople.
6. — de sable.
7. — de vair.

CROISETTES.

§ 8. Croisettes d'or.
9. — d'argent.
10. — de gueules.
11. — de sable.
12. Croix de Saint-Antoine ou tafs d'or.

SECTION XII.
SAUTOIRS, FLANCHIS.

§ 1. Sautoirs d'or.
2. — d'argent.
3. — de gueules.
4. — d'azur.
5. — de sable.

SECTION XIII.
FRETTÉ, TREILLISSÉ.

§ 1. Fretté d'or.
2. — d'argent.
3. — de gueules.
4. — d'azur.
5. Treillissé d'argent.

SECTION XIV.
CHEVRONS.

§ 1. Chevrons d'or.
2. — d'argent.
3. — de gueules.
4. — d'azur.
5. — de sinople.
6. — de sable.
7. — de vair.

SECTION XV.
TRIANGLES.

§ 1. Triangle d'or.
2. — d'argent.

SECTION XVI.
GIRONNÉ.

SECTION XVII.
FRANCS-QUARTIERS, CANTONS.

§ 1. Franc-quartier d'or.
2. — d'argent.
3. — de gueules.
4. — d'azur.
5. — d'hermine.

CANTONS.

§ 6. cantons de gueules.
7. — d'azur.

SECTION XVIII.
BORDURES.

§ 1. Bordures d'or.
2. — d'argent.
3. — de gueules.

FIGURES HÉRALDIQUES.

§ 4. Bordures d'azur.
  5. — de sable.
  6. — d'hermine.
  7. — de vair.

SECTION XIX.
ÉCUS BROCHANT OU EN CŒUR.

§ 1. Écus d'argent.
  2 — d'azur.
  3. — d'hermine.

SECTION XX.
ÉMANCHÉ.

§ 1. Emanché d'or.
  2. — d'argent.

SECTION XXI.
ÉCHIQUETÉ.

SECTION XXII.
LOSANGES, LOSANGÉ.

§ 1. Losanges d'or.
  2. — d'argent.
  3. — de sable.
  4. Losangé.

SECTION XXIII.
FUSÉES, FUSELÉ.

§ 1. Fusées d'or.
  2. — d'argent.
  3. — d'azur.
  4. — de sable.
  5. Fuselé.

SECTION XXIV.
MACLES.

§ 1. Macles d'argent.
  2. — de gueules.
  3. — d'azur.
  4. — de sable.

SECTION XXV.
BÉSANTS ET TOURTEAUX.

§ 1. Bésants d'or.
  2. — d'argent.
  3. — de gueules.
  4. — d'azur.

TOURTEAUX.

§ 5. Tourteaux d'or.
  6. — d'argent.
  7. — de gueules.
  8. — d'azur.
  9. — de sinople.
 10. — de sable.

SECTION XXVI.
BILLETTES, OVALES.

§ 1. Billettes d'or.
  2. — d'argent.
  3. — de gueules.
  4. — d'azur.
  5. — de sable.
  Ovales d'or.

SECTION PREMIÈRE. — CHEFS.

§ 1er.

CHEFS D'OR.

d'Agrain......... uni.
Aulbot.......... uni.
d'Aulhac........ uni.
d'Autier........ chargé d'un lion léopardé de sable.

de Balzac........ chargé de trois flanchis d'azur.
de Bard......... chargé d'un lambel de sable.
de Barentin...... chargé de trois molettes d'éperon d'azur.
Bartillat........ chargé d'un lion léopardé de gueules.
de Besse......... chargé de trois pointes renversées de gueules.
de Besse de Luguet. chargé de trois sautoirs d'azur.
de Broé......... chargé de trois feuilles de trèfle de sinople.

de Chanterelles... denché de cinq pièces.
de Charvil....... chargé de trois rondelles de gueules ajourées en sautoir.
de Chatellus...... uni.
de Cheminades... chargé de trois molettes d'éperon de sable.
de Combettes..... uni.
de Courtin....... chargé d'un croissant de gueules.

Esquint......... chargé d'un griffon issant de gueules.
*d'Estain........ uni.

de Floret........ chargé d'un casque de sable.

de Fontanet...... uni.
de Fontanges..... chargé de trois fleurs de lis d'azur.

de la Garde...... chargé d'une aigle issant et essorée de gueules.
de Gouzel........ chargé de trois étoiles de gueules.

* Jullien, conseiller
   du roi .... chargé de trois étoiles de gueules.

de Lur-Saluces ... uni.

de Magnac........ chargé d'un lambel d'azur à cinq pendants.
de Mauran........ uni.
de Mauriac....... uni.
de Méalet........ uni.
de Montal........ uni.
de Monclar....... uni.
* Moranges, conseiller .... chargé d'une tête de Maure de sable.

de Nozières...... uni.

de Pégayrolles.... uni.
de Pennautier.... uni.

de Recourt....... uni.
Rochette .... uni.
de Roquecave .... chargé de trois croissants de gueules.
de Roussi........ uni.

Savaron......... chargé de trois croisettes de sable.
* de Sirmon, con-
 seiller du roi... chargé de trois mouchetures d'hermine de sable.
* de Strada, sei-
 gneur......... chargé d'une aigle couronnée de sable.

Tocy-Baserne..... chargé de quatre merlettes de gueules.
de la Tour-d'Enval. uni.
de Trémoyles..... uni.
de Tubières...... émanché.

*Vachier, écuyer.. chargé d'un lion léopardé de gueules.
de Vernaison..... chargé de trois étoiles d'azur.
*Vernet, lieutenant chargé de trois tourteaux de gueules.
du Verney....... uni.
de Vigier........ chargé de trois étoiles d'argent.
* Vigot.......... chargé de trois étoiles d'azur.

* la ville de Lan-
 gheac......... chargé de trois fleurs de lis d'azur.
* la communauté
 des arts et mé-
 tiers de Pont-du-
 Château....... chargé d'une fleur de lis de gueules.
* la communauté
 des marchands,
 arts et métiers
 de Vic-le-Comte. chargé de trois fleurs de lis d'azur.
* la communauté
 des orfèvres, hor-
 logers, écrivains,

sculpteurs, peintres, vitriers, joueurs d'instruments et tapissiers de Riom.. chargé d'une croix losangée de sable.
* la communauté des procureurs et notaires royaux d'Ennezat..... chargé de deux plumes de sable en sautoir.

§ 2.

CHEFS D'ARGENT.

*d'Albignat...... chargé de trois roses de gueules.
Amarithon....... chargé de trois étoiles d'azur.
*d'Avoulhe, chevalier.......... chargé de cinq losanges de gueules.
d'Aureille....... chargé de cinq mouchetures d'hermine.

de Batz.......... chargé d'un lion de gueules.
de Beauclair..... chargé de cinq mouchetures de sable.
Bégon de la Rouzières......... chargé d'un lion léopardé de gueules.
Bertrand........ uni.
de Besset....... uni.
de Bosquevert.... chargé de trois merlettes de sable.
de Bourbon-Busset. chargé d'une croix potencée d'or.
*Brun, chanoine.. chargé d'une étoile de gueules.

de Chalancon..... uni.

* de Cormaillon... chargé de trois aigles à deux têtes de sinople.
Coutel.......... chargé de huit pals de gueules.
de Crémeaux..... chargé d'une devise ou fasce ondée d'azur.

*Degieu, conseiller échiqueté de gueules.

de Fourniac....... denché.
Fournier........ chargé de trois tierces feuilles de sinople.

de la Garde-Chambonnas......... uni.
de Gordièges..... chargé de trois tourteaux de gueules.

Izarn........... chargé de trois étoiles de gueules.

*Ligier, conseiller. chargé de trois flammes de gueules.

de Milly.......... émanché de deux pièces et de deux demi-pièces.
de la Moleire..... chargé de trois étoiles d'azur.
de Montmonédier. uni.

Pagès........... uni.
Pelissier......... chargé de trois mouchetures d'hermine de sable.
de Pières........ chargé de trois étoiles de gueules.
du Pont-de-Ligonez........... chargé de trois coquilles de sable.
du Pouget....... chargé de trois étoiles d'azur.

de la Rochebaron.. uni.

de la Rodde...... chargé de trois chevrons de gueules posés en fasce.
de la Roque...... chargé de deux rocs d'échiquier de sable.
de Roquemaurel.. chargé d'un lévrier courant de sable.

Sablon du Corail.. chargé d'une épée de gueules posée en fasce.
de Sales......... uni.

de Tailhac....... uni.
Tassy........... uni.
*Tassy, théologien. ondé aux 2ᵉ et 3ᵉ quartiers.

*Vallain, chanoine. chargé d'un croissant de gueules.

* la ville de Murat. crénelé.
* la communauté des médecins et apothicaires de Murat......... chargé d'une fleur de lis d'azur.

§ 3.

CHEFS DE GUEULES.

Androdias....... chargé de trois étoiles d'or.
Aubert.......... chargé de trois coquilles d'argent.
d'Augerolles Saint-Polgues....... chargé d'un lion issant d'argent.

* Barrel, gentilhomme....... chargé de trois étoiles d'or.
* de Beauverger... aux 1ᵉʳ et 4ᵉ quartiers.

* de Bernard, seigneur......... chargé de deux étoiles d'or.
de Blosset....... chargé d'une fasce ondée d'argent.
Bohier.......... uni.
du Bois......... chargé de trois casques d'argent.
du Bois de Saint-Etienne....... chargé de trois étoiles d'argent.
* du Bois, contrôleur.......... chargé de trois étoiles d'or.
de Bonneville.... chargé de trois étoiles d'or.
de Bouchard..... uni.
de Bourassol..... chargé à dextre d'une étoile d'argent.
de Brugier....... chargé de deux roses d'or.

Cathol.......... chargé de trois étoiles d'argent.
de Châteauneuf-Randon....... uni.
*Charrier, écuyer. chargé de trois flèches d'or.
*Cheverlanges, avocat........... chargé de deux étoiles d'or et un croissant d'argent.
* de la Clède, contrôleur......... chargé de trois croissants d'argent.
de Cuzel......... frété de sable.
* Court, chanoine. chargé de trois étoiles d'argent.

* Degieu, conseiller........... échiqueté d'argent.

d'Escourolles..... chargé de trois étoiles d'or.

de la Farge....... chargé de trois grillets d'or.

Gay............ chargé de trois étoiles d'argent.
* de Girard, sei-
 gneur......... chargé de six besants d'or.
de la Grange..... émanché de quatre pointes.

de l'Hôpital...... chargé de trois étoiles d'or.

de Labro........ chargé de deux croissants d'or.
de Léotoing-Mont-
 gon.......... uni.
de Leys......... chargé de trois molettes d'éperon de sable.
Ligier de la Prade. chargé de trois flammes d'or.

de la Marche..... uni.
de Masse........ chargé de trois croissants d'argent.
de Michel........ semé d'étoiles d'argent.
de Monteynard... chargé d'un lion issant d'or.
de Montravel. ... chargé de trois besants d'or.

de Pagnac....... chargé de trois étoiles d'argent.
* Pélissier........ chargé d'un croissant d'argent entre deux étoiles de même.
* Perille......... chargé d'un croissant d'or entre deux étoiles de même.
* Portal, avocat... chargé de trois couronnes d'or.
de Pouzols....... chargé d'une fleur de lis d'or accostée de deux coquilles d'argent.
de Ringal........ chargé d'une croisette potencée d'argent.

de la Rochelambert. uni.
* de la Roche..... uni.
* Rollet, conseiller
 du roi........ chargé de trois étoiles d'or.

de la Roque...... chargé de trois rocs d'échiquier d'or.

de Saint-Chamans. uni.
de Serre......... chargé d'une étoile d'or.

du Teil.......... chargé d'une fleur de lis d'argent.
de la Tour-d'Enval. uni.

d'Urfé........... uni.

de la Valette..... chargé d'une croix d'argent.
de Varènes....... chargé de trois étoiles d'argent.
* de Vaux........ dentelé.
de la Vergne..... chargé de trois coquilles d'argent.
du Verney....... uni.
de Vinols........ chargé de trois coquilles d'or.

* la ville de Vic-le-
   Comte........ uni.
* l'abbaye du Mou-
   tier.......... chargé de deux clefs en sautoir et une épée brochante, le tout d'argent.
* la communauté
   des arts et mé-
   tiers de Pierre-
   fort.......... chargé de trois fleurs de lis d'argent.
* la communauté
   des chapeliers,
   vitriers, potiers
   d'étain de Saint-
   Flour......... chargé d'un chapeau et d'un pot, le tout d'argent.

* la communauté des marchands de Langhac....... chargé d'une fleur de lis d'or.
* la communauté des marchands de Chaudesaigues.. uni.
* La communauté des marchands et autres arts et métiers de Saint-Paulien....... chargé de deux fleurs de lis d'argent.
* La communauté des notaires et procureurs de Pont-du-Château. chargé de trois fleurs de lis d'or.
* La communauté des notaires et procureurs de Cournon...... chargé de trois fleurs de lis d'argent.
* La communauté des serruriers, armuriers, éperonniers et couteliers de Riom. chargé à dextre d'un pistolet d'or, et à senestre d'un coutelas de même.

§ 4.

CHEFS D'AZUR.

d'Adin.......... chargé de trois étoiles d'or.
d'Anjony........ chargé de trois coquilles d'argent.
Aribert.......... chargé de trois étoiles d'or.

Aymar............ chargé de trois étoiles d'or.

de Barriac....... chargé de deux étoiles d'or.
*Bayet, receveur.. chargé de trois étoiles d'or.
de Benavent...... chargé d'un lambel d'or.
de Boisset....... chargé de deux fleurs de lis d'or.
*Bompart......... chargé de trois étoiles d'argent.
de Bouzel........ chargé de trois étoiles d'argent.
Bravard.......... chargé de trois étoiles d'or.
de Brugière...... chargé d'un soleil rayonnant d'or.
de Brugière...... chargé d'un soleil rayonnant d'argent.

de Caldaguès..... chargé de trois étoiles d'argent.
de Chalencon..... uni.
de Chalvet de Ro-
   chemonteix.... chargé de trois étoiles d'or.
de Charbonnel.... uni.
*de Chassignolle.. chargé d'un soleil d'or.
*de la Chaux, gen-
   tilhomme...... chargé de deux rocs d'échiquier d'argent.
de Chazelles...... chargé d'une étoile et d'un croissant d'ar-
                 gent.
de Chazeron ..... émanché de trois pointes ·
de Cistel......... chargé de trois fleurs de lis d'or.
Clavières........ chargé de trois étoiles d'or.
de Combes....... chargé de trois étoiles d'argent.
de Croze .... chargé d'un croissant montant d'or.

*Endrodias, écuyer chargé de trois étoiles d'or.

*de Falvard, éche-
   vin........... chargé de trois étoiles d'argent.

*de Falvard, écuyer. chargé de trois étoiles d'or.
du Fraisse....... chargé de trois étoiles d'or.

de Galauba ...... chargé de trois étoiles d'or.
de Giou .... chargé de trois étoiles d'or et d'un lambel de gueules brochant.
Grangier .... chargé de trois étoiles d'argent.

de Lavaur .... chargé de trois étoiles d'or.
de Loménie...... chargé de trois losanges d'argent.
de Lur-Saluces ... uni.

Maigne.......... chargé d'une foi d'argent.
*Majour, prêtre... chargé d'un soleil d'or.
de Mathieu ...... uni.
de Meilhau....... chargé de trois fleurs de lis d'or.
de Métivier ...... chargé de trois étoiles d'argent.
de Meyras .... chargé de trois étoiles d'or.
de Montchanson .. uni.
de Mourgues..... chargé de trois étoiles d'or.

de Naucaze ...... chargé d'un navire équipé d'argent, voguant sur une mer de même.

de Poinsat....... chargé de trois molettes d'argent.
de Pontanier..... chargé de trois étoiles d'argent.
de Pruines....... chargé de trois étoiles d'or.

Rancilhac .... chargé d'un croissant d'argent, entre deux étoiles de même.
*de Reyrolles, curé. chargé de trois étoiles d'or.
de Ribier........ chargé de trois étoiles d'or.

de Rochebaron ... uni.
de Rochemonteix . chargé de trois étoiles d'or.
de la Roque...... chargé de trois rocs d'échiquier d'or.
de Roussel....... chargé de trois étoiles d'or.

*Sadourny, lieute-
  nant.......... chargé d'une couronne royale d'or.
de Saignes....... chargé de trois étoiles d'or et d'un lambel
                  de gueules brochant.
de Seguy........ chargé de deux étoiles d'or.
de Serre de Saint-
  Roman........ chargé de trois étoiles d'or.
de la Serre....... chargé de trois étoiles d'or.

Tailhardat....... chargé de trois étoiles d'or.
de Tane........ chargé de trois quintefeuilles d'or.
du Teil.......... chargé d'une fleur de lis d'or entre deux
                  étoiles de même.
Teilhard .... chargé de trois étoiles d'or.
*Teilhard, seign^r.. chargé de trois étoiles d'or.
*Torrent, bourg^s.. chargé d'un soleil d'or.

de la Veissière.... chargé de trois étoiles d'or.
*Véron, bourgeois. chargé de trois étoiles d'or.
de Villars .... chargé de trois étoiles d'argent.

*la ville d'Aigue-
  perse......... denché, chargé de trois fleurs de lis d'or.
*la ville d'Aurillac. chargé de trois fleurs de lis d'or.
*le prieuré de la
  Bajasse........ chargé d'une croix d'argent.
* le chapitre du

Marthuret de
Riom......... ondé et rayonné d'or.
*la communauté
des marchands
d'Allanche..... chargé de trois fleurs de lis d'argent.
*la communauté
des tisserands,
cordiers et mate-
lassiers de Riom. chargé d'une navette d'or à dextre et d'une
étoile de même à senestre.

§ 5.

CHEFS DE SINOPLE.

Bouchard........ chargé d'un lion léopardé d'or.

d'Hérail......... uni.

§ 6.

CHEFS DE SABLE.

*Chedeville, mar-
chand .... chargé d'une ville d'argent.

de Goy ou de Gouy. chargé de trois coquilles d'argent.

de Tersac........ chargé de deux besants d'or.

§ 7.

CHEFS D'HERMINE.

de Penne........ uni.

Sirmond .... uni.
*Sirmond, conseil-
ler à Riom..... uni.

§ 8.

CHEFS DE VAIR.

de Montgascon.... uni.

SECTION DEUXIÈME. — FASCES.

§ 1er.

FASCES D'OR.

Armand......... rehaussée, accompagnée en chef d'une couronne ducale de même, et en pointe d'un chevron aussi d'or.
*Astier, notaire .. accompagnée de trois étoiles d'or.
d'Audebrand..... accompagnée en chef de trois besants d'argent.
*Augier, conseillr. accompagnée de trois tourteaux d'or.

de Barentin...... accompagnée en chef de trois étoiles d'or.
des Barres....... chargée d'une étoile de gueules et accompagnée de trois croissants d'argent.
*Bigot, seigneur.. dentelée.
*de Blanzère..... unie.
*de Bussac, visiteur général ... accompagnée de trois tourteaux d'argent.
de la Bussière.... sommée d'un lion issant, d'or.

*Cairiol, marchd.. accompagnée de trois losanges d'or.
de Carmantrand .. accompagnée de trois besants d'or.
de Chalus .... trois, alesées et bastillées de trois pièces.

de Chapel .... trois, crénelées, la première de quatre créneaux, la seconde de trois, et la troisième de deux.
*Cissoire, chan^ne .. unie.
de Cluzel........ accompagnée en pointe d'une molette d'éperon de même.
*de Colonges, prévôt........... chargée de trois têtes de lions de gueules.
*Coutel, conseiller. accompagnée en chef de trois étoiles d'or, et en pointe de trois croissants d'argent.

de Durban....... trois.

*d'Escaffre...... échiquetée d'or et de gueules.
de l'Estang ...... accompagnée de trois étoiles d'argent.

du Fayet .... remplie de sable, chargée d'une coquille d'argent, accostée d'une étoile d'or, et accompagnée en chef d'un lévrier d'argent colleté de gueules, bordé et bouclé d'or, et en pointe de trois losanges de même.

Girard .... accompagnée de six besants de même.
de Grenier....... unie.
*Grobost........ accompagnée de trois têtes de maure en chef et un arbre en pointe, le tout d'argent.
de Guilhen....... accompagnée en pointe d'une étoile de même.
*Jallot, procureur. unie.

du Lac.......... unie.

92 FASCES D'OR.

*de Lastic, cheva-
 lier........... unie.
*Lentillac, procu-
 reur.......... unie.
de Léotoing...... trois, aux 1ᵉʳ et 4ᵉ quartiers.
*Lescure, conseil-
 ler du roi...... unie.

Malet........... chargée de trois fleurs de pensée au naturel, et accompagnée de trois mains d'ar-
 gent, deux en chef et une en pointe.
du Mas de l'Isle... accompagnée de trois besants d'or.
de May.......... accompagnée de trois roses d'argent.
*Mogue, capitaine. accompagnée de trois étoiles d'or en chef
 et d'un chevron de même en pointe.
de Monceaux..... trois.

*Nicolas, prêtre .. unie.
*Noel, bourgeois.. accompagnée de trois grappes de raisin
 d'argent.
Noellas.......... unie.

de Peyrat de Ju-
 geals.......... accompagnée de trois étoiles d'argent.
de Peyronnenc.... deux.
de Pons......... coticée de six pièces.
de Pons de Bar... trois.
*de Pons, seigneur. trois, aux 2 et 3 quartiers.
*Pouchon, avocat. chargée d'un croissant de gueules.

Gueyniaux de Beaulieu; accompagne de 3 losanges d'or 2 et 1—

de Ribeyre....... ondée, accompagnée en pointe d'une tête de
 licorne d'or.

de Rigal......... chargée d'une canette (ou merlette) de sable, becquée et membrée de gueules.
*Rochefort d'Ally . accompagnée en chef des rayons d'un soleil de même.
de la Rochette.... accompagnée de trois étoiles d'argent.
de Roqueplan .... surmontée de deux tours d'argent.
*de Rostang...... unie.

du Saunier ...... engrêlée de sable et accompagnée de trois têtes de léopard d'or.

Toutée.......... accompagnée de trois roses d'argent.
de Tresmoyles.... trois.
du Vair......... accompagnée de trois croissants d'argent, deux en chef et un en pointe; ceux du chef surmontés d'un lambel de gueules.

*l'abbaye de Saint-Alyre......... chargée des lettres S et A.
*le chapitre de l'église collégiale de Saint-Flour. ... accompagnée d'une colombe essorante d'argent, becquée et membrée de gueules, à une étoile d'or en pointe.
* la communauté des notaires royaux et ordinaires de Mauriac .... chargée d'une fleur de lis d'azur.

§ 2.

FASCES D'ARGENT.

Aragonès........	accompagnée en chef de deux étoiles et en pointe d'un croissant de même.
Armand.........	échiquetée d'argent et de sable de trois traits.
d'Artasse........	trois, ondées.
*d'Artauld	unie.
de Barentin......	deux, ondées, accompagnées en chef de trois étoiles d'or.
*Barize, avocat...	accompagnée de trois tulipes d'or.
de Beaufranchet..	accompagnée de trois étoiles d'or, 2 et 1.
de Blosset	ondée, chargeant un chef de gueules.
* de Bonnefons, marchand.....	ondée.
*Bonnefont, prieur	deux, ondées.
*de Bort........	ondée.
Bouchard........	trois, ondées.
de Broussignat ...	trois, à la première moitié surmontant un lévrier d'argent.
* de Bragelongue, prêtre	unie.
de Bulhon	trois, ondées.
de la Carrière	échiquetée de trois traits.
*Carrière, avocat .	échiquetée d'argent et de gueules.
*Chabrier, procureur..........	ondée, accompagnée en chef d'une étoile d'or entre deux croissants de même, et en pointe de trois larmes d'argent.

de Chaliers	trois, vairées.
* Champet, chanoine.	accompagnée de trois pommes de pin d'or.
*Chardon, conseiller	accompagnée de trois chardons de pourpre.
de Chavagnac	trois, accompagnées de trois roses d'or en chef.
du Clos de l'Estoile..........	accompagnée en chef de deux coquilles de même, et en pointe d'une aigle d'or éployée.
*Costes, marchand	trois.
de Courcelles du Breuil	trois, chargées chacune de trois fleurs de lis d'azur.
de Cussac........	accompagnée de trois colombes de même; 2 et 1.
*de Fontenilhes ..	trois.
de Gas, en 1285...	deux.
de Gibertès........	unie.
*de Girard, chanoine.........	chargée de trois roses de gueules.
Gouge de Charpagne..........	accompagnée de trois croissants d'or.
de Grégoire de Gardies de Saint-Rome........	trois, au quatrième quartier.
Guerrier	accompagnée de trois billettes d'or, deux en chef et une en pointe, aux 2 et 3 quartiers.

des Issards....... unie.

*Jeoffroy, notaire. accompagnée de trois croissants d'argent.

*de Laire, écuyer.. accompagnée de trois étoiles d'or.
de Lastic .... unie.
*Ligier, châtelain. accompagnée de trois demi-vols de même.

*Maheas, receveur. dentelée, chargée de cinq besants de gueules.
Malouet .... chargée de trois oiseaux de sable contournés.
de Mascon .... accompagnée de trois étoiles d'or.
*Mathieu, conseil-
   ler du roi...... unie.
de Miet.......... chargée de trois rosettes de gueules et ac-
               compagnée de trois corsets aussi d'ar-
               gent.
de Monceaux..... trois.
de Montgranat.... unie.
*de Montvallat, che-
   valier......... trois, ondées.
*Mosnier, apothi-
   caire.......... accompagnée en chef de deux étoiles d'or,
               et en pointe d'un croissant d'argent.
de Mouchet ...... accompagnée de trois émouchets d'or.
de Murat........ trois, muraillées et crénelées, la première
               de cinq créneaux, la seconde de quatre,
               et la dernière de trois; celle-ci ouverte
               en porte ronde au milieu.

de Nevrezé....... ondée.
de Norry .... unie.

des Ondes .... trois, ondées.

de Pompignac.... une, chargée de trois fleurs de lis d'azur.
de la Poype...... une.

Rancilhac de Cha-
  zelles......... une, ondée.
de Raymond..... deux.
de Ribeyre....... une, accompagnée de trois cannes de même, becquées et membrées de gueules, deux en chef et une en pointe.
*Rigaud, marchand
  bourgeois...... une.
de la Roche...... trois, ondées.

Saint-Chamans... trois.
de Saint-Germain-
  des-Fossés..... une, accompagnée de six merlettes de même.
*de Sirmond, con-
  seiller du roi... une, crénelée de trois pièces.
*Soubrany, avocat. une, échiquetée d'argent et de gueules.
de Suris......... trois.

*de la Tournelle.. une.
*de Trémeuge, cha-
  noine.......... une, chargée de trois mouchetures d'hermine de sable.

Véal du Bleau.... une, chargée de trois merlettes de sable.
de Vertamy...... trois.
de Vieille-Brioude. une.

*l'abbaye de Bel-
  laigues......... deux, ondées.

7

* le couvent des bé-
nédictins d'Is-
soire .... une, chargée des lettres S et A de sable, entre trois points de même.

§ 3.

FASCES DE GUEULES.

d'Anjony......... trois, ondées.
Anne .... une, accompagnée de six étoiles d'azur, trois rangées en chef et deux et une en pointe.
Armand.......... trois.

* de Beauregard,
conseiller ...... une.
* le Bègue, écuyer. une, brochant.
de Beraud de Bar.. une.
de Bonnevie...... trois, ondées, accompagnées en chef de quatre fleurs de lis de même rangées en fasce.
* Bonniol, curé... une, denchée.
de Bouillé .... une, frettée d'or et accostée de deux burelles d'argent.

* Canque, procu-
reur.......... une, chargée d'un croissant d'argent.
* Carrière, avocat. une, échiquetée d'argent.
de Castanède..... trois.

* d'Escaffre ...... une, échiquetée d'azur.
* d'Escaffre ...... une, échiquetée d'or.

*Ferrier, chanoine. une.

FASCES DE GUEULES.

de Jussac.......... quatre, ondées.

de Laurens .... une, accompagnée en chef de deux étoiles et en pointe d'un croissant de gueules.

de Lavie.......... deux, crénelées aux 2 et 3 quartiers.

*de Léautoin, gentilhomme...... une, accompagnée de trois coquilles de sable.

*de la Lende, trésorier......... une.

de Marmiesse..... trois.

de Monceaux..... trois.

de Murat-Rochemaure......... une, accompagnée de six merlettes de sable, mises en orle.

Onslow .... une, accompagnée de six merlettes d'azur, trois en chef et trois en pointe.

*Pageix, curé .... une, chargée de trois croisettes d'argent.

*Perron, bourgeois trois, ondées.

de Pons.......... une, coticée de six pièces.

*Raymond, écuy^r. une, accompagnée de quatre roues de même.

*Reynaud, procureur........... une, accompagnée de deux renards de même.

de la Roche de Weltes......... une, sur laquelle broche un croissant contourné d'or.

*des Rosiers..... une.

de la Rue........ trois.

*Soubrany, avocat. une, échiquetée d'argent et de gueules.

*Tassy.......... une, chargée de trois aigles d'argent.

de Vissaguet..... une, accompagnée en chef de trois étoiles de même, et en pointe d'un lévrier de sable.

* le chapitre de Chaudesaigues.. trois, ondées.
*le couvent des religieuses de Chaudesaigues...... trois, ondées.
* la communauté des marchands, arts et métiers de Vic........... trois, chargées chacune d'une étoile d'or.

§ 4.

FASCES D'AZUR.

de Beaumont de Rochemure.... une, chargée de trois fleurs de lis d'or.
* de Belivaix..... une.
* Bouilhat, prêtre. une, ondée.
de Bouthéon..... trois, ondées.

de Chaliers...... trois, vairées.
de Chamerlat.... une, chargée de trois croissants d'argent et un lion issant de gueules en chef.
* de Chaunat, seigneur......... une, accompagnée de trois flammes de gueules.
de Cordebœuf Beauverger-Montgon........... deux, aux deuxième et troisième quartiers.

* Dessaignes, cha-
noine......... trois, ondées.

* d'Escaffres ..... une, échiquetée de gueules.

* du Floquet, con-
seiller......... trois.
* du Fraisse, con-
seiller .... une, chargée de trois étoiles d'or.

* Guaireau, mar-
chand .... deux, ondées.

* Juvenceau, écu-
yer........... une, chargée de trois molettes d'éperon d'or.

de Laparras de
Fieux......... une, chargée de trois lionceaux léopardés d'or, accompagnée en pointe d'un pélican de gueules.

* de Montrognon,
écuyer........ une.
de Murols....... une, ondée.

de Pollalion..... une, brochant sur le coupé et chargée de trois étoiles d'or.

* de Riol, gentil-
homme .... une, ondée.
* Roux, commis-
saire enquêteur. une.

*de la Vialle, gen-
  tilhomme....... une, chargée d'un chien d'argent.

* la ville d'Ardes. trois, ondées.
* la ville de Vic.. une, chargée d'une fleur de lis d'or.

§ 5.

FASCES DE SINOPLE.

de Bedoc........ deux.

du Croc......... deux.

* Teilhot, chan^me .. une.

§ 6.

FASCES DE SABLE.

Armand......... une, échiquetée d'argent et de sable.
Arnoux .... une, chargée de trois mouchetures d'hermine, accompagnée de trois roses feuillées de gueules, deux en chef, une en
  pointe.
D'Aubières ...... une.

* Barthélemy, lieu-
  tenant de Blesle. une.
* de Benoist, con-
  seiller........ une, accompagnée de deux jumelles de
    gueules
du Bouchet...... une.

de la Carrière.... une, échiquetée de trois traits.
de Chavagnac.... deux.

*Chédeville, marchand......... une.
de Cordebœuf Beauverger-Montgon........... trois, aux premier et quatrième quartiers.
*de Courtilles, écuyer............ deux.
*de Couzans, gentilhomme...... trois, dentelées.

de la Fin........ une.
de la Forest-Bulhon trois.

des Issards...... une.

de Jarrie........ une.

Mannay......... trois.
*Mazuel......... une, chargée de trois étoiles d'or.

*Péchert, marchand......... une, chargée d'un croissant d'argent entre deux étoiles d'or.
de Penne........ trois.
du Prat......... une, accompagnée de trois trèfles de sinople, deux en chef, un en pointe.
*du Puy, prêtre.. une.

*Rassus, avocat... une.

§ 7.
FASCES D'HERMINE.

de Trémeuges.... une.

§ 8.

FASCES DE VAIR.

de Léotoing...... trois.

de Mercœur...... trois.

§ 9.

FASCÉ.

*Barrel. .... d'or et d'azur de six pièces.
de Battut........ d'argent et d'azur de six pièces.
*de Beauverger ... aux 1er et 4e quartiers, d'or et de sable.
*de Bournat..... d'or et de sable de six pièces.

de Chambon..... d'or et de gueules de six pièces.
*Chappe, conseillr. d'or et de sable de six pièces.
*de Comblat, fils. d'or et de sable de six pièces.
de Crussol....... d'or et de sinople de six pièces.

Dallet ou Dalet... d'or et d'azur de six pièces.
*Ducroit, marchd. d'or et d'azur de quatre pièces.

*de la Farge, chane d'or et d'azur de six pièces.
Flotte . ... d'or et d'azur de six pièces.

*Levers, président. d'argent et de sable de six pièces.

de Marzé........ d'hermine et de gueules de six pièces.
de Mornay....... d'argent et de gueules de huit pièces.

de Peyrouse. .... d'argent et d'azur de cinq pièces.
de Polignac...... d'argent et de gueules de six pièces.
du Pont-de-Ligonez d'or et de gueules de cinq pièces.

FASCÉ, VERGETTES DE SABLE.   105

*de Pons, seign^r. aux 2e et 3e quartiers, d'argent et de gueules.
*de Pons, écuyer. d'or et d'azur de six pièces.

de Rivoire....... d'argent et de gueules de sept pièces.
de Rochechouart.. ondé, enté, d'argent et de gueules.
de Rochefort-Chars d'or et de gueules de six pièces.
de Rollat........ d'argent et de sable de six pièces.
de la Rouë....... d'or et d'azur de six pièces.

de Saint-Cirgues.. d'or et d'azur de quatre pièces.
de la Sépouse.... d'argent et de gueules de quatre pièces.
de Servières...... d'or et de gueules de six pièces.
*de Trémeuge.... d'or et de gueules de six pièces.

*Le chapitre de St-
  Paulien....... d'or et d'azur.
*La communauté
  des marchands de
  St-Amant-Tall^{de}. d'or et d'azur de six pièces.
*La communauté
  des marchands de
  Murat......... d'azur et d'argent de six pièces.
*La communauté
  des procureurs et
  notaires de Vic-
  le-Comte...... d'or et d'azur de six pièces.

§ 10.

VERGETTES DE SABLE.

*de Plaux........ six.

SECTION TROISIÈME. — BURELLES.

BURELLES D'ARGENT.

d'Anteroche...... trois, ondées, en chef.

de Beaujeu...... cinq.
de Brugier....... quatre.

BURELÉ.

Beauverger ...... d'argent et d'azur.

de Gimel........ d'argent et d'azur de six pièces.

de Quinquempoix. d'or et de gueules de douze pièces.

de Saint-Clerc.... d'argent et de gueules de huit pièces.

de Touteville..... d'argent et de gueules de dix pièces.

SECTION QUATRIÈME. — JUMELLES.

§ 1er.

JUMELLES DE GUEULES.

d'Albars......... trois, mises en bande

*de Benoist, con-
  seiller .... deux.

de Felzins....... trois, en bande, à la première moitié.

de Plas.......... trois.

§ 2.

JUMELLES D'AZUR.

*Comte, chanoine. trois.

*Lemeyris, marchand......... surmontée d'un lion issant de sable.

—⋄◊⋄—

SECTION CINQUIÈME.

CHAMPAGNES DE SINOPLE.

de Brugière de Barante......... soutenant quatre bruyères de sinople, aux premier et quatrième quartiers.

Kayr de Blumenstein........... à la deuxième moitié, chargée d'une couronne de laurier de sinople.

—⋄◊⋄—

SECTION SIXIÈME. — PALS.

§ 1er.

PALS D'OR.

de Blosset....... trois.

de Chabrol...... un, aux deuxième et troisième quartiers, chargé d'un lion de gueules et accosté de six besants d'or, trois à dextre, et trois à sénestre.

*Chalvon notaire. deux.

de Chaumeil..... trois, aux deuxième et troisième quartiers.

*Courton........ un, accompagné de six tierces-feuilles d'or.

*Durif, apothicaire. deux.

de Ferrières-Sauvebœuf........ un.

de Mars......... trois

*Paulet, médecin. un, alesé, accompagné de six besants d'argent.

de Poinsat....... trois, retraits, mouvant du chef.

*de Saint-Giron, écuyer........ trois.

*La Communauté des curés et prêtres de Salers... un.

*La Communauté des teinturiers et tanneurs de Thiers......... un, gironné de gueules.

§ 2.

PALS D'ARGENT.

*de Baisle, conseiller........... un.

de Ballerin....... trois, à la deuxième moitié chargés de trois étoiles de gueules.

de Baron........ deux.

*Cousty, march^d.. un, accompagné de deux merlettes d'argent.

*de Damas...... trois.

*Juilhen, chan^{ue}.. trois.

de Miremont..... un, fretté de sable, et accosté de deux fers de lance d'argent.

§ 3.

PALS DE GUEULES.

Coutel.......... huit, chargeant un chef d'argent.

de Foix......... trois, le troisième à sénestre, chargé de trois losanges d'or.
de Foix......... trois, aux deuxième et troisième quartiers.
de Foix......... trois, aux premier et quatrième quartiers.

*Gomet, greffier.. deux.

de Meilhau...... quatre.

de Passac........ trois.
de Pierrevive..... trois, chacun chargé en chef d'un diamant enchâssé d'or.

*Roux, commissaire enquêteur. trois.

de Saint-Paul.... deux.
de Sévérac....... quatre.

* le prieuré d'Es-
teil. .... un, chargé de trois étoiles d'argent.
* la communauté des teinturiers et des tanneurs de Thiers. ..... un, gironné d'or.

§ 4.
PALS D'AZUR.

de Châteauneuf-Randon .... trois.

* Feydit, seigneur. un, chargé d'une étoile d'or au milieu.

du Peyroux. ..... un.

de Robert-Lignerac trois.

* la Commanderie de Montchamps. un, chargé de fleurs de lis d'argent.

§ 5.
PALS DE VAIR.

de Châtillon. .... trois.

de Langeac. ..... trois.

de Magnac. ...... deux.

de Perrusse. ..... un.

de La Rochefoucauld. .... trois.

Tocy-Baserne..... trois.

*de Viers, procu-
  reur.......... trois.

§ 6.

PALS D'HERMINE.

*de Langeac, sei-
  gneur......... trois.

de Vissac........ trois.

§ 7.

PALS DE SABLE.

d'Eschalard...... trois.

*Jouve, chanoine. un, accompagné de deux étoiles de même.

de Pierrefort..... trois, aux deuxième et troisième quartiers.

PALÉ.

d'Amboise....... de six pièces d'or et de gueules.
d'Ars ou des Ars.. d'or et d'azur de six pièces.

de Pierrefort..... d'hermine et de gueules.

de Rillac........ d'or et de gueules de six pièces.

de Salenove...... d'argent et de gueules de six pièces.

SECTION SEPTIÈME. — PAIRLES.

§ 1er.

PAIRLES D'OR.

* de Brexolles, gentilhomme...... un.

* du Fayet, écuyer. un.

§ 2.

PAIRLES D'ARGENT.

* Notaire, conseiller du roi...... un.

* de Veirebrousse, bourgeois...... un.

§ 3.

PAIRLES DE SABLE.

* de Chabancé, propriétaire....... un.

SECTION HUITIÈME. — BANDES.

§ 1er.

BANDES D'OR.

d'Anteroches..... une, chargée de trois mouchetures d'hermine de sable et accompagnée de deux croisettes d'or.

d'Aurellie .... une, chargée de sept losanges de gueules.

d'Aurillac....... une, accompagnée de six coquilles d'argent posées en orle.

de Barthélemy.... une.
*Berthon, avocat.. deux.
Bohan.......... une, accostée de deux cotices de même.
du Bost......... une, accompagnée de deux étoiles d'argent.
de Bussières..... trois.

de Cédail........ une, accompagnée de six lionceaux dragonnés de même.
de Chalons....... une.
de Chalvet de Rochemonteix.... une, chargée de trois croix pattées de gueules, accompagnée en chef d'une tête de lion, et en pointe d'une rose feuillée et tigée d'argent, le tout à la première moitié.
de Chaussaing.... une, accompagnée de deux étoiles d'or.
*Constratin....... une, componée d'azur et d'or.
*de Couesse...... une, chargée d'une fouine d'azur.
de Courcelles du Breuil .... une, accompagnée de six fleurs de lis d'argent.
de Crespat....... une, chargée d'une étoile de gueules entre deux coquilles de sinople.

Daits .... une.
*Delom, chanoine. une.
*Delom, conseill^r. une, crénelée.
de Durfort....... une.

de l'Estang...... trois.
Eymé........... une, accompagnée de six étoiles d'argent.

8

* Favier, avocat... trois, accompagnées de trois étoiles de même et d'un croissant d'or en pointe.
de Fay.......... une, chargée d'une fouine d'azur.
de la Fayette..... une.
de la Fayette-Vieille............ une.
de Gain de Montagnac.......... trois.
*Gaschier........ une, accompagnée de trois couronnes ducales d'or, 2 et 1.
de Gausserand.... trois.
d'Hérail......... une, accompagnée en chef d'un lion de même.
de Jarrier....... quatre.
de Jonas........ une.
de la Jugie...... une, accompagnée de six coquilles d'argent posées en orle.
Jurquet.......... une.
de Laire......... une.
de Laizer........ une, accompagnée en chef d'une étoile et d'une rose de même, et en pointe d'une rose et d'une étoile d'argent.
* de Laudines, chanoine.......... une.
de Lantilhac..... une.
de Lodan........ une.
de Mâcon........ une, accompagnée de trois étoiles d'or.
de la Majorie..... une.
de la Marthe..... une, accompagnée de six étoiles de même, rangées en orle.

*Mazel, procureur. une.
de Moré......... trois.

de Nerestang..... trois, accompagnées de trois étoiles d'argent rangées entre la première et la deuxième bande.
de Noailles....... une.

*Olières, procur^r. une

de Pierre de Bernis. une, accompagnée en chef d'un lion de même.
de Pollalion...... trois.
*de Pons, seign^r.. trois, aux premier et quatrième quartiers.
*de Pons, seign^r. une, aux premier et quatrième quartiers, componée de gueules.
*de Pons......... trois, aux premier et quatrième quartiers.

de Rivoire....... une, chargée de trois fleurs de lis de sable brochant.
de la Roche...... trois.
de la Rodde..... une.

de Salenove...... une, brochant sur le tout.
de la Salle....... trois, bordées de sable.
de Sarrazin...... une, accompagnée de six coquilles d'argent.
de Saunier....... une.
de Saxy......... trois.
de Scorailles..... trois.
*de Sédages..... une, dentelée.

de Thiers........ une.
* Thierry, march^d une, accompagnée de deux tierces-feuilles d'or.

*Valette, épicier.. une.

§ 2.
BANDES D'ARGENT.

d'Auzolles....... une, chargée de trois roses de gueules feuillées de sinople.

de Barriac....... trois, ondées.

de Bernard....... une, chargée d'un lion de gueules et accostée de deux étoiles d'or.

de Besse......... une, chargée de trois étoiles d'azur.

de Blau.......... une, chargée de trois étoiles d'azur.

de Bonnal....... une, accostée de deux lévriers d'or.

*Brulon, chantre. une, accompagnée de deux croissants de même.

de Burin........ une, accostée de deux soucis d'or.

*Calhot, châtelain une.

de Charbonnières. trois, celle du milieu chargée de trois charbons de sable allumés de gueules, et les autres bandes chargées chacune de deux charbons de même.

de Clanche...... une.

*Cheverlanges, prêtre.......... une.

Combourcier..... une, chargée en chef d'une étoile de gueules

du Croset....... une, chargée de trois roses de gueules.

de la Farge...... une, accompagnée en chef d'une étoile de même.

de Faugières..... une.

de la Gardette.... une, composée de six pièces, accompagnée de six étoiles d'argent mises en orle.

*de Gilberteix.... une.

de Gozon........ une, chargée d'une cotice d'azur à la bordure crénelée d'argent.

de Grenier....... une, chargée de trois étoiles de gueules, et accompagnée en chef d'une vigne fruitée au naturel et d'un lévrier de sable en pointe.
de Grivel........ une, échiquetée.
Guérin de Gas.... une, chargée de trois tourteaux de sable.
Le Long.......... une, chargée de trois tourteaux de gueules et accompagnée de six besants de même.
de Loudières..... une, accostée de deux filets d'or, et accompagnée en chef d'une étoile d'argent.
de la Loyre...... une, chargée d'une rose de gueules.
de Mathieu...... trois.
*Miguet, chanoine une, accompagnée de deux cotices de même.
de Neuville...... une.
de Panevère...... une.
Peirenc de Moras. une, brochant.
de la Richardie de Besse.......... une, chargée de trois étoiles d'azur (ou de sable).
de Rochefort-d'Ally une, ondée, accompagnée de six merlettes de même mises en orle.
Rousson.......... une, accompagnée de trois étoiles de même, deux en chef et une en pointe.
des Roys........ une, chargée de trois étoiles de gueules.
*Sain, écuyer.... une, chargée d'une tête de maure de sable.
*de Saint-Pardoux une, aux premier et quatrième quartiers.
de Saint-Pardoux. une, coticée.
de Sémiers....... une, accompagnée de trois étoiles de même.
de Sénezergues... deux, vivrées.

*de Strada, seignr. trois, à la deuxième moitié.
Sudre............ une, chargée de cinq chevrons de sable.

*Vernat, bourgeois une, échiquetée d'azur.
de Villebœuf..... une, vivrée.

§ 3.

BANDES DE GUEULES.

*Archimbaud, cha-
  noine.......... une.
*Arvet.......... une.
l'Auvergnat...... une.

*Barrel .... une.
*de Beaufort, sei-
  gneur.......... une, aux deuxième et troisième quartiers.
*de Beaufort, écu-
  yer............ une.
de Bénavent...... trois, aux premier et quatrième quartiers.
de Bénavent...... trois.
*Bernard, chanoi-
  ne............. une, chargée de trois étoiles d'argent.
de Blot.......... trois.
*de Bordelle, gen-
  tilhomme...... une, denchée.
de Bousquevert... une, ondée, brochant sur le tout.
*de Bourbon-Bus-
  set .... une, brochant.
*Bourdeix....... trois.
*Brives, seigneur. une.
de Bruel......... trois.
de Bulhon .... trois, ondées.

| | BANDES DE GUEULES. | 119 |

de Castanède..... une, brochant, chargée de trois fleurs de lis d'or.

Désaix.......... une, chargée de trois coquilles d'or.
Désaix.......... une, chargée de trois coquilles d'or au premier quartier.

de la Fon........ une.

de Gimel........ une, brochant.
Grenier......... une, accompagnée en chef d'une branche d'olivier et en pointe d'une corne d'abondance de sinople.

de Murat-Roche-
  maure........ une, acompagnée de six merlettes de sable mises en orle.
*Mercier, conseil-
  ler du roi...... une, chargée de trois mouchetures d'hermine d'argent

de Pestels........ une, accompagnée de six sautoirs ou flanchis de même.
*de Pons, seigneur. une, aux premier et quatrième quartiers, componée d'or.

de Ringal de Pradel. deux.

de Saint-Christo-
  phe........... une, denchée.
de Sarrazin...... une, chargée de trois coquilles d'or.
de Semur........ trois.
de Sermur....... une.
de Solas........ une, brochant.

de la Vaissière.... une, brochant.
de Vaux......... une, brochant sur un lion d'argent.
de Villebœuf..... une, vivrée.

§ 4.
BANDES D'AZUR.

*Albanel .... une, chargée de trois croissants d'argent.
d'Alibac......... une, accompagnée de deux lions d'or.
Aubert.......... une, brochant sur le tout.

de la Baume-Pluvi-
 nel........... une, accompagnée en chef d'une moucheture d'hermine de sable.
de Beaufort-Turen-
 ne .... une, accompagnée de six roses de gueules en orle.
de Bourbon-Ma-
 lause.......... une, semée de fleurs de lis d'or et chargée d'un filet de gueules
*de Brugier, écuyer une, chargée de trois coquilles d'or.

de la Caze........ une.
*Constratin, avo-
 cat........... une, componée d'or.

Dalmianes....... une, brochant.

*Eymé, écuyer... une, accompagnée de six étoiles de même.

de Faye-d'Espeisses une, chargée de trois têtes de licorne d'or.

de la Gardette.... une, composée de six pièces, accompagnée de six étoiles d'argent mises en orle.

de Giac......... une, accompagnée de six merlettes de sable
en orle.
de Golfier........ une, fuselée.

*Lardaret, marchand......... une, brochant sur un lion d'argent.
de Montboissier... une, accompagnée de six roses de gueules
en orle.
de Monteil....... une, chargée de trois étoiles ou molettes
d'éperon d'or.
de Montredon.... une.

de Saint-Pardoux. une, coticée.

de Turenne...... une, accompagnée de six roses de gueules
en orle.
*Vazeilles, marchand bourg^s.. une, denchée.
*Vernat, bourg^s.. une, échiquetée d'argent,
de Volore........ une.

§ 5.
BANDES DE SINOPLE.

*Choussy, contrôleur.........:.. deux.

* Valette, marchand, bourg^s. une, ondée.

§ 6.
BANDES DE SABLE.

d'Augerolles-Saint-
Polgues........ une, engrêlée.
d'Aureille....... une, fuselée de sable.

de la Barge...... une, chargée de trois étoiles d'argent.
*de la Barge, chevalier......... une.
de Baron......... une, chargée de trois rocs d'échiquier d'argent brochant sur le tout.
*Le Bègue, écuyer. cinq, losangées.
de Belvezeix...... une, chargée de trois étoiles d'or.
de Boysseulh..... une, chargée de trois larmes d'argent.

*Charbonnier, marchand..... une, chargée de trois charbons d'argent.
de Chazeron-de-Monestay...... une, chargée de deux étoiles d'or.

*Doussaint, notaire........., une.

de Grivel......... une, échiquetée.
Guittard......... trois.

de Lavieux....... une, engrêlée.
de Lignac........ une, chargée de trois coquilles d'or.

Montgranat...... une, chargée de trois molettes d'éperon de sinople.
*Monuet, secrétaire.......... une, chargée de trois coquilles d'or.

*de Ribeyre..... une.
*de Rigauld...... une, chargée de trois molettes d'argent.
de la Roche de Weltes........... une, chargeant.
de Rulhac....... une, chargée de trois lions d'or.

de Saisset........ trois.
*Tamen, marchand une.
de Tinières....... une, chargée de trois étoiles d'argent.

de Tournemire.... trois.

d'Umières....... trois.

*Versepuy, bour-
   geois......... une, fuselée.
de la Villate...... chargée de trois étoiles d'argent.

§ 7.

BANDES D'HERMINE.

*de Saint-Simon.. une.

§ 8.

BANDES DE VAIR.

de Recourt....... trois.

§ 9.

BANDÉ.

*de Montgranat,
   gentilhomme... de gueules et d'argent de six pièces.

de Rochemure.... d'argent et d'azur.

de Trazenies..... d'or et d'azur.

SECTION NEUVIÈME. — BARRES.

§ 1er.

BARRES D'OR.

* de la Barre, avocat. une.

§ 2.

BARRES D'AZUR.

de Coustave...... deux, chargées de trois fleurs de lis d'or.
* Fillias......... une.

§ 3.

BARRES DE SABLE.

de la Bachelerie... trois, brochant.
de la Mothe....... une, brochant.

—◊◊◊—

SECTION DIXIÈME. — COTICES.

§ 1er.

COTICES D'OR.

Bohan.......... deux, accompagnant une bande d'or.

de la Grillère.... six.
de la Grillère..... cinq, à la deuxième moitié.

de Longa........ une, brochant.

§ 2.
COTICES D'ARGENT.

Escures......... une, brochant.

de La Salle de la
  Barrière....... cinq, au troisième quartier.

*Miguet, chanoine. une.

§ 3.
COTICES DE GUEULES.

de Blanchefort.... six.

de Cassagnes-Beau-
  fort-Miramon... une, brochant.

Marze.......... une, brochant.

de Talaru........ une, brochant sur le tout.

§ 4.
COTICES D'AZUR.

de Gozon........ une, chargeant une bande d'argent.

de Loubartès..... une, en bande.

§ 5.
COTICES DE SINOPLE.

de Vieille-Brioude. une, en barre.

§ 6.
COTICES DE SABLE.

Merle.......... deux, mises en bandes, accompagnées de six merlettes de sable.

§ 7.

COTICÉ.

de Turenne...... d'or et de gueules.

§ 8.

BATONS D'OR.

* le prieuré de Saint-Priest-des-Champs....... bâton prieural, accosté des lettres S et P de même.
* le prieuré de Saint-Germain-Lembron...... bâton prieural en pal, accosté des lettres S et G d'or.

§ 9.

BATONS DE GUEULES.

de Veiny d'Arbouse un, péri en bande.

* le prieuré de la Vaudieu....... un, bâton prieural.
* le prieuré de Pleaux........ bâton prieural en fasce.
* le chapitre de la Sainte-Chapelle de Riom....... un, en bande.

§ 10.

BATONS D'AZUR.

de la Chassagnolle. deux, péris en barre.

§ 11.

BATONS DE SINOPLE.

*de Sausines..... deux, en sautoir.

*le prieuré de Vi-
gean.......... bâton prieural en fasce.

§ 12.

BATONS DE SABLE.

*le prieuré de St-
Genès-les-Mon-
ges.......... bâton prieural en pal, accosté des lettres S
et G de même.

* le prieuré de
Vieille-Brioude.. bâton prieural en pal.

* la communauté
des tisserands,
cardeurs et ma-
telassiers de Riom trois, en fasce.

§ 13.

FILETS D'OR.

de Loudières..... deux.
de Roquefeuil.... deux.

§ 14.

FILETS D'ARGENT.

d'Eux.......... un, séparant les quartiers.

§ 15.

FILETS DE GUEULES.

du Bouchet . . . . . . un, brochant.
de Bourbon-Mont-
  pensier . . . . un, en bande.
de Bourbon-Ma-
  lause . . . . un, chargeant une bande d'azur.

SECTION ONZIÈME. — CROIX ET CROISETTES.

§ 1er.

CROIX D'OR.

*d'Albon . . . . une, aux premier et quatrième quartiers.
d'Albon . . . . une.
d'Apchon . . . . une, pattée, cantonnée en chef de deux besants, et en pointe à dextre d'une hache d'armes, et à sénestre d'une nonne en habit de de chœur, le tout d'or.
*Arragonnès, con-
  seiller . . . . une, ancrée.

*Baille, prêtre . . . . trois, recroisettées, posées 2 et 1.
Bouchet . . . . deux, accompagnées de trois molettes d'éperon d'argent, deux en chef et une en pointe.
de Bourbon-Busset. une, potencée, chargeant un chef d'argent.
de Bueil . . . . six, recroisettées, au pied fiché, accompagnant un croissant d'argent, aux pre- et quatrième quartiers.

de Charpin....... une, ancrée.
de Combettes..... une.
de Cournon...... une, ancrée.
de la Croix de Cas-
 tries........... une.
*Croizié, notaire.. une, vivrée.
de Cropières..... une, alesée.

de Dorat.......... trois, ancrées, posées deux en chef, une en
 pointe.
*Dulac, prêtre.... une, vivrée.

d'Eux........... une, aux premier et quatrième quartiers.
*Falcimagne, cha-
 noine......... une.

du Floquet....... une, engrêlée, cantonnée d'une étoile d'argent.

*de Gardagne..... une, denchée.
de Garrigues..... une, écartelant l'écusson.
*Guéringaud..... une, chaussée, au pied ouvert en chevron,
 et terminée en un lac d'amour de même,
 duquel pend une étoile d'argent.

Higonet......... une, recroisettée au premier coupé.
d'Hostun........ une, denchée.

de Jozerand...... une, engrêlée à la première partie.
Jurquet......... une, cléchée.

*de Ligonie, cha-
 noine......... une, alesée.

Mannay......... une, alesée.

du Maraussans ... une.

de Matharel ...... une, accompagnée de trois étoiles de même, une en chef, deux en flancs.

de Monstuéjouls .. une, fleurdelisée, cantonnée de quatre billettes de même.

de Montamat ..... une, tréflée, aux deuxième et troisième quartiers.

de Montjoui ...... une, alesée aux troisième et quatrième quartiers.

*Nicolas, prêtre .. une, pattée, en chef.

d'Oradour .... une, vidée, cléchée et pommettée d'or.

de la Queuille .... une, engrêlée ou denchée.

de Ringal de Pradel .... une, potencée aux premier et quatrième quartiers.

de Riom .... une, tréflée.

*de Saint-Martial. prêtre .... une, partie d'or et d'azur.

de Varvasse ..... : une.

Vialard .... quatre, potencées, surmontant un sautoir d'or.

*la ville de Clermont .... une, vidée de gueules, cantonnée de quatre fleurs de lis d'or.

*l'abbaye des Chazes .... une, chargée en abîme d'un merle de sable.

*l'abbaye de Mègemont .... une.

*le prieuré de St-Etienne-de-Cappel..........	une.
*le prieuré de St-Constans......	une, moitié d'azur et d'or.
* le chapitre de Pont-du-Château	une, cantonnée aux premier et quatrième quartiers d'une croisette d'or et aux deuxième et troisième de deux étoiles d'argent.
* le chapitre de l'église cathédrale de Clermont....	une, vidée de gueules, cantonnée de quatre fleurs de lis d'or (comme la ville).
* le chapitre de l'église de St-Genès de Clermont...	une, double, tenue par un saint Genès d'argent.
*le couvent des religieuses Augustines de Clermont	trois.
* le séminaire de Clermont......	une croix de Calvaire.
*le couvent des religieuses de Pébrac..........	une, de gueules et d'or.
*le couvent des religieuses de la Veyne........	une, chargée en abîme d'un cœur de gueules.
*le couvent des religieuses de Sauxillanges	une de Calvaire.

* le couvent des religieuses de St-André de Clermont......... une, supportant un saint André de même.
*les religieuses de N.-D. de Riom.. une, en chef.
* la communauté des orfèvres de Clermont...... une, cantonnée aux premier et quatrième quartiers d'une fleur de lis de même, et aux deuxième et troisième d'une coupe couverte aussi de même.
* la communauté des orfèvres, horlogers, écrivains, sculpteurs, peintres, vitriers, joueurs d'instruments et tapissiers de Riom .. une.

§ 2.

CROIX D'ARGENT.

André d'Aubière.. une croix de Saint-André, engrêlée.
d'Artaud......... une, ancrée, chargée en cœur d'une losange de sable.
*de Barriac, doyen. une.
*Bellon, curé .... une, frettée de sable.
de Bouillé....... une, ancrée.

de Brugière de Ba-
rante.......... une, pattée, aux deuxième et troisième quartiers.
Brun........... une, ancrée.
*Burin, seigneur du Clos....... une.

de Chabre....... une, aux deuxième et troisième quartiers
de la Chassaigne.. une, ancrée.
de Chavanat...... une, cantonnée de quatre étoiles.
de Coisse........ une, engrêlée.
le Court......... une, surmontant trois colombes d'argent.
de Cureige....... une.
*Cussat, chantre.. une.

de Digons....... semé.
Dumas de Polard.. une, pommettée, au quatrième quartier, cantonnée en chef de deux étoiles d'or.
des Escures..... une, ancrée, chargée en cœur d'une étoile à huit raies de sable.

Gillet .... une, tréflée.

de Montagnac.... une.
de Montjuzieu.... une.
de Montrognon... une, ancrée.

de Neuville...... une, ancrée.

*Pageix, curé.... trois, chargeant une fasce de gueules.
du Peschin...... une, ancrée.
Pradel.......... une, potencée aux premier et quatrième quartiers.

*de Prades, écuyer.   une, ancrée.

*Ravel, chanoine..   une, chargée en abîme d'une étoile de gueu-
                      les.
de Richard de Pra-
   des...........   une, ancrée.

de Saint-Sorlin ... une.
Savaron..........   une, en cœur.

*Taphanel, procu-
   reur.   une, cantonnée de besants d'argent.

de la Valette.....   une, alesée chargeant un chef de gueules.
*Véron, bourgeois.   une, surmontant un globe d'azur.
*Vessier, prêtre... une.

*le prieuré de Ve-
   zac............   une.
*le prieuré de Brif-
   fons...........   une.
*le prieuré de la
   Bajasse........   une, en chef.
*le chapitre des cha-
   noines et comtes
   de Brioude....   une, aux deuxième et troisième quartiers,
                      cantonnée de trois fleurs de lis d'or.
* la communauté
   des prêtres d'Au-
   rillac.........   une, moitié sinople et moitié argent.
* le couvent des re-
   ligieuses de Gan-
   nat............   une.

*les religieuses car-
mélites de **Riom**. une, sur une terrasse de même, accompagnée de trois étoiles, deux d'argent au centre, et une de sable en pointe.

*le couvent des religieuses de Notre-Dame-de-St-Paulien .... une, échiquetée de gueules.

* la communauté des religieuses de la Chaise-Dieu . une, ancrée.

*le couvent des religieuses de Ste-Ursule de Maringues .... une.

§ 3.
CROIX DE GUEULES.

d'Aubusson ...... une, ancrée et alesée.
*d'Aubusson ..... une.

de Beaufranchet .. une, ancrée.
*Bouchard .... une, cantonnée de coquilles de même.
du Bois de Saint-Etienne .... une, dans les pattes de devant d'un lion de gueules.
Brun .... une, ancrée.

* de Cantonnet, écuyer .... une, cantonnée d'aiglettes de même.
de Chalvet de Rochemonteix .... trois, pattées, chargeant une bande d'or à la première moitié.

de Cousans........ une, ancrée.
* du Croizet, cha-
　noine......... une.

Dalmas......... une, ancrée.
*de Dienne, écu-
　yer........... une, chargée de cinq coquilles d'or.
de Dorette....... quatre, potencées, accompagnant un sau-
　　　　　　　　toir de sable.

de Frèdeville..... une, dentelée.

*Gaignon........ une.

Jaffinel.......... une, fleurdelisée.
Jory............ une, brisée d'un croissant de même au
　　　　　　　　canton sénestre.
de Juliac........ une, tréflée, surmontée d'un lambel d'azur
　　　　　　　　à quatre pendants.

de Lezé......... une, pattée, cantonnée de quatre aigles de
　　　　　　　　même.

* de　Matharel,
　bailli........ une, cantonnée de quatre tierces-feuilles
　　　　　　　　de sinople.

d'Oradour....... une, vidée.

du Peschin...... une, ancrée.
*du Puy, prêtre.. une.

de Rieu......... une, ancrée et vidée.

CROIX DE GUEULES, D'AZUR.

de la Saigne...... une, aux deuxième et troisième quartiers.
de Saint-Georges.. une.

*le prieuré de St-Sentin-Cantalès. deux.
* le chapitre de l'église collégiale de Cébazat.... une.
* la communauté des prêtres de Combronde.... une, losangée d'azur.
*le couvent des religieux de Feniers.......... une, chargée au centre d'un nom de Jésus d'or.
* le couvent des religieuses de Pébrac.......... une, moitié d'or et de gueules
*l'abbaye des religieuses de Bragheac......... une, chargée d'une anille d'or.
*le couvent des religieuses de Notre-Dame de St-Paulien....... une, échiquetée d'argent.
*le couvent des religieuses de Mauzac........,.... une, pattée.

§ 4.
CROIX D'AZUR.

de Boissières..... une, engrêlée.
de Chabre....... une.

de Chalus-d'En-
traigues....... une, engrêlée.
de Chappes....... une, alesée.
de Chaussard..... une, ancrée à la première partie.
* Chevalier, mar-
chand......... une, pattée.
*Chevalier, bour-
geois.......... une.

* Debouis, mar-
chand......... une.
* de Drossanges,
écuyer........ une, losangée.

*Ganil, prêtre.... trois.

*Pouzadoux, cha-
noine.......... une, tréflée.

de Riom......... une, tréflée.

*de Saint-Martial,
prêtre........ une, partie d'or et d'azur.

de Tinières....... une, ancrée.

Viarges......... une, recroisettée, sommée de deux sautoirs de même, et un croissant d'argent en pointe sur le pied de la croix.
de la Villate...... une, ancrée aux premier et quatrième quartiers.

* la commanderie
de Celles...... une, pattée.

*le prieuré de St-
Constans...... une, d'or et d'azur.
* la communauté
des prêtres de
Combronde.... une, losangée de gueules.
* la communauté
des religieuses de
la Voûte....... une, dentelée.
* la communauté
des chapeliers,
vitriers, potiers
d'étain de Saint-
Flour......... une, losangée.

§ 3.

CROIX DE SINOPLE.

d'Auger......... une, cantonnée aux premier et quatrième quartiers de deux têtes de léopard de gueules.
des Barres....... une, ancrée.
*Guérin, ecclésias-
tique......... une.
*le prieuré de Rouf-
fiac........... une.
* la communauté
des prêtres d'Au-
rillac......... une, d'argent et de sinople.
* le couvent des re-
ligieuses de Sain-
te-Claire d'Au-
rillac......... une, dentelée.

§ 6.

CROIX DE SABLE.

de Belet......... une.

* de Chalier, gen-
 tilhomme..... une, ancrée.
de Chaussard.... une, ancrée, à la première partie.
*du Croizet...... une, denchée.

de Foix......... une, ancrée, aux premier et quatrième quartiers.

de Neuvéglise..... une, vidée et pommettée.

de Provenchères.. une, dentelée.

de Reclaine....... deux, pattées. accompagnant trois chevrons de sable.

de la Roche...... une, ancrée.

* l'Abbaye de Blesle trois, pattées,
*l'abbaye de l'Ecla-
 che........... une, crénelée.
* la commanderie
 de Saint-Antoine. une, chargée d'un porc de même.
*le prieuré de la
 Voûte-Chiliac .. une, tenue par une main de gueules.
* la communauté
 des religieuses de
 Saint-Robert de
 Montferrand ... une, chargée au centre d'une fleur de lis d'or.

* la communauté des prêtres du bourg et de la ville d'Arlanc... une, de Calvaire.
* le couvent des religieuses de la Visitation de Brioude............ une, surmontant un cœur de gueules.
* le couvent des religieuses de la Visitation de Ste-Marie de Clermont......... une.
* le couvent des religieuses de la Visitation de Ste-Marie de Billom. une.
* le couvent des religieuses de la Visitation de Ste-Marie de Montferrand....... une.
* le couvent des religieuses de la Visitation de Ste-Marie de Riom.. une.
* le couvent des religieuses de la Visitation de Ste-Marie d'Aurillac. une, recroisettée de même.
* la communauté des orfèvres, hor-

logers, écrivains, sculpteurs, peintres, vitriers, joueurs d'instruments et tapissiers de Riom . . une, losangée, chargeant un chef d'or.

§ 7.

CROIX DE VAIR.

Dalmianes....... une, alesée, accompagnée de quatre clefs d'argent, aux premier et quatrième quartiers.

*Fradet, chanoine. une, or et sable.

§ 8.

CROISETTES D'OR.

d'Anteroches..... deux, accompagnant une bande d'or.

*de Beaufort, seigneur......... deux, aux deuxième et troisième quartiers.
de Bourbon-Busset quatre, chargeant un chef d'argent.

*Clément, greffier. une, surmontant un chêne d'or.
de Crémeaux..... trois, tréflées.
*du Croizet, écuyer trois.

Lizet.......... deux, accompagnant en chef un chevron d'or.

*Trottier........ deux.

* le chapitre de
  Pont-du-Château une, aux premier et quatrième quartiers.
* la communauté
  des curés et prê-
  tres de Salers... semé.

§ 9.

CROISETTES D'ARGENT.

de Bossoreille.... une, pattée, accompagnant en pointe un chevron d'argent.

de Croizet....... trois, pattées, accompagnant un chevron d'argent.

Jaffinel......... une, chargeant en cœur une croix fleur-delisée de gueules.

de Ringal de Pradel. une, potencée, chargeant un chef de gueules, au deuxième quartier.

Savaron......... trois, chargeant un chef d'or.

Vimal........... une.

§ 10.

CROISETTES DE GUEULES.

*du Bois, seigneur une, tenue entre les pattes d'un lion de même.

*Crozat, trésorier. trois.

*Gaignon, prêtre. trois, accompagnant un chevron de gueules.

*Pouchon, avocat. une, chargeant un cœur d'or.

§ 11.

CROISETTES DE SABLE.

* Chandeyre, procureur........ semé.

de Montboissier... semé.

de Saint-Paul .... une, chargeant un franc canton d'argent.

§ 12.

CROIX DE SAINT-ANTOINE OU TAFS D'OR.

*Tassy, conseiller. trois.

SECTION DOUZIÈME. — SAUTOIRS OU FLANCHIS.

§ 1er.

SAUTOIRS D'OR.

André.......... deux, accompagnant en chef un chevron d'argent.

*André, conseiller et autres....... un, dentelé de sable.

de Beauzac....... un, accompagné de quatre étoiles d'argent.
de Berny........ un, bordé de sable et cantonné de quatre besants d'or.
de Bort......... un, dentelé ou denché, accompagné d'une étoile de même en chef.

de Chambaron.... un, accompagné de quatre étoiles de même.
de Chambon ..... un.

des Chavanoux... un, supporté par deux lions de même.

de la Guiche...... un.

de Maumont...... un, cantonné de quatre tours d'argent.
de Maulen....... trois, 2 et 1.
de Mourgues..... un.

de Peuchaud..... un, cantonné de quatre mouchetures d'argent.

du Sauzet....... quatre, posés 1, 2, 1.
de Sévérac....... un.

*Taravant, greffier. un.

Valette........... un, aux deuxième et troisième quartiers.
*de la Vernède,
　écuyer........ trois.
Vialart.......... un, cantonné de quatre croix potencées d'or.

§ 2.

SAUTOIRS D'ARGENT.

d'Albiat......... six.

de Balzac........ trois.
de Béranger...... un, aux deuxième et troisième quartiers, cantonné de quatre clefs de même.
de Besse de Luguet. trois.
*de Brun, écuyer. un, cantonné de quatre coquilles d'argent.

*Crozat, prêtre... un.

* Dondrian, cha-
　noine......... un.

de Frédefont..... un, cantonné de quatre alérions de même.

de Montagnac.... un, accompagné de quatre molettes d'éperon de même.

*Neyron, conseiller
du roi .... un, accompagné de quatre étoiles d'argent.

de Rehès de Sampigny......... un.

* le chapitre de
l'église collégiale
de Saint-Paulien. un, brochant sur des fasces d'or et d'azur.

§ 3.

SAUTOIRS DE GUEULES.

*André.......... un.

de Besse......... trois, aux deuxième et troisième quartiers

* Croizier, lieutenant........... un.

*Jaffeux, bourgeois un.
de Jarente....... un.

* Malroux, marchand......... un,
Mitte de Mons.... un.
de Montgontier... trois, aux deuxième et troisième quartiers.

de Pestels .... six, accompagnant une bande de gueules.

*de Sévayrac, écu-
  yer.......... un, dentelé.

*de Téraules, écu-
  yer.......... un, chargé de cinq aiglettes d'or.
* Textorix, cha-
  noine........ trois.

du Vernet....... un.
Viarge.......... deux, surmontant une croix de gueules.

* la ville d'Issoire.. un, chargé de fleurs de lis d'or.
* la communauté
  des prêtres de
  Besse......... un.

§ 4.
SAUTOIRS D'AZUR.

de Balzac........ trois, chargeant un chef d'or.
de Besse de Luguet. trois, chargeant un chef d'or.
de Broglie....... un, ancré.

de Cereys........ un.

de Mont-d'Or..... trois.

§ 5.
SAUTOIRS DE SABLE.

*Dogerdias, avocat. un.
de Dorette....... un, accompagné de quatre croix de gueules.

de Madic......... un.

de la Peyrouse.... un.

SECTION TREIZIÈME. — FRETTÉ, TREILLISSÉ.

§ 1ᵉʳ.
FRETTÉ D'OR.

d'Alzon.

de Bouillé....... aux premier et quatrième quartiers.
*du Breuil, chantre.

de la Chassaigne.. à la deuxième moitié.
de Chaussard..... à la deuxième moitié.

de Montal.
*Maubet, procureur.

*La communauté des arts et métiers de Murat.

§ 2.
FRETTÉ D'ARGENT.

*de Sédages, écuyer.

La communauté des marchands de Blesle.

§ 3.
FRETTÉ DE GUEULES.

de Gals......... une bordure.

*du Fraisse, avocat,.
*de Fretat.

§ 4.
FRETTÉ D'AZUR.

*de Fretat, écuyer.

§ 5.
FRETTÉ DE SABLE.

de Cluzes.

de Miremont.

§ 6.
TREILLISSÉ D'ARGENT.

*Trilhot, marchand
   bourgeois.

—◊◊◊—

SECTION QUATORZIÈME. — CHEVRONS.

§ 1er.
CHEVRONS D'OR.

*Albanel........ un, accompagné de deux étoiles en chef et un épervier en pointe, le tout d'or.

*d'Albignat, con-
  seiller......... un, accompagné de deux étoiles de même en chef et d'un croissant d'argent en pointe.

d'Allemaigne...... un, accompagné en chef de deux mouchetures d'hermine d'argent et en pointe d'une palme de même.

Armand.......... un, accompagnant en pointe une fasce rehaussée de même.

Arnaud.......... un, accompagné en chef de deux palmes adossées, et en pointe d'un rocher, le tout d'or.

* Arnaud........ un, accompagné de deux palmes d'or en chef et d'une montagne de même en pointe.

* d'Astier........ un, accompagné de deux étoiles d'argent en chef, et d'un faisceau de flèches de même.

d'Aureille........ trois.

d'Autressal...... un, accompagné en pointe d'un besant de même, et en chef d'une fleur de lis d'or entre deux étoiles d'argent.

* d'Auzolles, gentilhomme....... un, accompagné de trois croissants d'argent.

de Ballerin....... un, accompagné en pointe d'un lion de même.

de Bardet........ un, sommé d'un lion de même, et accompagné de trois étoiles aussi d'or, deux en chef, une en pointe.

de Barillon...... un, accompagné de deux coquilles de même en chef, et d'une rose d'argent en pointe.

de Barres........ un, accompagné de trois coquilles de même, deux en chef, une en pointe.

Batz............ un, accompagné de trois cots de même.

de Beaufranchet.. un, accompagné de trois étoiles d'argent, posées deux en chef et une en pointe.

*Beaulieu, avocat. un.

*Bertrand, bourgeois .... un, accompagné de trois tierces feuilles de même.
de Besse......... un.
Bliche .... un, accompagné de trois étoiles d'or.
de Bomparan..... un, accompagné de trois canettes d'argent; les deux du chef affrontées.
*du Bois, trésorier un.
*Bouchard ...... un, accompagné en-chef de deux roses d'argent et d'un croissant de même en pointe.
de la Boulaye..... un, accompagné de trois étoiles d'or, les deux du chef soutenues chacune d'une moucheture d'hermine d'argent.
de Boyer......... un, accompagné de trois lis au naturel.
des Bravads...... un, accompagné de trois billettes de même.
de Brémont...... trois.
Breschet......... trois.
de la Broue....... un, accompagné en chef de deux coquilles d'argent, et d'une main (ou gantelet) de même en pointe, mise en pal.
*Brujas, avocat... un, accompagné de deux palmes en chef, et d'un lion en pointe, le tout d'or.

*de Chabannes, conseiller ...... un, accompagné de trois têtes de lion d'or.
de Chabre....... un, accompagné de trois têtes de chèvre de même.
de Chabrol...... un, accompagné de trois molettes d'argent.
de Chalier....... un, accompagné en chef de deux étoiles et en pointe d'un croissant aussi d'or.
*Chamalière, procureur........ un, accompagné de deux étoiles d'or en chef et d'une rose d'argent en pointe.

des Champs...... un, accompagné de six molettes d'argent.
*Chardon, trésorier.......... un, accompagné de trois chardons d'or.
de Chauldes...... un, accompagné de trois étoiles d'or.
de Chaumes...... un, accompagné en chef d'une étoile et d'un croissant de même, et en pointe d'un poisson d'argent posé en fasce.
de Chaumeil..... un, accompagné de trois bourdons de même.
*Chazeledde, bourgeois......... un, accompagné de trois losanges d'argent.
de Chazettes...... un, accompagné de trois têtes de chien arrachées d'argent
*de Chazeron.... un, accompagné de deux étoiles d'argent en chef, et d'un faisceau de flèches de même en pointe.
*Chevalier, avocat. un, accompagné de deux trèfles d'or en chef, et d'un croissant d'argent en pointe.
*Cheverlanges, avocat.......... un, accompagné de deux croissants d'or en chef, et d'une étoile en pointe.
de Chillac........ un, accompagné de trois étoiles de même.
de Clary......... un, accompagné de deux clefs d'argent, d'un croissant de même en chef et d'un soleil d'or en pointe.
de Clusel........ un, accompagné de trois roses d'argent.
de Cluzes........ un, accompagné de trois étoiles d'argent.
*Colinet, conseiller........... un, accompagné de deux étoiles d'or en chef et d'un croissant d'argent en pointe.
*Colonges, conseiller........... un, accompagné de trois étoiles d'or.
de Combres...... un, accompagné de trois étoiles d'or.

*Cordier, conseiller...., ... un, surmonté de trois cors de chasse d'or.
le Court......... un, accompagné de trois colombes d'argent, surmontées d'une croix de même.
de Crestes....... trois.

*Degieu, conseiller........... deux.
* Dery......... un, accompagné en chef d'une étoile et d'un croissant d'or, et en pointe d'un poisson d'argent.
Ducrohet........ un, accompagné en chef d'un croissant de même, accosté de deux étoiles d'argent et en pointe d'un lion aussi d'or.
*Eymond....... un, accompagné de trois quintefeuilles d'argent.
*d'Eyssac........ un.

*Fabre, conseiller. un, accompagné de deux étoiles en chef, et d'un cœur en pointe.
*Faucher, marchand........ un.

*Fayet, chevalier. un, accompagné de trois glands d'or.
*Ferriolles, président.......... un, accompagné de trois pigeons d'or.
*de Fontenilles, bourgeois..... un.
de Forget........ un, accompagné de trois coquilles de même.
*de la Fuste, curé. un, accompagné de trois étoiles d'or.

*Garnaud, conseil^r. un, accompagné de trois tierces feuilles d'or.

*de Gibanel, écuyer............ un.
Girot de l'Anglade. un, chargé de trois étoiles de gueules et accompagné à dextre d'un croissant d'argent traversé d'une épée de même ; à sénestre d'une merlette de même, et en pointe d'une tête de cheval aussi d'argent.
du Greil......... un, chargé de cinq tourteaux d'azur.
de Guérin....... un, accompagné en chef de deux étoiles de même, et en pointe d'une fleur de lis aussi d'or.
*Guérin, trésorier. un, accompagné de trois roses d'argent et d'un croissant de même.
*Guérin, prêtre.. un, accompagné de trois roses de même et d'un croissant d'argent.
*Gumery, avocat.. un, accompagné de deux étoiles d'or en chef et d'une gerbe de même en pointe.

*de Jadon écuyer. un, accompagné en chef d'un rocher d'argent et en pointe d'une colombe de même.
*Jolly, marchand. un, accompagné de trois soleils d'or.
*Juillien, avocat.. un, accompagné d'un croissant entre deux étoiles de même en chef et d'une foi aussi d'or en pointe.

*de Laire, conseil[r]. un, accompagné en chef d'une étoile de même et d'un croissant d'argent, et en pointe d'un poulain de même.
*de Laire, conseil[r]. un, acccompagné de trois roses d'argent.
de Layat........ un, accompagné de trois étoiles d'argent.
Lizet .... un, accompagné en chef de deux croisettes de même, et en pointe d'un croissant aussi d'or.

* Lolier, conseiller .... trois, accompagnés en chef de deux soleils d'or et en pointe d'un croissant d'argent.

de Macheco ...... un, accompagné de trois têtes de perdrix de même, arrachées de gueules.
*Martin, chanoine un.
du Mas .... un, accompagné de trois trèfles de même.
de Massebeau ..... trois, accompagnés de de trois croissants de même.
*Matthieu, conseiller .... un, échiqueté d'azur et d'or.
*Mellun, chanoine un, accompagné de trois tourteaux d'or.
de Micolon .... un, accompagné de deux étoiles d'argent en chef, et d'une merlette de même en pointe.
*Mogue, capitaine. un, accompagnant en pointe une fasce d'or.
de Monami .... un, accompagné de trois larmes d'argent.
*du Montal, seigneur .... trois, aux deuxième et troisième quartiers.
Montorcier .... un, accompagné en chef de deux croissants d'argent et en pointe d'un globe de même.
de Montservier ... un, accompagné de trois trèfles de même.
de Montvallat .... un, accompagné de trois couronnes de laurier d'argent, liées chacune de quatre liens de gueules.
*Mosles, échevin.. un, accompagné de trois molettes d'or
* Musnier, trésorier .... un, accompagné de trois trèfles d'or.

de Neuville ...... un, accompagné de trois besants de même.

de Nupces....... deux, accompagnés en chef de deux étoiles de même et en pointe d'un croissant aussi d'or.

*d'Oberülle...... un, accompagné de trois molettes d'or.

Pelet de Beaufranchet.......... un, accompagné de trois étoiles d'argent posées deux en chef, une en pointe.

du Pinet du Bouchet.......... un, accompagné de trois roses de même.

de la Pize........ un, accompagné de trois roses de même.

Poisson .... un, accompagné en chef de deux étoiles de même et en pointe d'un dauphin aussi d'or.

*Poisson, trésorier. un, accompagné en chef de deux étoiles d'or, et en pointe d'un dauphin d'argent.

de Pons.......... un, accompagné de trois pommes de même.

Reboul.......... un, à une écrevisse d'argent en pointe.

*Redon, conseiller du roi........ un, accompagné de trois besants d'or.

de Retz......... un, accompagné en chef de deux étoiles de même et en pointe d'une épée d'argent mise en pal, la garde en haut.

de Reynaud...... un, accompagné de trois roses d'argent.

de Ringal........ un, accompagné de trois yeux humains ciliés d'argent, deux en chef, un en pointe.

Rollet .... un, accompagné de trois pensées de même.

*Rollet, conseiller du roi........ un, accompagné de trois rochers d'argent.

de Rosier........ un, accompagné de trois roses d'argent.

*Roux, cirier.... un.

*Roy . . . . un.

*Saint-Martin, che-
 valier. . . . . un, accompagné de trois roses de même.
de Sales . . . . un, accompagné de trois étoiles de même, deux en chef et une en pointe.
de Sartiges. . . . . deux, accompagnés de trois étoiles d'argent, deux en chef, une en pointe, le chevron du chef surmonté d'une fleur de lis d'or.
*Saulnier, bour-
 geois. . . . . un, accompagné de trois demi-vols de même.
de Sedières. . . . . . . un, accompagné de trois palmes d'or.
Seguier . . . . un, accompagné en chef de deux étoiles de même et en pointe d'un mouton d'argent.
*Serancé, chanoine un, accompagné de trois palmes d'or
*de Serres, conseil-
 ler du roi. . . . . . un, accompagné de trois rencontres de cerf d'or.
de Solilhac. . . . . . . un, accompagné de trois pattes de griffon de même, posées deux en chef et une en pointe.
de Soualhat. . . . . . un, accompagné de trois rencontres de cerf de même, posés 2 et 1.
de la Souchère. . . . un, chargé de trois étoiles d'azur et accompagné de trois coquilles d'argent.

*Tailhardat, mar-
 chand bourgeois. un.
*Talon, conseiller
 du roi . . . . un.
*Tixier, bourgeois. un, accompagné de trois roses d'or.

du Tour de Salvert. un, accompagné de trois croissants d'argent.
de Trenqualye.... un, acccompagné en chef de deux quintefeuilles.
*Trottier........ un, accompagné en chef de deux croisettes de même et en pointe d'une étoile aussi d'or.
de Vabres........ un, accompagné de trois roses d'argent.
*Vachier, écuyer.. un, accompagné en chef de deux roses d'argent et en pointe d'un croissant de même.
*Vachier, écuyer.. un, à deux roses de même en pointe.
*de la Vaille, écuyer........... un, accompagné de trois palmes d'or.
*de la Val....... un, accompagné en chef de deux étoiles d'or et en pointe d'un croissant d'argent.
*Valeix, conseiller du roi........ un, accompagné en chef de deux étoiles d'or et d'un croissant d'argent en pointe.
de Valeix........ un, accompagné en chef de trois tiercefeuilles d'argent et d'un lion passant de même en pointe.
*de Vareilles, écuyer........... un.
de Varènes....... un, au chef cousu de gueules, chargé de trois étoiles d'argent.
*Vassadel, bourgeois......... un, accompagné d'une étoile d'argent entre deux croissants de même en chef et d'un vase de fleurs d'or, contenant trois roses d'argent avec leurs tiges de même.
*Vernet, lieutenant un, accompagné de trois larmes d'argent.
*de la Villaine, procureur........ un, accompagné en chef de deux glands d'or, et en pointe d'une chemise d'argent.

*de Vissaguet, bour-
geois......... deux.
de la Volpilière... un, chargé de cinq tourteaux d'azur.
* le chapitre de
l'église collégiale
de Langheac... un.
* la communauté
des maîtres car-
tiers, charpen-
tiers et gainiers
de Thiers...... un, chargé de cinq annelets de gueules.
* la communauté
des charpentiers,
sculpteurs et vi-
triers de Thiers. deux.
* la communauté
des charrons,
menuisiers et
charpentiers de
Maringues..... un, accompagné d'une roue de même en
chef et d'un rabot d'argent en pointe.
* la communauté
des marchands et
arts et métiers de
Vic-le-Comte... trois.
* la communauté
des marchands et
arts et métiers de
la Voûte....... un, moitié d'azur et d'or.
* la communauté
des notaires et
procureurs de
Clermont....... un, accompagné en chef de deux étoiles d'argent et en pointe d'un croissant de même.

§ 2.

CHEVRONS D'ARGENT.

André de la Ron-
   nade.......... un, accompagné en chef de deux flanchis d'or et en pointe d'un soleil de même.

des Arnois........ un, accompagné d'un casque de même en pointe.

*Assolent........ un, accompagné en chef de deux étoiles d'or et en pointe d'un croissant de même.

Aulbot........... un, accompagné d'un triangle de même en pointe, au chef d'or.

Barbat du Clozel.. un, accompagné en chef de deux étoiles d'argent et d'une barbe velue de même en pointe.

Bartillat.......... un.

*Basset, chanoine. un, accompagné en pointe d'un chien basset de même.

*Beaufils, mar-
   chand......... un.

*Bégon, seigneur. un.

de Bernard....... trois.

de Besset......... un, accompagné de trois étoiles d'or.

de Bordes........ un, accompagné de trois fleurs de lis d'argent.

de la Borie....... un, accompagné de trois étoiles d'or.

de Bossoreille.... un, accompagné en chef de deux croissants et en pointe d'une croisette pattée, le tout d'argent.

*Caillet, march^d.. un, accompagné de trois cailles d'or.

*Chabrol, docteur, un , accompagné de trois besants d'or.
*Chabrut, veuve.. un.
de Chambreuil.... un , accompagné de trois épées d'or.
*Claur, chanoine.. un.
de Coëffier de Ruzé. un , accompagné de trois lionceaux d'or, deux en chef, un en pointe.
de Croiset....... un, accompagné de trois croisettes pattées de même, à la bordure engrêlée de gueules.
Crozat.......... un, accompagné de trois étoiles de même.

de Dienne....... un, accompagné de trois croissants d'or.
*Dulac, écuyer... un, accompagné de deux besants en chef et d'une fleur de lis en pointe le tout d'argent.
Dumas de Polard.. un, accompagné de trois rocs d'échiquier de même et sommé d'une merlette aussi d'argent.
*Duriat, march^d.. un.

d'Escourolles..... un, en chef, soutenu par des lionceaux.
d'Estresses .... un, accompagné de trois fers de lance de même, 2 et 1.

de Faydit........ un, acccompagné de trois étoiles de même.

*Garnaud .... trois.
*Garnier, docteur
  en médecine ... un, moitié d'azur et d'argent.
Guilhot.......... un.

Jar.............. un.
*Jozat, prêtre.... un , accompagné de trois étoiles d'or en chef et deux de même en pointe.

de Malboyer...... trois.
de Marcenac..... un, accompagné de trois roses de même.
de Moran........ un, accompagné de trois roses de même.
de Moreau....... un, accompagné de trois roses de même.

* Peyronnel, procureur........ un.
du Puy.......... un.

de Quinemont.... un, accompagné de trois fleurs de lis d'or, les pieds coupés et posées deux en chef et une en pointe.

de la Roche...... un, accompagné en pointe d'un rocher à trois coupeaux de sinople.

*Talameuf, greffier un; accompagné de trois oies de même.
du Teil.......... trois, aux deuxième et troisième quartiers.

de la Valette..... un, accompagné de trois étoiles d'or.
de Vertamy...... un, entravaillé dans trois fasces de même.
de Veyre........ un, accompagné de deux coquilles en chef, et d'un croissant en pointe, le tout d'argent.

* la ville de Blesle.. un.
* la communauté des médecins et apothicaires de Pierrefort...... un.

§ 3.

CHEVRONS DE GUEULES.

*Alexandre ...... un.
d'Aubier .... un, accompagné en chef de deux molettes d'éperon d'azur, et en pointe d'un croissant de gueules.

de Beauclair..... trois.
*Bergounioux.... un.
*Bougier, écuyer.. un.
de Bournac ...... un, accompagné de trois cors de chasse de sable, liés de gueules.
*Boussages, archiprêtre .... trois.

Chamerlat. ...... un, accompagné de trois merlettes.
de Cisteyrols..... un, accompagné de trois tourteaux de même.
de Cologne....... un, accompagné en pointe d'une rose de même.
*du Croc, écuyer . un, accompagné de trois macles de sable.
de Cros-Murat.... trois.

Dantil .... trois.
Daurier.......... trois.
*Delperte, écuyer. un, semé de poires d'argent.
de Dorat .... trois, accompagnés de trois étoiles d'azur.
*Douhet.......... un.

*du Fraisse, chantre .... un, accompagné de trois fraises de même.

*Gaignon, prêtre. un, accompagné de trois croisettes de gueules.

* de la Gardette, bourgeois...... un.

*Goutenègre, conseiller......... un, brisé.

de la Guesle...... un, accompagné de trois cors de sable liés de gueules.

du Lac.......... un, accompagné de trois fermaux d'azur sans ardillons.

de Lage......... un.

de Lavaur....... un, accompagné de trois croissants de même.

*Marie, bourgeois. un, accompagné de trois raisins de sable.

* Martinon, assesseur.......... un, accompagné en chef de deux étoiles de même, et en pointe d'un cyprès de sinople.

de Mayet........ deux, accompagnés en chef de deux demi-vols d'aigle abaissés d'azur.

*de Montpentières, chanoine........ un.

Ollier........... un, accompagné de trois pots à huile d'or.

d'Ouvrier........ un, chargé de sept merlettes et accompagné de neuf épis de blé de gueules liés trois à trois.

Pagès............ un, accompagné en chef de deux roses de même.

Podevigne....... un.

de Pradines...... un, accompagné de deux étoiles de même en chef, et d'un chêne de sinople en pointe.
de Pralat........ un, accompagné de trois étoiles d'azur.

de la Rochefoucauld trois, brochants.
de la Rodde...... trois, posés en fasces.
Rodier.......... un, chargé de trois molettes d'éperon et accompagné de trois trèfles de sinople.

de Savignac...... un, accompagné de trois trèfles de sable posés 2 et 1.

du Teil.......... un, accompagné en pointe d'un tilleul de sinople.
*Treille, écuyer.. un, accompagné de trois raisins de sable.
*du Treul....... un.

* la communauté
  des religieuses de
  Brioude....... un, ondé, semé de fleurs de lis d'or.
* La communauté
  des marchands de
  Langheac...... un.

§ 4.

CHEVRONS D'AZUR.

André de Ludesse. un, chargé de trois fleurs de lis d'or et accompagné de trois hures de sable.
d'Aurel......... un, surmonté d'un lambel renversé de gueules.

de Bar.......... un, chargé de trois étoiles d'argent.

* de Bar, seigneur. un, chargé de trois étoiles d'or.

Bertrand .... un, chargé de trois fleurs de lis d'or et accompagné de trois roses de gueules, deux en chef, une en pointe.

*Boire, conseiller. un, chargé de trois tierce-feuilles d'or.

*Boudaix, chanoine deux.

* Brugeat, marchand .... un.

de Caissac .... un, accompagné en chef de deux étoiles de même, et en pointe d'un lion aussi d'azur.

de Cayrac........ un, accompagné de trois roses de gueules.

de Cébazat....... trois.

de la Chaume.... un, accompagné de trois étoiles de même.

de Coëffier de Ruzé. un, accompagné de trois lionceaux d'or, deux en chef, un en pointe.

*Daurelle, greffier. un, surmonté d'un lambel de gueules.

* de Fonsinte, écuyer........... un.

*Garnier, médecin. un, moitié d'argent et d'azur.

Jouvenceau ...... un, accompagné de trois alérions de sable.

de Laire......... un, engrêlé.

de Ludesse....... un, chargé de trois fleurs de lis d'or.

*Mathieu, conseil[r] du roi .... un, échiqueté d'or.

*Mège, conseiller
  du roi .... un.
de Mezet........ un, accompagné de trois roses de gueules.

d'Ossandon...... un, accompagné de trois hirondelles de
  même.

de Peyroux...... trois.
du Pouget....... un, accompagné en pointe d'un mont de
  six coupeaux de sinople.

de la Rochelambert. un.
*de la Roche..... un.
*Roux, marchand. un.

Thomas.......... un, chargé de deux épées d'argent garnies
  d'or, la pointe en haut, et accompagné
  de trois étoiles de même.
Tixier........... un, accompagné de trois navettes d'or,
  deux en chef, une en pointe.

* la communauté
  des marchands et
  arts et métiers de
  la Voûte....... un, moitié d'or et d'azur.
*le prieuré de la
  Bajasse........ un.

§ 5.

CHEVRONS DE SINOPLE.

* Beraud, mar-
  chand......... un.
*Montaurier, tré-
  sorier......... un, accompagné de trois palmes de même.

§ 6.
CHEVRONS DE SABLE.

*Bompart....... un, accompagné de trois palmes de sinople.

*Chandon, juge.. trois, alesés.
de Chardognes.... un, accompagné de trois étoiles d'or.

de la Fage....... un, accompagné en chef de deux palmes de sinople.
du Four......... un, accompagné de deux étoiles de gueules en chef, et d'un croissant de même en pointe.

d'Hirques....... un, accompagné de trois fleurs de lis de même.
de Lévis......... trois.

de Reclaine...... trois, accompagnés de deux croix pattées de même en chef.
*de Reynaud, écuyer..... ...., trois.
de la Roche....... un, accompagné en pointe d'un rocher à trois coupeaux de sinople.

* Sadourny, chanoine......... deux.
de Saint-Haon.... un, chargé de six croissants d'or, et accompagné de trois merlettes de sable.
Sudre.......... cinq.

§ 7.
CHEVRONS DE VAIR.

*de Pons........ un.

*de la Vernède ... un.

—◆◇◆—

SECTION QUINZIÈME. — POINTES DE GUEULES

POINTES DE GUEULES.

de Besse......... trois, renversées chargeant un chef d'or.

§ 1er.
TRIANGLES D'OR.

Favard de Langlade un, au quatrième quartier.

§ 2.
TRIANGLES D'ARGENT.

Aulbot.......... un, accompagnant en pointe un chevron d'argent.

—◆◇◆—

SECTION SEIZIÈME. — GIRONNÉ.
GIRONNÉ.

de Bulles........ d'argent et de sable.

*Geraud, bourgeois d'argent et d'azur.
*de Giron .... d'or et d'azur.

* Jouvrine, bourgeois......... d'or et de sable.

* la ville d'Aigueperse.......... d'argent et de gueules.
* la communauté des arts et métiers de Chaudesaigues...... d'azur et d'or.
* la communauté des arts et métiers d'Allanche. d'azur et d'argent de six pièces.
* la communauté des marchands de Pont-du-Château. d'or et de gueules.
* La communauté des marchands et autres arts et métiers d'Arlanc... d'or et d'azur.
* la communauté des marchands de Montferrand. d'argent et de gueules.
* La communauté des marchands de Clermont... d'or et d'azur

SECTION DIX-SEPTIÈME. — FRANCS-QUARTIERS.

§ 1er.

FRANCS-QUARTIERS D'OR.

de la Roche de Weltes........ un.

§ 2.

FRANCS-QUARTIERS D'ARGENT.

de Saint-Paul.... un, chargé d'une croisette de sable.

§ 3.

FRANCS-QUARTIERS DE GUEULES.

Désaix .... un, à sénestre, au deuxième quartier.

Grenier .... des barons, procureurs impériaux de cours impériales.

Mannay.......... un, au deuxième quartier, à la croix d'or.

Le Normand de Fla-
   geac. .... un, chargé d'un épi d'argent.

Romeuf......... un, chargé d'une épée d'argent posée en pal.

de Saisset........ un.

Simmer......... un, à l'épée haute en pal.

Terreyre .... un, des barons sortis de l'armée, à l'épée mise en pal.

Tixier........... un, des barons procureurs impériaux, brochant au neuvième de l'écu.

de Trenqualye.... un, des barons tirés de l'armée, brochant au neuvième de l'écu.

§ 4.

FRANCS-QUARTIERS D'AZUR.

de Cereys........ un, semé de fleurs de lis d'or.

Dupuy.......... un, à dextre, avec un miroir.

Malouet......... un, de baron, pris dans le conseil d'État, échiqueté d'or et de gueules.

Milhaud......... un, chargé d'une épée d'argent montée d'or, mise en pal.

§ 5.

FRANCS-QUARTIERS D'HERMINE.

* Dagusoue, marchand........ un.

de Moré........ un.

de Tournemire ... un.

§ 6.

CANTONS DE GUEULES

de Maraussans ... un.

§ 7.

CANTONS D'AZUR:

de Mars........ un, à dextre.

SECTION DIX-HUITIÈME. — BORDURES.

§ 1er.

BORDURES D'OR.

de Bar de Vissac.. une.
de Bérenger...... une.
de Bonafos....... une.

de Cambefort..... une.
de Canillac...... une, billetée.
de Chalvet de Ro-
   chemonteix.... une.

Désaix, général... une, échiquetée d'or et d'azur au quatrième quartier.

de Ferrières...... une, componée.

Jar.............. une.

de Malbec........ une.
de Montboissier... une, crénelée.

Prades........... une, engrêlée.

Romeuf.......... une.

de Saint-Mamet... une, denchée.

Valette.......... une, engrêlée.

§ 2.

BORDURES D'ARGENT.

* Beaufils, docteur. une, chargée en chef d'une croisette de gueules et de sept lettres capitales de même, savoir : un T et un M en chef, deux M aux flancs, un M, un D et un S en pointe.
* de Beaufort, seigneur......... une, dentelée, aux premier et quatrième quartiers.
* Bourdilhon, bailli une.

de Gals......... une, frettée de gueules.
de Gozon........ une, crénelée.

du Teil.......... une, aux premier et quatrième quartiers.

§ 3.

BORDURES DE GUEULES.

Aurellie......... une.
d'Aurouse....... une.

de Bard......... une, engrêlée.
de Bègue........ une.
de Bourbon, 3ᵉ maison........ une, engrêlée.
* de Bournat, écuyer............ une.
de Bussières...... une.

de la Caze .... une.
de Cedail .... une.
de Chabannes .... une, aux deuxième et troisième quartiers.
de Chabre .... une, aux deuxième et troisième quartiers.
de Chalencon..... une, aux premier et quatrième quartiers.
de Chalus de Pron-
    dines .... une, engrêlée.
de la Chassaigne .. semée de fleurs de lis d'or.
de Chaussaing.... une.
de Chazerat...... une, chargée de huit besants d'argent.
de Crespat....... une, engrêlée.
de Croiset .... une, engrêlée.

Dallet .... une.
de Digons .... une.

de la Farge ...... une.
de Faugières ..... une.
de la Fin .... une, engrêlée.
de Flageac....... une.

*le Gros, seigneur. une, chargée de huit besants d'or et d'ar-
                 gent.
de Guérin .... une.

de Léotoing...... une.
de Lodan........ une, denchée.
*de Lugeat ...... une.

de Montsalvy..... une.

de Peyronnenc ... une, chargée de dix besants d'or.
de Pierrefort..... une.

de la Roche...... une.
de Rochedagoux .. une.
de Rochefort-d'Au-
  rouse......... une.
de Roussillon..... une.

de Sévérac....... une, engrêlée.

de Tournemire ... une, chargée de onze besants d'or.
de Trazenies. .... une, engrêlée.

§ 4.

BORDURES D'AZUR.

de Charbonnel.... une, denchée.
de la Chaume . ... une, engrêlée.

Désaix, général ... une, échiquetée d'or et d'azur, au quatrième quartier.

de Rochebaron ... une.

§ 5.

BORDURES DE SABLE.

d'Albars .... une.

de Boysseulh..... une, semée de larmes d'argent et de gueules.

de Cordebœuf Beauverger-Montgon........... une.

de Lage .... une.
de Lespinat ...... une, chargée de onze besants d'or.
de Lignac........ une.

de Madic .... une.
Mitte de Mons.... une, chargée de huit fleurs de lis d'or.

§ 6.
BORDURES D'HERMINE.

de Cordebœuf-Beauverger-Montgon.......... une.

§ 7.
BORDURES DE VAIR.

Berard.......... une.

de Chabre .... une.

de la Fayette..... une.

de Verdonnet..... une.

SECTION DIX-NEUVIÈME. — ÉCUS BROCHANTS OU EN CŒUR.

§ 1er.
ÉCUSSONS D'ARGENT.

* la communauté des religieux de Saint-Antoine de Montferrand ... un, sur l'estomac d'une aigle à deux têtes de sable, et chargé d'un T d'azur.

§ 2.

ÉCUSSONS D'AZUR.

de l'Hôpital...... un, chargé d'une fleur de lis d'or.

de Ringal......... un.

* la communauté
des experts jurés
de Clermont... un, de France.

§ 3.

ÉCUSSON D'HERMINE.

* de Lasbros, bour-
geois.......... un.

—◆◇◆—

SECTION VINGTIÈME. — ÉMANCHÉ.

§ 1er.

ÉMANCHÉ D'OR.

de Beauvoir...... aux deuxième et troisième quartiers, de quatre pièces mouvantes en chef.

* de Ségonzat, écu-
yer........... émanché de gueules et d'or.

§ 2.

ÉMANCHÉ D'ARGENT.

de Chaussecourte. émanché d'argent et d'azur.

—◆◇◆—

SECTION VINGT ET UNIÈME. — ÉCHIQUETÉ.

ÉCHIQUETÉ.

*de Beauverger... d'argent et d'azur aux deuxième et troisième quartiers.

de Chalus ou Chaslus........... de gueules et d'or.
de Cordebœuf-Beauverger-Montgon.......... d'argent et d'azur.

*de Digoine...... d'argent et de sable.
de Dreux........ d'or et d'azur.
de Durat........ d'or et d'azur.

de la Grillère..... d'or et de gueules à la première moitié.
*Guérin, président. d'or et d'azur.

* Madieu, procureur.......... d'argent et de sinople.
*Moylon, chanoine. d'or et d'azur.

de Passac ou Passat. d'argent et d'azur.
*de la Préa, gentilhomme........ d'or et d'azur, aux deuxième et troisième quartiers.

de Roussillon .... d'argent et d'azur.

de Ventadour .... d'or et de gueules.

* la communauté des marchands et autres arts et métiers de Lamotte. d'or et d'azur.

SECTION VINGT-DEUXIÈME. — LOSANGES.

§ 1ᵉʳ.

LOSANGES D'OR.

Cairiol, marchand trois, accompagnant une fasce de même.

du Fayet........ trois, accompagnant en pointe une fasce d'or.

*Gigaud, avocat.. trois.

de Jozerand...... trois, rangées en fasce à la deuxième moitié.

* de Luzuy, con-
  seiller du roi... six.

de Matharel...... trois, rangées en fasce, moitié sur l'azur, moitié sur le gueules.

de Ruols........ trois, rangées en fasce.

§ 2.

LOSANGES D'ARGENT.

*Chazeledde, bour-
  geois.......... trois, accompagnant un chevron d'or.

de Loménie...... trois, chargeant un chef d'azur.

* de Nagut....... trois.

de Trinquier..... quatre.

§ 3.

LOSANGES DE GUEULES.

d'Aurellie .... sept, chargeant une bande d'or.
*d'Avoulhe, cheva-
   lier .... sept, chargeant un chef d'argent.

de Foix.......... trois, chargeant à sénestre un pal de gueules.

de Pennautier.... trois, au chef cousu d'or.

*Raymond, hoste. trois.

§ 4.

LOSANGES DE SABLE.

d'Artaud .... une, chargeant en cœur une croix ancrée d'argent.
Aureillie .... cinq, accollées en bande, aux premier et quatrième quartiers d'or.
d'Aureille .... cinq, accollées en bande.

§ 5.

LOSANGÉ.

*d'Arches .... d'or et de sable.
d'Aurouse .... d'or et d'azur.

des Barres .... d'or et de gueules.
de Beaulieu, quel-
   quefois Bonlieu. d'or et d'azur.
de Bègue .... d'argent et de sable.

*Blauf, procureur. d'or et de gueules.

*Forest, marchand. d'argent et de sinople.

de Guérin........ d'argent et de sable.

de Lamoignon.... d'argent et de sable.
de Leys ou Leis... d'or et de sable.
*de Lugeat...... d'argent et de sable.

de la Mer........ d'or et de gueules.
de Murat de Cros.. d'or et d'azur.

de Rochefort d'Au-
   rouse.......... d'or et d'azur.

*de Saint-Chamant d'or et de sable.

SECTION VINGT-TROISIÈME. — FUSÉES.

§ 1ᵉʳ.

FUSÉES D'OR.

*de Brion....... deux, accompagnées de trois besants de même.

*Imberdier, mar-
   chand........ trois.

*Molle, avocat.... sept.

§ 2.

FUSÉES D'ARGENT.

*d'Albiat........ trois.

Le Normand de Fla-
   geac.......... trois.

de Saint-Nectaire.. cinq, accollées en fasce.

§ 3.

FUSÉES D'AZUR.

de Courcelles du
    Breuil . . . . dix, rangées en fasces, 5 et 5, au troisième quartier.

§ 4.

FUSÉES DE SABLE.

* d'Aurellie . . . . . . sept, mises en bande.

§ 5.

FUSELÉ.

de Chabannes . . . . d'azur et d'argent aux deuxième et troisième quartiers.

de Grimaldi. . . . . . d'argent et de gueules.

—⋄◊⋄—

SECTION VINGT-QUATRIÈME. — MACLES.

§ 1er.

MACLES D'ARGENT.

de Pouzols. . . . . . . deux, en chef.
du Puy-de-Fou. . . trois.

§ 2.

MACLES DE GUEULES.

* la ville de Vic-le-
    Comte . . . . trois.

§ 3.
MACLES D'AZUR.

de Pouzols....... deux, en pointe.

§ 4.
MACLES DE SABLE.

*du Croc, écuyer. trois, accompagnant un chevron de gueules.

*Garrand........ trois.

de Wautier...... deux.

SECTION VINGT-CINQUIÈME. — BESANTS.

§ 1er.
BESANTS D'OR.

d'Apchon........ deux, cantonnant en chef une croix pattée de même.

d'Araquy........ dix, mis en orle, accompagnant un lion rampant d'or.

d'Aureille....... deux, surmontant une coquille d'argent.

d'Autressal...... un, accompagnant en pointe un chevron d'or.

d'Auzolles....... trois, surmontant trois épis d'or.

de Berny........ quatre, un dans chaque canton d'un sautoir d'or.

de Brion........ trois, accompagnant deux fasces d'or.

de Carmantrand.. trois, accompagnant une fasce d'or.

de Chabrol....... six, trois à dextre et trois à sénestre, posés en pal, accostant un lion de gueules.

BESANTS D'OR. 185

*Chabrol, docteur. trois, accompagnant un chevron d'argent.

*Falbelly, juge... cinq, en sautoir.

* de Girard, seigneur .... six, sur un chef de gueules.
Girard .... six, accompagnant une fasce d'or, au premier coupé.
*le Gros, seigneur. huit, moitié d'or et d'argent.
*le Gros......... quatre.

de Lespinat....... onze, chargeant une bordure de sable.

du Mas de l'Isle... trois, accompagnant une fasce d'or.
de Montjoui....... un, aux premier et quatrième quartiers.
de Montravel..... trois

*Paye, procureur. semé.
de Peyronnenc... dix, chargeant une bordure de gueules.

*de Queyssac..... semé.

de Raymond...... six, posés 3, 2 et 1.
*Redon, conseiller du roi........ trois, accompagnant un chevron d'or.
de Roquelaure.... trois, posés 2 et 1.

de Sery.......... trois, en chef.
de Tersac........ deux, chargeant un chef de sable.

de Tournemire ... onze, chargeant une bordure de gueules.
de Val .... trois.
* la communauté des médecins et apothicaires de Pierrefort...... semé.

§ 2.

BESANTS D'ARGENT.

d'Audebrand..... trois, accompagnant en chef deux fasces d'or.

de Bauny du Mazet. trois.

de Cardaillac..... trois, mis en orle, accompagnant un lion d'argent.

*de la Chaize, écuyer........... onze, en orle.

de Chazerat...... huit, chargeant une bordure de gueules.

*Dulac, écuyer... deux, accompagnant en chef un chevron d'argent.

*le Gros, seigneur. huit, moitié d'or et d'argent.
*le Gros......... quatre.

*Janney, marchand bourgois...... neuf, posés 4, 3, 2 et 1.

*Paulet, médecin. six, accompagnant un pal d'or.

*Richen, greffier.. trois.
de Royère....... trois, en pointe, accompagnant un lion rampant d'or.

*de Saint-Priest.. un, chargé d'un tourteau de gueules.

*Taphanel, procureur.......... quatre, un à chaque canton d'une croix d'argent.

du Teil.......... semé, aux premier et quatrième quartiers.

de Villelume..... dix, posés 4, 3, 2 et 1.

* la ville de Lezoux. cinq.

§ 3.
BESANTS DE GUEULES.

le Long.......... six, accompagnant une bande d'argent.

*Maheas, receveur. cinq.

§ 4.
BESANTS D'AZUR.

*de la Volpilière.. cinq.

§ 5.
TOURTEAUX D'OR.

*Augier, conseiller. trois, accompagnant une fasce de même.

*Mellun, prêtre... trois, accompagnant un chevron d'or.

§ 6.
TOURTEAUX D'ARGENT.

* de Bussac, visi-
    teur général.... trois, accompagnant une fasce d'or.

*Faure, chanoine. six.

§ 7.
TOURTEAUX DE GUEULES.

d'Albin .... trois, aux deuxième et troisième quartiers.

de Cisteyrols..... trois, accompagnant un chevron de même.

de Giou .... trois.

de Gordièges ..... trois, chargeant un chef d'argent.

le Long .... trois, chargeant une bande d'argent.

*de Saint-Priest .. un.

*Vernet, lieutenant trois.

* la communauté
   des médecins,
   apothicaires et
   chirurgiens d'Al-
   lanche......... trois, en pointe.

§ 8.

TOURTEAUX D'AZUR.

*Bourlin .... trois.

du Greil de la Vol-
   pilière .... cinq, chargeant un chevron d'or.

le Maréchal ...... trois, bordés d'or et chargés chacun d'une molette de même.

de la Volpilière... cinq, chargeant un chevron d'or.

§ 9.

TOURTEAUX DE SINOPLE.

*Vernat, conseiller
   du roi........ un.

§ 10.

TOURTEAUX DE SABLE.

de Bertrand...... six, posés 3, 2 et 1.

Guérin de Gas.... trois, chargeant une bande d'argent.

de Loménie...... un.

de Montsalvy..... un.

SECTION VINGT-SIXIÈME. — BILLETTES.

§ 1er.

BILLETTES D'OR.

Auzerand .... une croix en billettes d'or et d'azur divisant un écusson de gueules.

des Bravards..... trois, accompagnant un chevron d'or.

Guerrier .... trois, accompagnant une fasce d'argent.

de Monstuéjouls.. quatre, une à chaque canton d'une croix fleurdelisée d'or.

de Saint-Julien... semé.

§ 2.

BILLETTES D'ARGENT.

*d'Eyssac........ trois, accompagnant un chevron d'or.

de la Salle de la
   Barrière....... dix, en orle.

de Pleaux .... six, accompagnant un lévrier rampant d'argent, mises en orle.

Raibe. .... semé.

*le doyen du chapitre de l'église collégiale de Langheac......... semé.

* la communauté des arts et métiers de Pont-du-Château.......... semé.

§ 3.
BILLETTES DE GUEULES.

de Bucy......... dix, posées 4, 3, 2 et 1.

de Chaylus....... quatorze, posées 5, 4, 3 et 2.

§ 4.
BILLETTES D'AZUR.

Auzerand........ une croix en billettes d'azur et d'or divisant un écusson de gueules.

de Pouzols....... une, en cœur.

§ 5.
BILLETTES DE SABLE.

*Boissy, juge..... une.

* la communauté des arts et métiers de Billom...... six, 3, 2 et 1.

OVALES D'OR.

* le collége des P. Jésuites de Saint-Flour.........
* le collége des Jésuites de Mauriac.
* le collége des Jésuites de Clermont.........
* le couvent des Jésuites de Clermont.........
* le couvent des Jésuites de Mauriac..........

} un, entourant un nom de Jésus d'or.

CHAPITRE IV.

FIGURES NATURELLES.

Personnages, Saints, Saintes, Têtes, Bustes et autres parties du corps humain.

SECTION Ire.

ANGES D'OR.

CHÉRUBINS.

§ 1. Chérubins d'or.
2. — d'argent.
3. — de sable.

SAINTS DIVERS.

ANNONCIATION D'OR.

SAINTES DIVERSES.

Nonne d'or.

NOTRE-DAME.

§ 1. Notre-Dame d'or.
2. — d'argent.
3. — de gueules.

MONOGRAMMES.

§ 1. Monogrammes d'or.
2. — de sable.
Nom de Jésus (J. H. S.) d'or.
S. Nom de Marie d'or.

HOMME HABILLÉ.

§ 1. Hommes rouges.
2. — de carnation.
3. — d'azur.

SUISSES D'ÉGLISE.

§ 1. Suisses d'église d'or.
2. — de sable.

CAVALIER D'ARGENT.

CHEVALIER D'OR.

SAUVAGES.

§ 1. Sauvages d'or.
2. — de sable.

BUSTES DE SABLE.

TÊTES D'HOMME ET AUTRES.

§ 1. Têtes d'homme d'argent.
2. Têtes d'argent.
3. — de gueules.
4. — d'azur.

MAURES.

§ 1. Maures d'or.
2. — d'argent.
3. — de gueules.
4. — de sable.

ENFANTS D'ARGENT.

DÉMONS D'OR.

OEILS.

1. OEils d'argent.
2. — de gueules.

YEUX D'ARGENT.

BRAS.

1. Bras de gueules.
2. — de sable.

BARBE D'ARGENT.

PERRUQUE DE SABLE.

SECTION II.

COEURS.

§ 1. Cœurs d'or.
2. — d'argent.
3. — de gueules.

SECTION III.

MAINS.

§ 1. Mains d'or.
2. — d'argent.
3. — de gueules.

FOI.

§ 1. Foi d'or.
2. — d'argent.
3. — de gueules.
4. — d'azur.

SECTION IV.

DEXTROCHÈRES.

§ 1. Dextrochères d'or.
2. — d'argent.

SECTION V.

ANIMAUX DOMESTIQUES.

AGNEAUX.

§ 1. Agneaux d'or.
2. — d'argent.
3. — d'azur.
4. — de sable.

ANES.

§ 1. Anes d'or.
2. — d'azur.
3. — de sable.

BÉLIERS.

§ 1. Béliers d'or.
2. — d'azur.

BREBIS.

§ 1. Brebis d'argent.
2. — de gueules.

BOEUFS.

§ 1. Bœufs d'or.
2. — d'argent.
3. — de gueules.
4. — de sable.

BOUC DE SABLE.

CHATS.

§ 1. Chats d'or.
2. — d'argent.
3. — de gueules.
4. — d'azur.
5. — de sable.

CHEVAUX.

§ 1. Cheval d'or.
2. — d'argent.
3. — de gueules.
4. — d'azur.
5. — de sable.

CHÈVRES.

§ 1. Chèvres d'or.
2. — d'argent.
3. — de gueules.
4. — d'azur.
5. — de sable.

CHIENS.

§ 1. Chiens d'or.
2. — d'argent.
3. — de gueules.
4. — d'azur.
5. — de sable.

COCHONS DE GUEULES.

LAPINS.

§ 1. Lapins d'argent.
2. — de gueules.
3. — de sable.

FIGURES NATURELLES.

LÉVRIERS.
§ 1. Lévriers d'or.
2. — d'argent.
3. — de gueules.
4. — d'azur.
5. — de sable.

LIMIERS DE SABLE.

MOUTONS.
§ 1. Moutons d'or.
2. — d'argent.
3. — d'azur.
4. — de sable.

PORCS DE SABLE.

PORCS-ÉPICS.
§ 1. Porcs-épics d'or.
2. — de sable.

POULIN D'ARGENT.

TAUREAUX.
§ 1. Taureaux d'or.
2. — de gueules.
3. — de sable.

VACHES.
§ 1. Vaches de gueules.
2. — d'azur.

VEAUX.
§ 1. Veaux d'or.
2. — d'azur.

SECTION VI.
ANIMAUX SAUVAGES.

BICHES.
1. Biches d'or.
2. — d'argent.
3. — de gueules.

BLAIREAUX D'OR.

CERFS.
§ 1. Cerfs d'or.
2. — d'argent.
3. — de gueules.
4. — de sable.

CHAMEAUX.
§ 1. Chameaux d'or.
2. — d'argent.

DAIMS DE SABLE.

ÉCUREUILS.
§ 1. Écureuils de gueules.
2. — de sable.

ÉLANS DE GUEULES.

ÉLÉPHANTS.
§ 1. Éléphants d'or.
2. — d'azur.

FOUINES.
§ 1. Fouines d'or.
2. — d'azur.

GRENOUILLES.
§ 1. Grenouilles d'or.
2. — de sinople.

LÉOPARDS.
§ 1. Léopards d'or.
2. — d'argent.
3. — de gueules.
4. — de sable.

LIÈVRES D'ARGENT.

LIONS.
§ 1. Lions d'or.
2. — d'argent.
3. — de gueules.
4. — d'azur.
5. — de sinople.
6. — de sable.
7. — d'hermine.
8. — de vair.
9. — de pourpre.
10. Lion (ombre).

LIONCEAUX.
§ 1. Lionceaux d'or.
2. — d'azur.

LOUPS.
§ 1. Loups d'or.
2. — d'argent.
3. — de gueules.
4. — de sable.

OURS.
§ 1. Ours d'or.
2. — de sable.

RENARDS.

§ 1. Renards d'or.
2. — de gueules.
3. — d'azur.
4. — de sable.

RATS.

§ 1. Rats d'argent.
2. — d'azur.
3. — de sable.

SANGLIERS.

§ 1. Sangliers d'argent.
2. — de sable.

SANGLIER (HURES DE).

§ 1. Hures d'argent.
2. — de sable.

SCORPIONS D'OR.

SINGES.

§ 1. Singes d'argent.
2. — de sinople.

SOURIS D'OR.

TAISSONS OU BLAIREAUX D'OR.

TORTUES.

1. Tortues d'or.
2. — d'argent.
3. — de sable.

PEAUX D'OR.

TOISONS.

§ 1. Toisons d'or.
2. — d'argent.
3. — d'azur.

MOUCHETURES D'HERMINE.

§ 1. Mouchetures d'or.
2. — d'argent.
3. — de gueules.
4. — de sable.

SECTION VII.

ANIMAUX CHIMÉRIQUES.

BASILICS.

§ 1. Basilics de gueules.
§ 2. — de sable.

DRAGONS.

§ 1. Dragons d'or.
2. — de gueules.
3. — de sinople.

GRIFFONS.

§ 1. Griffons d'or.
2. — de gueules.
3. — d'azur.
4. — de sinople.
5. — de sable.

LICORNES.

§ 1. Licornes d'or.
2. — d'argent.
3. — de sable.

PHÉNIX.

§ 1. Phénix d'or.
2. — de sable.

SALAMANDRE D'OR.

SECTION VIII.

INSECTES.

FOURMIS DE SABLE.

MOUCHES DE SABLE.

PAPILLONS.

§ 1. Papillons d'or.
2. — d'argent.
3. — de gueules.

SAUTERELLES.

§ 1. Sauterelles d'or.
2. — de sable.

SECTION IX.

REPTILES.

COULEUVRES.

§ 1. Couleuvres d'or.
2. — d'argent.
3. — de sinople.

LÉZARDS.

§ 1. Lézards d'or.
2. — de sinople.

FIGURES NATURELLES.

SERPENTS.

§ 1. Serpents d'or.
2. — de gueules.

VIPÈRES.

§ 1. Vipères d'azur.
2. — de sinople.

SECTION X.
ANIMAUX AQUATIQUES MARINS OU D'EAU DOUCE.

CROCODILES D'OR.

DAUPHINS.

§ 1. Dauphins d'or.
2. — d'argent.
3. — d'azur.
4. — de sable.

ÉCREVISSES.

§ 1. Écrevisses d'or.
2. — d'argent.

SECTION XI.
OISEAUX.

§ 1. Oiseaux d'or.
2. — d'argent.
3. — de sinople.
4. — de sable.

SERRES D'OISEAUX.

AIGLES.

§ 1. Aigles d'or.
2. — d'argent.
3. — de gueules.
4. — d'azur.
5. — de sable.

AIGLES A DEUX TÊTES.

§ 1. Aigles à deux têtes d'azur.
2. — — de sinople.
3. — — de sable.

AIGLETTES D'OR.

ALÉRIONS.

§ 1. Alérions d'argent.
2. — de sable.

ALOUETTES D'ARGENT.

AUTRUCHES D'OR.

CAILLES.

§ 1. Cailles d'or.
2. — d'argent.
3. — de sable.

CANARDS DE SABLE.

CANNES.

§ 1. Cannes d'argent.
2. — de sable.

CANNETTES.

§ 1. Cannettes d'argent.
2. — de sable.

CHOUETTES.

§ 1. Chouettes d'or.
2. — de sable.

COLOMBES.

§ 1. Colombes d'argent.
2. — de gueules.
3. — d'azur.

COQS.

§ 1. Coqs d'or.
2. — d'argent.
3. — de gueules.
4. — d'azur.

CORBEAUX.

§ 1. Corbeaux d'or.
2. — d'argent.
3. — de sable.

CORNEILLES DE SABLE.

CYGNES.

§ 1. Cygnes d'argent.
2. — d'azur.

CIGOGNES DE SABLE.

ÉMOUCHETS D'OR.

ÉPERVIERS.

§ 1. Éperviers d'or.
2. — d'argent.
3. — d'azur.
4. — de sable.

FAISANS D'OR.

FIGURES NATURELLES.

FAUCONS.
§ 1. **Faucons d'or.**
  2. — d'argent.
  3. — de gueules.
  4. — d'azur.
  5. — de sable.

GEAIS.
§ 1. **Geais d'or.**
  2. — d'argent.
  3. — de gueules.
  4. — de sable.

GERFAUTS D'ARGENT.

GRUES.
§ 1. **Grues d'or.**
  2. — d'argent.
  3. — de gueules.
  4. — de sable.

HIBOUX DE GUEULES.

HIRONDELLES D'AZUR.

MARTINETS.
§ 1. **Martinets d'or.**
  2. — de sable.

MERLES.
§ 1. **Merles d'or.**
  2. — d'argent.
  3. — de sable.

MERLETTES.
§ 1. **Merlettes d'or.**
  2. — d'argent.
  3. — de gueules.
  4. — d'azur.
  5. — de sable.

MOINEAUX DE GUEULES.

OIES.
§ 1. **Oies d'argent.**
  2. — de gueules.
  3. — d'azur.
  4. — de sable.

OISONS D'ARGENT.

PAONS.
§ 1. **Paons d'or.**
  2. — de gueules.
  3. — de sable.

PÉLICANS.
§ 1. **Pélicans d'or.**
  2. — de gueules.
  3. — d'azur.

PERDRIX.
§ 1. **Perdrix d'or.**
  2. — d'argent.
  3. — de gueules.

PERROQUETS.
§ 1. **Perroquets d'or.**
  2. — d'argent.
  3. — de sinople.

PIES.
§ 1. **Pies d'argent.**
  2. — de sable.

PIGEONS.
§ 1. **Pigeons d'or.**
  2. — d'argent.
  3. — de gueules.

PINSONS DE GUEULES.
POULES D'AZUR.
RAMIERS D'ARGENT.
ROITELETS D'OR.

ROSSIGNOLS.
§ 1. **Rossignols d'argent.**
  2. — d'azur.

TOURTERELLES.
§ 1. **Tourterelles d'or.**
  2. — d'argent.

VOLS.
§ 1. **Vols d'or.**
  2. — d'argent.
  3. — de gueules.
  4. — d'azur.
  5. — de sable.

DEMI-VOLS.
§ 1. **Demi-vols d'or.**
  2. — d'argent.
  3. — d'azur.

SECTION XII.
POISSONS.
§ 1. **Poissons d'or.**
  2. — d'argent.
  3. — de gueules.

ANGUILLES DE GUEULES.
BARBEAUX D'ARGENT.
BROCHETS.
§ 1. **Brochets d'argent.**
2. — **d'azur.**

HARENGS DE SABLE.
SAUMOMS.
§ 1. **Saumons d'or.**
2. — **d'azur.**

SOLES D'OR.
TRUITES D'ARGENT.

SECTION XIII.
COQUILLES.
§ 1. **Coquilles d'or.**
2. — **d'argent.**
3. — **de gueules.**
4. — **d'azur.**
5. — **de sable.**
6. — **de sinople.**

VANNEAUX D'OR.

SECTION XIV.
PLANTES.
ARBRES.
§ 1. **Arbres d'or.**
2. — **d'argent.**
3. — **de gueules.**
4. — **d'azur.**
5. — **de sinople.**

TIGES D'ARBRES.
§ 1. **Tiges d'arbres d'argent.**
2. — **de sinople.**

ALISIERS DE SINOPLE.
ARBOUSIERS DE SINOPLE.
AUBÉPINS D'OR.
BOULEAUX D'OR.
BRUYÈRE DE SINOPLE.

BUISSONS.
§ 1. **Buissons d'argent.**
2. — **de gueules.**

CÈDRES DE SINOPLE.
CERISIERS D'OR.
CHARMES DE SINOPLE.
CHATAIGNIERS DE GUEULES.

CHÊNES.
§ 1. **Chênes d'or.**
2. — **d'argent.**

COUDRIERS D'OR.
CRÉQUIERS D'OR.
CYPRES DE SINOPLE.

FOUGÈRES.
§ 1. **Fougères d'or.**
2. — **de sinople.**

FRÊNES.
§ 1. **Frênes d'or.**
2. — **de sinople.**

HÊTRES.
§ 1. **Hêtres d'or.**
2. — **de sinople.**

HOUX DE SINOPLE.
IFS D'OR.
LAURIERS DE SINOPLE.
MAI D'OR.
MURIERS DE GUEULES.

NOYERS.
§ 1. **Noyers d'argent.**
2. — **d'azur.**
3. — **de sinople.**

OLIVIERS.
§ 1. **Oliviers d'argent.**
2. — **de sinople.**

ORMES.
§ 1. **Ormes de gueules.**
2. — **de sinople.**

PALMIERS.
§ 1. **Palmiers d'or.**
2. — **de sinople.**

PEUPLIERS DE SINOPLE.

PINS.
§ 1. **Pins d'argent.**
2. — **de sinople.**

PLATANES DE SINOPLE.

POIRIERS.
§ 1. **Poiriers d'argent.**
  2. — **de sinople.**

POMMIERS.
§ 1. **Pommiers d'or.**
  2. — **d'azur.**
  3. — **de sinople.**

PRUNIERS DE SINOPLE.
ROSIERS DE SINOPLE.
SOUCIS DE SINOPLE.
TILLEULS DE SINOPLE.

VIGNES.
§ 1. **Vignes d'or.**
  2. — **d'azur.**
  3. — **de sinople.**

PLANTES DE FÈVES DE SINOPLE.
PLANTES DE VESCES DE SINOPLE.
JONCS DE SINOPLE.
PELOUSE DE SINOPLE.

—

SECTION XV.
BRANCHES.
§ 1. **Branches d'or.**
  2. — **d'argent.**
  3. — **de sinople.**

PALMES.
§ 1. **Palmes d'or.**
  2. — **d'argent.**
  3. — **de sinople.**

RAMEAUX.
§ 1. **Rameaux d'or.**
  2. — **de sinople.**

TRONC D'OR.

—

SECTION XVI.
FEUILLES D'ARBRES.
§ 1. **Feuilles d'or.**
  2. — **de sinople.**

QUINTEFEUILLES.
§ 1. **Quintefeuilles d'or.**
  2. — **d'argent.**
  3. — **d'azur.**
  4. — **de sinople.**

TRÈFLES.
§ 1. **Trèfles d'or.**
  2. — **d'argent.**
  3. — **de sinople.**
  4. — **de sable.**

TIERCEFEUILLES.
§ 1. **Tiercefeuilles d'or.**
  2. — **d'argent.**
  3. — **de sinople.**

—

SECTION XVII.
FLEURS.
FLEURS DE LIS.
§ 1. **Fleurs de lis d'or.**
  2. — **d'argent.**
  3. — **de gueules.**
  4. — **d'azur.**
  5. — **de sable.**

FLEURS DE LIS AVEC LA TIGE.
§ 1. **Fleurs de lis d'or.**
  2. — **d'argent.**

CHARDONS.
§ 1. **Chardons d'or.**
  2. — **de sinople.**
  3. — **de pourpre.**

COQUERETS D'OR.
OEILLETS D'OR.
PAVOTS DE POURPRE.

PENSÉES.
§ 1. **Pensées d'or.**
  2. — **de sinople.**

ROSES.
§ 1. **Roses d'or.**
  2. — **d'argent.**
  3. — **de gueules.**

TULIPES D'OR.

—

SECTION XVIII.
FRUITS.
ÉPIS DE BLÉ.
§ 1. **Épis de blé d'or.**
  2. — **d'argent.**
  3. — **de gueules**
  4. — **d'azur.**

FIGURES NATURELLES.

BETTERAVES DE SINOPLE.
CITROUILLES DE SINOPLE.
CONCOMBRES DE SINOPLE.
COSSES DE SINOPLE.
FÈVES D'ARGENT.
FRAISES DE GUEULES.

GERBES.

§ 1. **Gerbes d'or.**
2. — d'argent.
3. — de gueules.
4. — de sinople.

GLANDS.

§ 1. **Glands d'or.**
2. — de sinople.

GRENADES.

§ 1. **Grenades d'or.**
2. — de gueules.
3. — de sable.

HARICOTS DE SINOPLE.
MURES DE GUEULES.

POIRES.

§ 1. **Poires d'or.**
2. — d'argent.
3. — de gueules.

POMMES D'OR.
POMMES DE PIN.

§ 1. **Pommes de pin d'or.**
2. — de sable.

RAISINS.

§ 1. **Raisins d'argent.**
2. — de sable.

SECTION XIX.
ASTRES.

CROISSANTS.

§ 1. **Croissants d'or.**
2. — d'argent.
3. — de gueules.
4. — d'azur.
5. — de sinople.
6. — de sable.

ÉTOILES.

§ 1. **Étoiles d'or.**
2. — d'argent.
3. — de gueules.
4. — d'azur.
5. — de sable.

LUNES.

§ 1. **Lunes d'or.**
2. — d'azur.

SOLEILS.

§ 1. **Soleils d'or.**
2. — d'argent.
3. — de gueules.

SECTION XX.
RAYONS DE SOLEIL.

§ 1. **Rayons de soleil d'or.**
2. — d'argent.
3. — d'azur.

NUAGES D'ARGENT.

ÉLÉMENTS.

BRANDONS DE GUEULES.
BUCHERS D'OR.

CHARBONS.

§ 1. **Charbons d'argent.**
2. — de sable.

FLAMBEAUX D'ARGENT.

FLAMMES.

§ 1. **Flammes d'or.**
2. — de gueules.

TORCHES DE GUEULES.
FOUDRE DE JUPITER D'OR.

GLOBES.

§ 1. **Globes d'or.**
2. — d'argent.
3. — d'azur.

LARMES.

§ 1. **Larmes d'argent.**
2. — de gueules.

MERS.

§ 1. Mers d'argent.
 2. — d'azur.

MONTAGNES.

§ 1. Montagnes d'or.
 2. — d'argent.
 3. — de gueules.
 4. — d'azur.
 5. — de sable.
 6. — de sinople.

MONTS.

§ 1. Monts d'or.
 2. — d'argent.
 3. — de gueules.
 4. — de sable.
 5. — de sinople.

MONTICULES.

§ 1. Monticules d'or.
 2. — de sinople.

MOTTES DE SINOPLE.

ONDES D'ARGENT.

RIVIÈRES.

§ 1. Rivières d'argent.
 2. — d'azur.
 3. — de sinople.

ROCHERS.

§ 1. Rochers d'or.
 2. — d'argent.
 3. — de gueules.
 4. — d'azur.
 5. — de sinople.
 6. — de sable.

ROCHES.

§ 1. Roches d'or.
 2. — d'argent.
 3. — de gueules.
 4. — de sable.

TERRASSES.

§ 1. Terrasses d'or.
 2. — d'argent.
 3. — de gueules.
 4. — de sable.
 5. — de sinople.

ROCS D'ÉCHIQUIER.

§ 1. Rocs d'échiquier d'or.
 2. — d'argent.
 3. — de gueules.
 4. — d'azur.
 5. — de sable.

TORRENTS D'ARGENT.

VALLONS D'OR.

SECTION PREMIÈRE. —FIGURES NATURELLES.

ANGES D'OR.

*les religieuses de Notre-Dame de Marsac......... quatre, soutenant une sainte Vierge d'or, les deux du chef tenant une couronne sur la tête de la sainte Vierge.

§ 1er.

CHÉRUBINS D'OR.

*Milanges, chanoine.......... semé de têtes.

§ 2.

CHÉRUBINS D'ARGENT.

*Milanges....... trois têtes.

§ 3.

CHÉRUBINS DE SABLE.

*Tristanges, bourgeois.......... une tête.

SAINT ANDRÉ D'OR.

*le couvent des religieuses de St-André-les-Clermont.......... un, sur une croix d'or.

SAINT ANTOINE DE SABLE.

* le prieuré de Saint-Antoine.. saint Antoine.

SAINT AUGUSTIN D'OR.

* le couvent des religieuses hospitalières de Riom, ordre de Saint-Augustin...... un, crossé et mitré de même, tenant en sa main dextre un cœur enflammé de même.

SAINT COME ET SAINT DAMIEN D'OR.

* la communauté des médecins, chirurgiens et apothicaires de Montaigut.......... deux personnages.

* la communauté des médecins, chirurgiens et apothicaires de Saint-Germain-Lembr. deux personnages.

* la communauté des médecins, chirurgiens et apothicaires d'Ambert........... deux personnages.

* la communauté des médecins, chirurgiens et apothicaires de Sauxillanges....... deux personnages.

SAINT COME ET SAINT DAMIEN DE SABLE.

* la communauté des apothicaires, chirurgiens et meuniers de Montferrand... l'un tenant une boîte couverte de gueules et l'autre une spatule d'azur.

* la communauté des médecins, apothicaires, chirurgiens, perruquiers et barbiers de Brioude........ deux personnages.

SAINT DIZAIN ET SAINT ADRIEN D'OR.

* la communauté des prêtres d'Ardes.......... Martyrs, un à chaque côté d'une Notre-Dame de même.

SAINT ÉLOI D'OR.

* la communauté des maréchaux, serruriers, forgerons, épingliers et bâtiers d'Ambert...... un.

* la communauté des serruriers, armuriers, ma-

réchaux, cloutiers et orfèvres de Brioude et d'Issoire...... un.

SAINT ÉLOI D'AZUR

* la communauté des chaudronniers, armuriers, couteliers, serruriers, maréchaux, forgerons et éperonniers d'Aurillac. un.

* la communauté des maréchaux, serruriers, gainiers, couteliers, armuriers, fourbisseurs de St-Flour......... un.

SAINT ESPRIT D'ARGENT.

* la communauté des bouchers d'Issoire...... en forme de colombe, entouré de rayons de même.

SAINT-GENÈS D'ARGENT.

* le chapitre de St-Genès de Clermont......... un.

SAINT GENÈS DE GUEULES.

* le chapitre de l'église collégiale de Saint-Genès de Thiers....... un.

SAINT HONORÉ D'OR.

* la communauté des boulangers et pâtissiers d'Issoire......... un.

* la communauté des boulangers, pâtissiers, cabaretiers et bouchers de Montferrand........ un.

* la communauté des boulangers, pâtissiers, cabaretiers et bouchers de Montaigut .... un.

SAINT HONORÉ DE SABLE.

* la communauté des boulangers et hôteliers de Maringues .... un.

SAINT JEAN-BAPTISTE D'OR.

* de Saintjal, avocat............ un.

* la ville de Besse.. l'image de saint Jean-Baptiste dans le désert, accompagné de 3 fleurs de lis d'or.

* le chapitre de la Sainte-Chapelle de Vic-le-Comte. un, tenant sur sa main sénestre un agneau d'argent.

SAINT JOSEPH D'OR.

* la communauté des arts et métiers de Courpière......... un.

* la communauté des arts et métiers de Clermont-Ferrand.. un.

* la communauté des marchands, arts et métiers de St-Germain-l'Herm........ tenant en sa main dextre un lis au naturel.

* la communauté des marchands, arts et métiers de Paulhaguet.. tenant en sa main dextre un lis au naturel.

* la communauté
  des marchands,
  arts et métiers
  de Montferrand. tenant en sa main dextre un lis au naturel.

* la communauté
  des marchands,
  arts et métiers
  de St-Germain-
  Lembron...... tenant en sa main dextre un lis au naturel.

* la communauté
  des sculpteurs,
  des menuisiers et
  des charpentiers
  d'Issoire....... un.

SAINT LOUIS D'OR.

* la communauté
  des marchands
  d'Ambert..... un.

* la communauté
  des marchands
  de Besse....... un.

* la communauté
  des marchands
  de Montaigut... un.

SAINT LOUIS D'AZUR.

* la communauté
  des sculpteurs,
  peintres, orfè-

vres et horlogers de Saint-Flour.. un.

SAINT MARTIN D'OR.

* le chapitre de St-Martin de Cournon.......... un, donnant l'aumône à un pauvre.

SAINT MAURICE D'OR.

* la communauté des cardeurs, tondeurs et teinturiers de St-Flour. un.

* la communauté des sergers, teinturiers et tisserands de Maringues.......... un.

SAINT MAURICE D'AZUR.

* la communauté des teinturiers et maçons d'Ambert.......... un.

SAINT MICHEL D'OR.

de Murat-Sistrières foulant aux pieds un démon enchaîné de même.

SAINT PIERRE D'OR.

*l'abbaye de Chantoin .... l'image de saint Pierre vêtu pontificalement.

SAINT PIERRE D'ARGENT.

*le couvent des Minimes de Chaumont .... un.

SAINT PIERRE ET SAINT ANTONIN D'OR.

*le chapitre de Lezoux .... deux personnages.

SAINT VICTOR D'OR.

*le chapitre de l'église collégiale du château d'Ennezat .... un, et une sainte, martyrs.

SAINT YVES D'ARGENT.

*la communauté des avocats, notaires et procureurs de Blesle. un, accosté de deux plumes de même.

SAINT YVES DE SABLE.

* la communauté des procureurs et notaires royaux d'Ennezat. un.

* la communauté des procureurs de la sénéchaussée et siége présidial de Riom. un.

* la communauté des notaires et procureurs de Chaudesaigues.. un.

* la communauté des procureurs de la ville d'Aurillac......... un.

ANNONCIATION D'OR.

* le chapitre de l'église de Chamalières....... l'ange à dextre contourné et la Vierge à sénestre, l'un et l'autre debout.

SAINTE GENEVIÈVE D'OR.

* la communauté des marchands d'Issoire....... une, gardant ses brebis d'argent.

SAINTE GENEVIÈVE D'ARGENT.

*la communauté
des marchands
et arts et métiers
d'Auzon . . . . . . une, gardant ses brebis d'argent.
* la communauté
des marchands
et autres arts et
métiers de Sau-
xillanges . . . . . . une, gardant ses brebis d'argent.

SAINTE MAGDELEINE D'OR.

*le chapitre de La-
queuille. . . . . . . une.

SAINTE SCOLASTIQUE DE SABLE.

*le couvent des re-
ligieuses béné-
dictines de Cler-
mont . . . . vêtue en religieuse de l'ordre de Saint-
Benoît et tenant une crosse d'or.

SAINTES VIERGES D'OR.

*le chapitre du Port
à Clermont . . . . une, surmontant un navire d'or.

* le chapitre de
Montferrand . . . une, sur un semé de fleurs de lis d'or.

*le couvent des reli-

gieuses de Saint-
Flour......... une.

*les pères chartreux
du port Sainte-
Marie......... une sainte Vierge tenant l'enfant Jésus sur
des nuages d'argent.

*les religieuses de
N.-D. de Marsac une, soutenue par un croissant de même
et placée entre quatre anges de même,
dont les deux du chef soutiennent une
couronne sur la tête de la Vierge.

SAINTES VIERGES D'ARGENT.

de Grégoire de Gar-
dies de St-Rome. deux, tenant une fleur de lis d'or.

* le chapitre du
Broc......... une, dans un cercle rayonné d'argent.

* la communauté
des prêtres de
l'église N.-D. de
Maringues..... une.

SAINTE VIERGE DE GUEULES.

*le chapitre de
Montsalvy..... une, moitié d'azur et de gueules.

NONNE D'OR.

d'Apchon........ une, en habit de chœur, au quatrième
quartier d'une croix.

§ 1ᵉʳ.

NOTRE-DAME D'OR.

*la communauté des prêtres d'Ardes.......... une, accostée de saint Dizain et de saint Adrien, martyrs.

*la communauté des prêtres de Nonette....... une.

*la communauté des marchands de Courpière... une.

§ 2.

NOTRE-DAME D'ARGENT.

*le chapitre d'Orcival......... une, tenant l'enfant Jésus de même.

*le chapitre de Vertaizon .... une.

*le chapitre de l'église d'Herment. une.

*le chapitre de l'église du Crest.. une.

*la communauté des bouchers, teinturiers et marchands de Montaigut..... une, tenant l'enfant Jésus de carnation.

*la communauté des marchands, arts et métiers de Cournon ... une.

*la communauté des tailleurs, cadissiers, teintuturiers, chapeliers et tisserands de Brioude..... une.

*la communauté des tailleurs, cadissiers, teinturiers, chapeliers et tisserands de Cournon...... une.

§ 3.

NOTRE-DAME DE GUEULES.

*le corps des marchands de Brioude............ une, de carnation, tenant l'enfant Jésus de gueules et ayant un manteau d'or.

§ 1er.

MONOGRAMMES D'OR.

*Blancher, notaire. un P et un B, surmontés d'une couronne de fleurs de même.

* Monnet, procureur du Roi.... deux J entrelacés d'un M.

*Pradon, greffier. aux lettres P. P. Y. Y. et M entrelacées.

*la ville de Montaigut......... un M couronné d'or.

*la prieuré de St-Priest-de-champs des lettres S et P, une à chaque côté d'un bâton prieural d'or.

*le prieuré de Saint-Germain - Lembron .... des lettres S et G, une de chaque côté d'un bâton prieural d'or.

*le chapitre de la cathédrale de St-Flour......... trois A gothiques.

*le couvent des Minimes de Courpière.. .... *Charitas*, surmonté d'un cœur enflammé de même et entouré d'une couronne d'épines d'or.

§ 2.

MONOGRAMMES DE SABLE.

*le prieuré de St-Genès-les-Monges.......... des lettres S et G, une à chaque côté d'un bâton prieural de sable.

*le couvent de Bénédictins d'Issoire.......... des lettres S et A entre trois points de sable.

NOMS DE JÉSUS D'OR (I. H. S.).

* d'Aumy, curé... un.

* de Benoist, curé. un.

* d'Escorailles, chanoine......... un.

* Mangier, prêtre.. un.

* la communauté des prêtres de la Chaise-Dieu.. un.

* la communauté des curés et prêtres de Mauriac. un.

* le collége des P. Jésuites de St-Flour......... un, dans un ovale de même.

* le collége des Jésuites de Mauriac.......... un, dans un ovale de même.

* le collége des Jésuites de Clermont......... un, dans un ovale de même.

* les Jésuites de Billom........ un.

NOMS DE JÉSUS D'OR.

*le couvent des religieux de la Visitation de Brioude............ un.

*le couvent des religieux de Feniers.......... un au centre d'une croix de gueules.

*le couvent des religieux de la Visitation de Saint-Flour.......... un.

*le couvent des Jésuites de Clermont.......... un.

*le couvent des Jésuites de Mauriac........... un.

*le couvent des religieux de N.-D. de Brioude.... un.

*les Pères de l'Oratoire de Clermont.......... un, entouré d'une couronne d'épines d'or.

*les prêtres de l'Oratoire de Riom. un, entouré d'une couronne d'épines d'or.

*le séminaire de Saint-Flour.... un.

* le couvent des religieuses de Ste-Ursule de Montferrand . . . . un.

* le couvent des religieuses de Ste-Ursule de Clermont . . . . un.

* le couvent des religieuses de Murat . . . . un, soutenu de trois clous d'or de la passion.

§ 2.

NOMS DE MARIE D'OR.

* le couvent des religieuses de la Visitation de la ville de Brioude. un, sur un cœur de gueules.

* le couvent des religieux de la Visitation de Saint-Flour . . . . un.

* le couvent des religieux de N.-D. de Brioude . . . . un.

* les Pères de l'Oratoire de Clermont . . . . un, entouré d'une couronne d'épines d'or.

*les prêtres de l'O-
ratoire de Riom. un, entouré d'une couronne d'épines d'or.

*les religieuses de
Notre-Dame de
Riom. . . . . un, surmonté d'une croix de même; en
pointe les trois clous de la passion.

§ 1er.

HOMMES EN HABIT ROUGE.

Kar de Blumens-
tein . . . . un, sur un monticule de sinople à la
deuxième moitié.

*de Souleau, gref-
fier . . . . couché en fasce; une ceinture d'or, à laquelle sont attachées plusieurs bouteil-
les de gueules.

§ 2.

HOMME DE CARNATION.

*de Passefons, con-
seiller . . . . un, passant sur une rivière d'argent.

§ 3.

HOMME D'AZUR.

*Boiras, conseiller. un, buvant dans un verre de gueules.

§ 1er.

SUISSE D'ÉGLISE D'OR.

* de Bellegarde, é-
  cuyer......... un.

§ 2.

SUISSE D'ÉGLISE DE SABLE.

* Lalemand, notaire un.

CAVALIER D'ARGENT.

de Michel, duc de
  Frioul........ un, armé de toutes pièces aux deuxième et
                  troisième quartiers, tenant de la main
                  dextre un sabre nu.

CHEVALIER D'OR.

* Chevalier, cha-
  noine......... un, contourné, galopant à cheval sur une
                  terrasse d'or et regardant un soleil d'or,
                  sortant du flanc sénestre de l'écu.

§ 1er.

SAUVAGE D'OR.

* de la Faye, doyen. un.
* de Montellet,
    bourgeois ..... un.

§ 2.

SAUVAGES DE SABLE.

* Masses, procureur............ un.

*Massis, greffier.. un.

*Sauvage, conseiller du roi..... un.

* la communauté des arts et métiers de Saint-Amand-Tallende............ un.

BUSTE DE SABLE.

*Textoris, bourgeois......... un.

§ 1er.

TÊTES D'HOMME D'ARGENT.

de Sales......... trois, de profil, à la deuxième moitié.

de Valrus....... une, accompagnant un verrou annelé d'or.

de Meyras....... une, posée de front, à la première moitié.

§ 2.

TÊTES D'ARGENT.

Auzerand........ une, à chaque quartier.

§ 3.

TÊTE DE GUEULES.

* le chapitre des chanoines et comtes de Brioude. une tête de face, entourée de rayons d'or aux premier et quatrième quartiers.

§ 4.

TÊTE D'AZUR.

* Bonnafoux, lieutenant........ une, de face

§ 1ᵉʳ.

MAURE D'OR.

* de Chauliaguet... une tête.

§ 2.

MAURES D'ARGENT.

* Grobost, conseiller.......... trois têtes accompagnant en chef une fasce d'or.

§ 3.

MAURE DE GUEULES.

* Morel, procureur. trois têtes.

§ 4.

MAURES DE SABLE.

Benaud .... trois têtes, les deux du chef affrontées, celle de la pointe renversée, tortillée et colletée d'argent, et enchaînées ensemble à leur collier par trois chaînes liées en cœur à un anneau d'argent.

de Bouchut...... trois têtes tortillées d'or.

*Brun, doyen.... un maure.

*Moranges, conseiller .... une tête.

*Moranges, chanoine.......... un maure.

*Morin, marchand. trois têtes.

*Morin, conseiller, secrétaire...... une tête.

*Morin, conseiller du roi........ une tête.

*Morin, greffier.. un maure.

*Morin, bourgeois. un maure.

* de Mouricaud, gentilhomme... un maure.

de Rigauld....... trois têtes tortillées d'argent

*Sain, écuyer.... une tête.
*la ville de Mauriac. un maure.

ENFANT D'ARGENT.

*de Poupé, écuyer. un, emmaillotté.

DÉMON D'OR.

de Murat-Sistrières un, foulé par un saint Michel d'or.

§ 1er.
ŒIL D'ARGENT.

*du Breul, écuyer.. un, chargeant un bras de sable.

§ 2.
ŒIL DE GUEULES.

*du Breuil, cha-
  noine......... un œil de gueules et de sable.

*Périer, seigneur.. un.

YEUX D'ARGENT.

de Ringal de Pra-
  del........... trois, deux en chef, un en pointe accom-
      pagnant un chevron d'or.

§ 1er.
BRAS DE GUEULES.

*Durand .... un, aux premier et quatrième quartiers,
      tenant un glaive d'argent.

§ 2.

BRAS DE SABLE.

*Du Breul, écuyer............ un, chargé au centre d'un œil d'argent.

BARBE D'ARGENT.

Barbat du Closel.. une, velue, accompagnant en pointe un chevron de même.

PERRUQUE DE SABLE.

* la communauté des perruquiers de Riom...... une.

—◇—

SECTION DEUXIÈME. — CŒURS.

§ 1er.

CŒURS D'OR.

de Genestet de St-Didier........ un, ailé.

*du Cluzeau, notaire.......... un, surmonté d'une étoile d'or.

*Fabre, conseiller. un, en pointe.

Guerrier........ un, au centre des premier et quatrième quartiers.

*Pouchon, avocat. un, duque partent trois tournesols de même, et chargé d'une croisette de gueules.

*Vigot.......... un, surmontant une foi d'argent.

*le couvent des re-
 ligieux de Notre-
 Dame de Briou-
 de............ un.

*le couvent des Mi-
 nimes de Cour-
 pière .... un, en chef, enflammé.

§ 2.
CŒURS D'ARGENT.

Brun .... un, accompagné de trois croissants de même.

Durant.......... un, traversé d'une flèche de même, et accompagné de trois roses d'argent.

§ 3.
CŒURS DE GUEULES.

*Deydier, conseill[r] un, brochant sur une palme d'argent.
de Faure........ un, percé de trois flèches de sable.
*Fournier, greffier un, entre G et F.
*du Fraisse, avo-
 cat........... un, enflammé.

*Mège, conseiller. un, surmontant un vol de même.

* Portepin, mar-
 chand .... un.

*Ravel, premier
 assesseur...... trois.

CŒURS DE GUEULES. 229

*le couvent des religieux de la Visitation de Brioude............ un, percé de deux flèches d'or, empennées d'argent, posées en sautoir au travers du cœur qui est sommé d'une croix de sable au pied fiché, et le cœur chargé d'un nom de Jésus d'or, le tout enfermé dans une couronne d'épines de sinople.

*le couvent des religieuses de la visitation de Ste-Marie de Clermont.......... un, percé de deux flèches d'argent.

*le couvent des religieuses de la Visitation de Ste-Marie de Billom. un, percé de deux flèches d'argent.

*le couvent des religieuses de la Visitation de Ste-Marie de Montferrand....... un, percé de deux flèches d'argent.

*le couvent des religieuses de la visitation de Ste-Marie de Riom.. un, percé de deux flèches d'argent.

*le couvent des religieuses de la Veyne......... un, sur le centre d'une croix d'or.

* la communauté des chapeliers, cordiers, selliers, bâtiers, éperonniers et potiers d'étain d'Issoire. un, enfermé dans un cercle dentelé de même.

SECTION TROISIÈME. — MAINS.

§ 1ᵉʳ.

MAINS D'OR.

*Magnet, abbé... une, dextre, en pal.
*Mallet, marchand. une, en fasce.
*des Manes, conseiller........ une.
* Meyrand, conseiller........ une, tenant un rameau de sinople.
de Montjoui...... une, vêtue de même, mouvant du flanc sénestre de l'écu, tenant un gerfaut d'argent, aux rênes d'or.

§ 2.

MAINS D'ARGENT.

d'Astorg......... une, gantée, sortant de l'extrémité sénestre, soutenant un faucon d'argent.

Bermondet...... trois.
de la Broue...... une, accompagnant en pointe un chevron d'or.

de Chaudesaigues. deux, empoignant une gerbe d'or.
de Clavières..... une, soutenant deux faucons longés de sable

Malet............ trois, deux en chef, une en pointe, accompagnant une fasce d'or.
de Marmagnac... une, appaumée, mise en pal.
de Mazerolles.... trois, appaumées, 2 et 1.
*Malet, troisième
  échevin....... trois, surmontées de trois étoiles d'or.

*de Saint-Paul,
  écuyer........ une.

*le chapitre des
  chanoines et com-
  tes de Brioude.. une, aux premier et quatrième quartiers, tenant une épée de même.

§ 3.

MAINS DE GUEULES.

de Meynil....... six, à dextre, posées 3, 2, 1, les doigts en bas.
*Mirabeau, bour-
  geois......... deux.

*le prieuré de Jussat une, tenant trois épis d'or.

*le prieuré de la
  Voulte-Chiliac.. une, tenant une croix de sable.

*la communauté
  des notaires et
  des procureurs
    de Montaigut.. trois, de carnation, tenant une plume à écrire.

§ 1ᵉʳ.

FOI D'OR.

*Juillien, avocat.. une, accompagnant en pointe un chevron d'or.

§ 2.

FOI D'ARGENT.

*Bonnefont...... une.

*Court, chanoine. une.

Cousin de la Tour-
fondue........ une.

*de la Fage, écu-
yer........... une.

*de Leygouye, tré-
sorier......... une aux deuxième et troisième quartiers, embrassant une colonne d'or.

Maigne de la Gra-
vière .... une.

*Vigot.......... une, surmontée d'un cœur d'or.

* la communauté
des experts ju-
rés de Clermont. une, en fasce.

§ 3.

FOI DE GUEULES.

*Bigot, bourgeois. une.

*Majour, prêtre.. une.

§ 4.

FOI D'AZUR.

* la communauté des notaires de St-Amant-Tallende......... une, chargée de deux fleurs de lis d'or.

SECTION QUATRIÈME. — DEXTROCHÈRES.

§ 1ᵉʳ.

DEXTROCHÈRES D'OR.

* Brassat, gentilhomme....... un, tenant une épée d'argent.

Higonet.......... un, armé, sortant du flanc sénestre de l'écu et tenant une épée d'argent.

§ 2.

DEXTROCHÈRES D'ARGENT.

Desmarets de Maillebois.......... un, tenant trois lis de même.

de Massol de Serville.......... un, armé d'une masse d'armes de même, à la deuxième moitié.

* Thomas, notaire. un.

SECTION CINQUIÈME.—ANIMAUX DOMESTIQUES.

§ 1er.
AGNEAUX D'OR.

*de Conrost..... un.

*Marie, bourgeois. un.

§ 2.
AGNEAUX D'ARGENT.

'Baptiste, chanoine. un agneau pascal, tenant une croix d'or, à la banderolle d'argent.

Pascal........... un.

*le chapitre de St-Germain-Lem-bron......... un.

* le chapitre de la Ste-Chapelle de Vic-le-Comte... un agneau tenu par saint Jean-Baptiste d'or.

*les pères chartreux du port Sainte-Marie......... un.

§ 3.
AGNEAUX D'AZUR.

*Montiffaud, bourgeois......... un agneau surmontant une montagne de même.

§ 4.

AGNEAU DE SABLE.

* Cassière, marchand........ un.

§ 1er.

ANE D'OR.

*Martin, bourgeois. un.

§ 2.

ANE D'AZUR.

*Boudet......... un.

§ 3.

ANES DE SABLE.

*Albois, bourgeois. un, buvant dans une fontaine.

*Maubet, avocat.. un.
*Merle, marchand. un.

§ 1er.

BÉLIERS D'OR.

Barjac.......... un, effaré.

de Seneret....... un, passant et clariné.

§ 2.

BÉLIERS D'AZUR.

*Blic, écuyer..... un.

§ 1ᵉʳ.

BŒUFS D'OR.

Armand......... un, passant, accompagnant en pointe une fasce échiquetée d'argent et de sable de trois traits.

*Bauf, avocat.... un.
*de Bournat, écuyer........... un.

*Gras, avocat.... un.

*de Labournat, gentilhomme...... un.

*Torenty........ un.
de Touchebœuf... deux, passant.

* la communauté des bouchers de Brioude........ une tête.

* la communauté des bouchers et tripiers de Maringues .... un rencontre de bœuf.

* la communauté des bouchers, boulangers et pâtissiers d'Aurillac. .... un rencontre de bœuf.

§ 2.
BŒUF D'ARGENT.

*Grassal, avocat.. un.

§ 3.
BŒUFS DE GUEULES.

*Aubert, bailli ... une tête.

*Blauf père, avocat .... un.
Bœuf .... un.
*Bouchard, bourgeois .... un.

*de Cisternes.... une tête.

de Naucaze...... un, surmontant un lion léopardé de sable.

*Preuf, greffier.. un.

* la communauté des bouchers, menuisiers, charpentiers, sculpteurs d'Ambert.. un, acompagné en chef d'un rabot, et en pointe d'un burin, le tout d'azur.

* la communauté des marchands bouchers de Riom......... une tête.

§ 4.
BŒUFS DE SABLE.

*de Lestrade, bourgeois .... une tête.

de Pelabœuf ...... un.

*la ville de Combronde........ un rencontre.

*la communauté des bouchers de St-Flour ...... un rencontre.

§ 1er.
BREBIS D'ARGENT.

*la communauté des marchands et autres arts et métiers d'Auzon plusieurs, gardées par une sainte Geneviève d'argent.

*la communauté des marchands d'Issoire........ plusieurs, gardées par une sainte Geneviève d'or.

* la communauté des marchands et autres arts et métiers de Sauxillanges .... plusieurs, gardées par une sainte Geneviève d'argent.

§ 2.
BREBIS DE GUEULES.

*Daubié, avocat .. une.

BOUC DE SABLE.

*Bouchard....... un.

§ 1er.
CHATS D'OR.

*Channoing, capi-
  taine......... un.
*Chazebon, con-
  seiller........ un.

§ 2.
CHATS D'ARGENT.

*Chaduc, chanoine un.
*Chassaingt, con-
  seiller........ un.

§ 3.
CHATS DE GUEULES.

*de la Chassagne,
  écuyer........ un.
*de Chalus...... un.

§ 4.
CHATS D'AZUR.

*la Chabanes, bour-
  geois......... un.
*Chapouilhe, mar-
  chand........ un.
*de Chassaigne... un.

§ 5.

CHATS DE SABLE.

*Chaduc, chanoine un.
*Chaluet, écuyer.. un.
*Chassaingt, bourgeois......... un.
*Chassat, marchand......... un.
*Chavagnac...... un, ailé.
*de Mialet.......un.

§ 1er.

CHEVAUX D'OR.

*Chauliaguet, marchand......... un.
*Chevalier, prêtre........... un, sur lequel est un cavalier d'or.
*Chevalier, chanoine......... un.
*Coursayre, notaire un, effrayé.

Daurier......... un, au quatrième quartier.

*Ponchapt, chanoine......... un.

*Rodde, bourgeois. un.

§ 2.

CHEVAUX D'ARGENT.

*Chaivalle, avocat. un.
*de Cheverlanges.. un.

*Chevogeon, docteur en médecine......... un.

*Dupré......... un, cabré.

Girot de Langlade. une tête, accompagnant en pointe un chevron.

Simmer......... une tête au quatrième quartier.
Soubrany de Benistant......... un, échappé.
*Soubrany, conseiller......... un.

*le chapitre de St-Martin de Cournon......... un, portant un saint Martin d'or donnant l'aumône à un pauvre.

* la Communauté des selliers, bridiers, bâtiers et cordiers de Clermont......... un, sellé, bridé et houssé d'or.

§ 3.

CHEVAL DE GUEULES.

* Bourlain, chanoine......... un.

*Chaivolle, bourgeois......... un.

§ 4.
CHEVAL D'AZUR.

*Chevogeon, docteur en médecine.......... un.

§ 5.
CHEVAL DE SABLE.

Beker, lieutenant général, et Martha Becker, son neveu......... une tête, aux deuxième et troisième quartiers, arrachée et allumée du champ.

*de la Boissieur.... un.

*Gauthier, procureur.......... un.

*de Pouzat...... un.

*Vialle, conseiller du roi........ un.

* la communauté des selliers, cordiers, bridiers et bâtiers de Brioude............ un, sellé, bridé et houssé d'argent.

§ 1er.
CHÈVRES D'OR.

de Chabre .... trois têtes, aux premier et quatrième quartiers, accompagnant un chevron d'or.

§ 2.
CHÈVRES D'ARGENT.

*Chabrier, curé .. une.
*Chabrut (veuve) . une, en pointe.

de Malboyer....... une, saillante, à la deuxième moitié.

*Requestat, bourgeois .... une.

§ 3.
CHÈVRE DE GUEULES.

*Chabriel, prêtre. une.

§ 4.
CHÈVRE D'AZUR.

*Cabrespine, secrétaire.......... une.

§ 5.
CHÈVRES DE SABLE.

*de Laudan...... trois têtes.

§ 1er.
CHIEN D'OR.

*de Magaud, receveur.......... un.

§ 2.

CHIENS D'ARGENT.

*Basset, chanoine. un, accompagnant en pointe un chevron d'argent.

de Chardognes.... un, aux premier et quatrième quartiers.
*Chassaing, prê-
   tre........... trois, courant.
* de la Chaux, gen-
   tilhomme...... deux, affrontés, colletés de sable.
de Cheminades... un, courant.

Dumay.......... un.

*de Rigaud, écuyer. deux, affrontés.

* de la Vialle, gen-
   tilhomme...... un.

§ 3.

CHIENS DE GUEULES.

*Bayet, receveur.. un, courant.

de Canis......... deux, posés en fasce, à la deuxième moitié.
de Chazettes ..... trois têtes arrachées, accompagnant un chevron brisé d'or.
* Chevogien....... un.

*Deffieu, chanoine. un.

* de Guerry...... un, couché.

§ 4.

CHIENS D'AZUR.

*Achimp......... un.

*Magaud, châte-
lain .... un.
*Norlas, tanneur.. un, couché.

§ 5.

CHIENS DE SABLE.

*de Vissaguet, tré-
sorier......... un, en pointe.
*de Vissaguet, con-
seiller .... un, en pointe.

COCHON DE GUEULES.

*Le prieuré de St-
Antoine....... un.

§ 1er.

LAPINS D'ARGENT.

*deCarts, seigneur. un.

*de la Peinde, é-
cuyer .... un.

*Ronchon....... un.

§ 2.

LAPINS DE GUEULES.

*Gilbert, bourgeois. un.

*Vialles, procureur. trois.

§ 3.
LAPINS DE SABLE.

Achard.......... un.

*Colin, chanoine. trois.

§ 1er.
LÉVRIERS D'OR.

de Bonnal........ deux.

*Clouvet, chanoine un, colleté de gueules.

de Guerin .... trois, affrontés, 2 et 1, mouvant des angles de l'écu.

§ 2.
LÉVRIERS D'ARGENT.

* de Beaufort, seigneur.......... un, aux premier et quatrième quartiers.
* de Beaufort, seigneur.......... deux, affrontés, aux deuxième et troisième quartiers.
de Broussignat ... un, à la première moitié, surmonté de trois fasces de même.
de Caldaguès..... un, passant, colleté d'or et brochant sur le tronc d'un arbre.
de Cambefort..... un, rampant, colleté de gueules.
de Canillac ...... un, colleté de gueules.
de Carlat......... deux, courant, colletés de sable.
de Chalvet de Rochemonteix.... un, passant, colleté de gueules.
de Charvil .... un, surmonté d'une fleur de lis d'or.

du Châtelet......	un, colleté de gueules, brochant sur le fût d'un arbre.
de Combettes.....	un, aux deuxième et troisième quartiers.
de Curières......	un, passant, colleté d'or.
du Fayet	un, colleté de gueules, bordé et bouclé d'or, accompagnant en chef une fasce d'or.
de Feu..........	un, passant, surmonté de deux roses d'argent.
de Giscard.......	un, courant, aux premier et quatrième quartiers.
Izarn	un.
de Montboissier...	un, rampant, aux deuxième et troisième quartiers.
de Plagnes.......	un, saillant, colleté de gueules, accompagné de trois étoiles d'or, deux en chef, une en pointe.
de Pleaux........	un, rampant, colleté d'azur et accompagné de six billettes mises en orle.
Rebours.........	un, rampant.
de Ribier........	un, saillant, colleté de gueules.
de Rochemonteix..	un.
de La Roque.....	deux, affrontés, colletés et bouclés de gueules.
de Royère	trois, l'un sur l'autre, à la deuxième moitié.
de Saint-Mamet...	un, surmonté d'une tierce de même.
d'Umières	une levrette accompagnant un orme de sinople.

§ 3.

LÉVRIER DE GUEULES.

* Chassaigne, marchand .... un, courant, colleté d'argent.

§ 4.

LÉVRIER D'AZUR.

*Foussat, chanoine. un.

§ 5.

LÉVRIERS DE SABLE.

de Canillac....... un, rampant, colleté d'or.

* Delprat, marchand .... un.

* du Fayet, écuyer. un.

de Grenier....... un, accompagnant en pointe une vigne d'argent.

* de Ligonie, conseiller .... un.

de Roquemaurel.. un, chargeant un chef d'argent.

* La Vallée, greffier.......... un, rampant.

de Vissaguet..... un, accompagnant en pointe une fasce de gueules.

LIMIERS DE SABLE.

*Aubert, chanoine. trois têtes.

§ 1er.
MOUTONS D'OR.

*Gillet, avocat ... un.

*de Lespinasse ... un.

§ 2.
MOUTONS D'ARGENT.

*Annat.......... trois.

*Defforges....... un.

de la Faye....... un, paissant sur une terrasse de sinople.

*Paty, doyen..... un, paissant sur une terrasse de sinople.

Séguier......... un, accompagnant en pointe un chevron d'or.

§ 3.
MOUTONS D'AZUR.

*de Berbezit, seigneur.......... un.

*Durand........ un.

§ 4.
MOUTONS DE SABLE.

*Gulhot, greffier.. un.

de Pouzols....... une tête, surmontée d'un lambel d'azur à deux pendants.

PORC DE SABLE.

*la commanderie de
  Saint-Antoine.. un.

§ 1er.
PORC-ÉPIC D'OR.

*Durin, marchand. un.

§ 2.
PORC-ÉPIC DE SABLE.

*Delzons, procu-
  reur.......... un.

POULIN D'ARGENT.

* de Laire, conseil-
  ler........... un.

§ 1er.
TAUREAUX D'OR.

*Chauveau, cha-
  noine......... un.

*Taravant, méde-
  cin........... un.

* de la Villaine, prê-
  tre........... un, furieux.

§ 2.
TAUREAUX DE GUEULES.

* Berthier, mar-
  chand........ un.

d'Escaffres....... un.

de Guillaumanches un, surmonté d'un lambel.

de Torsiac .... un, accorné d'argent, issant de l'angle sénestre de l'écu.

§ 3.
TAUREAU DE SABLE.

*Boutevine....... un.

§ 1er.
VACHES DE GUEULES.

de Felzins .... une, passant, à la deuxième moitié.

Vacher de Tourne-
  mire.......... une tête, en cœur.

VACHE D'AZUR.

*Vachier........ une.

§ 1er.
VEAU D'OR.

*de Vaux........ un.

§ 2.
VEAU D'AZUR.

*Vallin .... un.

SECTION SIXIÈME. — ANIMAUX SAUVAGES.

§ 1er.
BICHE D'OR.

de Méric......... une.

§ 2.
BICHE D'ARGENT.

*Losies, marchand une.

§ 3.
BICHE DE GUEULES.

*Bichard, notaire. trois.

BLAIREAU D'OR.

* de Laire, syndic . un.

§ 1er.
CERFS D'OR.

d'Aubusson...... un massacre, aux deuxième et troisième quartiers.

de Banson....... un massacre.
Bertrand......... un, passant.

*Delon, avocat.... un, élancé.

*Ferest, conseiller. un rencontre.

* de La Gardette,
   écuyer........ deux massacres..

Laudouse........ un rencontre.

de Malbec....... un, passant.

de Nevrezé....... un, en pointe.

*de Parentignat .. deux rencontres.

de Saint-Aignan .. une tête à la deuxième moitié.
*de Serres, conseiller du roi ..... trois rencontres, accompagnant un chevron d'or.
de Sommièvre.... deux rencontres.
de Soualhat...... trois, 2 et 1, accompagnant un chevron d'or.

§ 2.
CERFS D'ARGENT.

de Cocural....... bois de cerf, accompagné au centre de la ramure d'une couronne ducale d'or.

*de Lasdalies, bourgeois .... un.

de Moncelard..... un, ramé d'or, passant sur une terrasse de sinople.

de la Serre....... un.
*Servolles, chanoine.......... un, volant.

Vimal .... un, contourné et posé sur une terrasse de sable.

§ 3.
CERFS DE GUEULES.

*Courtade, bourgeois .... un.

*Didier, march^d. . un massacre.

*Servant, conseiller........... un, volant.
*Servoint, tanneur. un, passant.

§ 4.
CERF DE SABLE.

*Servolle, bourgeois .... un, volant.

§ 1er.
CHAMEAU D'OR.

* Chamel, bourgeois .... un.

§ 2.
CHAMEAU D'ARGENT.

* Chaumet, bourgeois .... un.

DAIMS DE SABLE.

* Daudin, conseiller .... un.
* de Digons, écuyer. un.

* de Sauret, bourgeois .... un.

§ 1er.
ÉCUREUIL DE GUEULES.

* Lescure, bourgeois .... un.

§ 2.
ÉCUREUIL DE SABLE.

* Chabanier, contrôleur .... un.

ÉLAN DE GUEULES.

Dumas de Polard.. un, passant au premier quartier.

§ 1er.
ÉLÉPHANT D'OR.

* de la Souderie... un.

§ 2.
ÉLÉPHANT D'AZUR.

* Darles, greffier.. un.

§ 1er.
FOUINE D'OR.

* de Fontanges.... une.

§ 2.
FOUINES D'AZUR.

* de Couesse...... une, chargeant une bande d'or,

de Fay.......... une, chargeant une bande d'or.

§ 1er.
GRENOUILLE D'OR.

* Reignat........ trois.

§ 2.
GRENOUILLE DE SINOPLE.

* Pradel, secré-
taire.......... une.

§ 1er.
LÉOPARDS D'OR.

d'Armagnac...... un, lionné, aux deuxième et troisième quartiers.

* de Baussat...... trois têtes.

de Chazelles...... une tête, lampassée de gueules.

* Gachon........ trois têtes.

de Loubeyrac..... un, soutenant un aubépin d'or.

de Neyrac....... deux, superposés.
* de Nozières..... trois.

* de la Salle, écuyer........ deux.
* de Sartiges, écuyer........ une tête.
du Saunier...... trois têtes, accompagnant une fasce d'or.

* de Vissaguet.... trois têtes.

§ 2.
LÉOPARDS D'ARGENT.

de Bouchard..... trois, aux premier et quatrième quartiers, passant l'un sur l'autre.

de Lestrange..... un.

* Micolon, marchand........ un.

§ 3.
LÉOPARDS DE GUEULES.

d'Augér......... deux têtes, une à chaque canton des 1ᵉʳ et 4ᵉ quartiers.

* de la Fayette.... un.

de Saxy......... une tête, chargeant un chef d'argent.

§ 4.
LÉOPARDS DE SABLE.

de la Souche..... deux, couronnés d'or.

LIÈVRE D'ARGENT.

* Cibié, conseiller. un.

§ 1ᵉʳ.
LIONS D'OR.

* d'Albignat, bourgeois.......... un, accompagnant en pointe un chevron d'or.
d'Albin .... un rampant aux 1ᵉʳ et 4ᵉ quartiers.
d'Alibac......... deux, accompagnant une bande d'azur.
Amarithon, ou Amariton...... un,
* d'Aoust........ un, tenant trois épis d'or.
d'Araguy........ un, rampant.
d'Asenières ...... un, issant.
d'Aurelle........ un.
Aycelin........... un.

de la Bachelerie... un, rampant.

de Ballerin....... un, couronné, accompagnant un chevron de même.
de Bardet........ un, surmontant un chevron de même.
* Baudet, contrôleur.......... un.
de Bellenave...... un.
de Belvezer ou Belvezeix.......... un.
de Bénavent...... un, léopardé.
Berard........... un, couronné de sable.
*Bernard, chanoine un.
de Besse......... un, couronné de gueules.
Blauf............ deux, affrontés.
de Blot.......... un.
de Boissonnelle... un.
* de Bonnet...... un.
de Bonneville..... un.
Bouchard........ un, léopardé, chargeant un chef de sinople.
du Bouchet...... un, brochant.
* Bouschet, secrétaire........... un.
de Bréon........ un, brochant.
de Brezons....... un.
de Broussignat.... un.
* Brujas, avocat.. un, accompagnant en pointe un chevron d'or.
de Bulhon....... un, issant.
de la Bussière, ou de la Buxière... un, issant.

de Cabanes-Comblat.......... trois têtes.
de Carlat........ un.

de la Carrière.... trois têtes arrachées.
de Cassagne-Beau-
  fort-Miramon... un.
de Castanède..... un, appuyé contre un tronc d'or,
* de Chabannes... trois têtes accompagnant un chevron d'or.
de Chalencon..... trois têtes.
* Chambon, bour-
  geois.......... un.
de Chandieu..... un.
* Chanteloup, avo-
  cat........... trois têtes.
de la Chassagnolle. un.
de Chassignolles.. trois têtes.
de Chavaroche.... deux, supportant un sautoir d'or.
* de la Clède, con-
  trôleur........ deux.
de Courtaurel.... un, rampant.
Coutel .... un.

Dantil, ou d'Antil. un, accompagnant trois dents renversées
             d'argent, à la 2e partie.
Ducrohet........ un, accostant en pointe un chevron d'or.
Dupuy.......... un, léopardé.

d'Escaffres....... un.
d'Esparvier de Bla-
  zères .... deux, affrontés.

*Fayol.......... un.
* de Fontenilles,
  bourgeois...... un, en pointe.

de Galauba....... un.

de la Garde de Sour-
   niac.......... un, rampant, tenant dans l'une de ses griffes une épée.
Gay............. un, accompagné d'une étoile d'argent à dextre.
* Gilbert, bour-
   geois.......... un, couronné d'or, chargé en flanc d'un soleil de même.
* Grabotz, chantre. un.
Gueffier......... un, accompagnant en pointe une tasse d'or.
de Guénégaud.... un.
de Guirard - Mon-
   tarnal.......... un.
Guittard......... un.

d'Hérail......... un, accompagnant une bande d'or aux premier et quatrième quartiers.
* Huguet, cha-
   noine......... deux, accompagnant un arbre d'or.

de Landrodie..... un, brochant sur des larmes d'argent.
de Langes........ un.
de Lestrange..... deux, adossés.
de Ligondès...... un, rampant.

Mannay.......... un, rampant.
de Miremont..... un, couronné.
Montaigut - Liste-
   nois........... trois têtes arrachées.
de Montamat..... un.
de Montespedon... un.
de Monteynard.... un, chargeant le chef de l'écu.
de Montvert...... un.

de la Mothe...... un.
de Murat........ un, léopardé.
* de Muzy....... un, couronné d'or.

* Nicolas, marchand, bourgeois......... trois.
* de Nozières, chanoine......... deux, un de chaque côté d'un chêne d'or.

de Palemourgues. un.
* Peghoux, marchand, bourgeois......... un, accompagné de trois épis de blé d'or.
* de Peluche, prévôt........... un.
* Peyronnet, curé. un.
de Pierre de Bernis........... un, accompagnant une bande de même.
* Pojolat, écuyer.. un, aux deuxième et troisième quartiers.
de Pollalion...... un, passant.
de Pontgibaud.... deux, léopardés.
du Pouget de Fosses et de Villars. deux, affrontés, accostant un palmier de même.
de Pouzols....... un, passant.
du Puy......... trois têtes.

de Raymond, ou Reymont...... un.
de la Reynerie.... un, rampant, couronné de gueules.
* de Rochannis, avocat........ trois têtes.

de la Roche...... un.
de la Rocheaymon. un.
de Rochedagon... un.
de Rochedragon... un, dragonné et couronné de gueules.
de la Roque de Montal........... un.
de Royère....... un, rampant, accompagnant cinq étoiles d'argent et trois besants de même.
de Rulhac....... trois, chargeant une bande de sable.

de Sadours....... un.
de St-Aignan..... un.
* de Sartiges, écuy^r. un, dragonné.
de St-Floret...... un.
de St-Julien...... un, brochant sur des billettes d'or.
de la Salle de la Barrière....... un, accompagné de billettes d'argent au quatrième quartier.
de Salvages...... un.
de Sarret........ deux, affrontés.
de Suris......... un.

Tailhardat de la Maison-Neuve.. un.
de Talaru........ un.
de Tissandier..... un, accompagné de six roses d'argent.
* Tissandier, conseiller du roi... une tête.
de Tournon...... un.

de la Veissière.... un, rampant.
* Vialard, médecin........... un, accompagné de trois étoiles d'argent et d'un cor de chasse de même à dextre.

de Vigier........ un.

* la ville de Mont-
 ferrand .... un.
* la ville de Murat. un, en pointe.
* le chapitre de
 Montferrand ... un, en pointe.
* la communauté
 des marchands
 de Massiac..... un, moitié de sable.
* la communauté
 des marchands et
 autres arts et mé-
 tiers de Lamo-
 the........... un.
* la communauté
 des tanneurs de
 Riom......... un, dépouillé.

§ 2.

LIONS D'ARGENT.

*Allayrat........ trois, couronnés d'or.
d'Anglars........ un, couronné de gueules.
d'Artaud .... un.
* d'Artauld...... deux, issant, surmontés de deux étoiles de même.
Aubert.......... un.
d'Augerolles-St
 Polgues .... un, issant.
d'Ayrolles .... un, rampant.

de Baile ou Bayle.. un, rampant.
* de Bailes, écuyer. un.

* de Béral, écuyer. un.
* de Berbezet, écuyer........ un.
de Besse......... un, aux premier et quatrième quartiers.
de Bonnavent..... un, rampant.
de Bosredon...... un.
* de Boudé, gentilhomme........ trois.
* Bourdilhon, bailli......... un.
* Boutin, marchand......... un.
de Bressolles..... un.

de Cardaillac..... un, couronné, accompagné de treize besants d'argent, en orle.
*de la Chaize, écuyer......... un.
*de Chaliers, seigneur.......... un.
de Chalvet de Rochemonteix.... un, à la deuxième moitié.
de Chapt de Rastignac.......... un, couronné.
de Cortial .... un, couronné.
de Courtin ...... un, léopardé.

* Dalmas........ un.
Daurier......... un, naissant.
* Dumas, greffier. un, surmonté de trois étoiles d'or.

d'Escaffres....... un.

de l'Espinasse ou de
  Lespinasse..... un, rampant.

de Felzins....... un, léopardé.

de Gannat....... un.
Gillet........... un.

*Joannet, avocat. un.

* Lardaret, mar-
  chand......... un.
de Lolière....... un.

de Malras........ un, rampant.
de Montgontier... un.
de Montmorin.... un, brochant.
* de Montpautie.. trois.
de la Mothe...... un, couronné d'or.

de Naillac....... deux, léopardés, superposés.

Pagès........... un, aux premier et quatrième quartiers.

Raibe ou Raybe... un, brochant.
de Reynaud de
  Monts......... un, rampant.

de la Saigne...... un.
Saunhac......... un, couronné de même au deuxième quartier

du Teil......... un, brochant, aux premier et quatrième
          quartiers.

de Valeix............ un, passant.
*Vallevier, gentil-
  homme........ un, accompagné de trois grosses dents d'argent.
de Vaux ou de
  Vaulx............ un, sous une bande de gueules.
de Vendat........ trois.
de Verdonnet..... un.
*de la Veyrive, con-
  seiller du roi... un.
de Vigier......... un, sur un monticule d'or.

* le chapitre de l'é-
  glise collégiale de
  Langheac....... un.
* le doyen du cha-
  pitre de l'église
  collégiale de Lan-
  gheac.......... un.
* la communauté
  des marchands
  de Chaudesai-
  gues............ un.

§ 3.

LIONS DE GUEULES.

d'Aldebert........ un.
Aligier........... un, passant.
d'Ambrugeac..... trois, posés deux et un aux premier et troisième quartiers.
d'Anglard........ un.
d'Apinac......... un.
Aribert .... un.

d'Armagnac...... un, aux premier et quatrième quartiers.
d'Aulhac ou d'Aulhat.......... un.
* d'Autier .... un.

* du Bac, écuyer.. un.
Bartillat......... un, léopardé sur un chef d'or.
de Batz .... un, chargeant un chef d'argent.
* de Beaufort, chevalier.......... un.
de Beauvoir...... un, aux premier et quatrième quartiers.
Begon de la Rouzière........... un, chargeant un chef d'argent.
de Bernard ...... un, chargeant une bande d'argent.
de Bessuejouls de Roquelaure.... deux, affrontés et appuyés.
* Bertrand, curé.. un.
de Blanchefort.... deux, passant.
* du Bois, seigneur. un.
du Bois-de-Saint-Étienne....... un tenant entre ses pattes une croisette de même.
de Bourbon, 1re maison........ un, accompagné de neuf coquilles d'azur en orle.
de Calonne...... un, léopardé.
du Caylard de St-Bonnet........ un, rampant.
de Chabrol....... un, chargeant un pal d'or, aux deuxième et troisième quartiers.
de Chamerlat..... un, issant.
* de Colonges, prévôt........... trois têtes.

Désaix............ un, rampant, au troisième quartier.
* Destave, avocat.. trois.

* de Fighac, écuyer. un.
de Fontanet...... un, brochant sur le tout.

le Groing........ trois têtes arrachées, couronnées d'or.

* Huguet, greffier. deux, accompagnant un arbre de sinople.

de Joncoux...... un, dragonné.

de Laire......... un.
de Laligier....... un, passant.
de Lespinat, d'E-
   pinac ou d'Api-
   nac............ un.
de Longa, ou de
   Longua....... un, couronné d'or.
* Laville, conseil-
   ler du roi..... un.

de Malret, ou Mal-
   leret.......... un.
de Montluçon..... un, accompagné de huit coquilles d'azur.

Peyrusse......... un.
de Pierrefort..... un, aux premier et quatrième quartiers.
de Pontanier..... un, léopardé.
de Pradel........ deux, passant, aux deuxième et troisième
                  quartiers.

de Riom.......... un.

de Ronat, ou Ron-
nat............ un, aux deuxième et troisième quartiers.

de St-Exupéry.... un.
de Saugues....... un.
Saunhac.......... un.
de Sévérac....... un, accompagné de sept étoiles de même.
Stuart .... un, enclos dans un double trescheur fleu-
ronné de même.

de Thiers........ un.
de Trenqualye.... un, tenant une branche de laurier de sinople, à la première moitié.
de Troussebois.... un.

* Vachier, écuyer. un, sur un chef d'or.
de Valon-de-Bou-
cheron......... un.
de la Veissière.... un.
de Villebœuf..... un, à la première moitié.

§ 4.

LIONS D'AZUR.

d'Alcher......... un.
* d'Andelat....... un, léopardé.

* de Beaufort..... un, aux premier et quatrième quartiers.
de Biencourt..... un, couronné de gueules.
Bohier, ou Boyer. un.
de Bort.......... un.
de Brezons....... un.

de Caissac, ou
Queyssac...... un,

* de Cambefort,
    conseiller....... un.
* Chirol, bour-
    geois .... un, issant du centre de l'écu.

Escures .... un.

* Fortet, conseil-
    ler........... un.

d'Isserpens ...... un.

de Lavie......... un, aux premier et quatrième quartiers.
de Loubartès..... un.

de Panevère...... un.
de Parades....... un.
de Parlan........ un, léopardé.
* Peraire, notaire. deux.
* Pojolat, écuyer.. un, aux premier et quatrième quartiers.
du Puy.......... un.

* Raslus .... un.
de Troussebois.... un.

§ 5.
LION DE SINOPLE.

de la Farge ...... un.

§ 6.
LIONS DE SABLE

des Ages......... un, couronné d'or.
d'Aubeyrac, ou
    d'Auberac ..... un.

d'Autier......... un, léopardé.

de Beaujeu....... un.
de Bonnebaud.... un.
*Bonnet, avocat... un, contourné

*Chaliat, avocat.. trois, couronnés.
de Chaunac...... un.
de Cosnac .... un.
de Curières ...... trois têtes.

d'Ebrard, ou d'Hé-
   brard......... deux.
Evrard.......... deux.

* Faure, avocat... un.
Ferrand de Fon-
   torte.......... un.
Ferrand......... un, aux premier et quatrième quartiers.

Girard.......... un.
* de Girard, sei-
   gneur......... un.
* Godemel, mar-
   chand bourgeois. un,

* Lémeyris, mar-
   chand .... un.

* Montaigne, lieu-
   tenant .... trois.
de Marcellanges .. un, couronné.
* Maubert, mar-
   chand......... un.

de Montboisier ... un.
de Monjournal... un.
de Mornay....... un.
* Mournat, procu-
   reur.......... un.

de Naucaze...... un, léopardé.

* de Peyrac .... un.
de Polastron ..... un.

de Touteville..... un.
de Troussebois.... un.

de Valans .... un.

* la communauté
   des marchands
   de Massiac..... un.

§ 7.
LION D'HERMINE.

de Chabannes .... un.

§ 8.
LIONS DE VAIR.

Berard .... un, couronné de sable.

de Montaigu-le-
   Blanc......... un.
de Montlaur...... un, couronné.
* de Mascon...... un.

§ 9.
LIONS DE POURPRE.

de Pouzols....... deux, affrontés sur une terrasse de sinople.

§ 10.
LION OMBRÉ.

de Trazenies..... une.

§ 1er.
LIONCEAUX D'OR.

de Cédail ou Sédail. six, dragonnés, accompagnant une bande d'or aux premier et quatrième quartiers.
de Cistel......... trois, léopardés.
de Coëffier de Ruzé. trois, accompagnant un chevron d'argent.

d'Escourolles..... trois, 2 et 1.

de Laparra de
    Fieux......... trois, léopardés, chargeant une fasce d'azur.

§ 2.
LIONCEAUX D'AZUR.

de la Palice ou de la
    Palisse....... trois.

§ 1er.
LOUPS D'OR.

de Loubens...... un, ravissant.
Le Loup......... un, passant.

* Papot.......... un.

* de la Volpilière,
    écuyer .... un, rampant.

§ 2.

LOUPS D'ARGENT.

d'Anghars....... un, passant.
* Artaud........ un, cervier.

*Loucet, conseiller. un.

§ 3.

LOUPS DE GUEULES.

* Chanteloup, prê-
    tre........... un.

* Labaye, greffier. un, enchaîné de même à un rocher de sable.
* de Laudent, che-
    valier......... un.

de Saint-Giron... une tête, aux premier et quatrième quartiers.

§ 4.

LOUPS DE SABLE.

de Burin........ un, rampant, aux deuxième et troisième quartiers.

* de la Loubère,
    seigneur....... un.

* de Saint-Loup.. un.

* Textoris, avocat. une tête.

§ 1er.
OURS D'OR.

*Décat, bourgeois. un.

*Garcellon, marchand bourgeois. une patte, onglée de gueules.

§ 2.
OURS DE SABLE.

* Bonhoure...... un.

* Lambert, chanoine......... un.

* de Mestrac..... un.

de Palemourgues. un, rampant.

* de Vergnes, aumônier........ un.

§ 1er.
RENARDS D'OR.

* Beynard, notaire. un.

*Garnaud, conseilseiller......... un.

* de Séveyrac, chanoine......... un.

§ 2.
RENARDS DE GUEULES.

* Reynaud, procureur.......... deux, accompagnant une fasce de même.

§ 3.
RENARDS D'AZUR.

* Garnaud....... un.
*Girard, chanoine. un.
* Ménard, directeur.......... un.
* Reynaud, procureur.......... un.
* de Ribier, chanoine......... un.

§ 4.
RENARDS DE SABLE.

* Nigou, conseiller du roi........ un.

§ 1er.
RATS D'ARGENT.

*Raslus......... trois.

§ 2.
RATS D'AZUR.

* Rabon, bourgeois .... un.

§ 3.
RATS DE SABLE.

* de Castéras, écuyer........ deux.
* Marat, greffier.. trois.
* Rassus, avocat.. un.

§ 1er.
SANGLIERS D'ARGENT.

* de Boisredon, écuyer........ un.

* Le Large, cha-noine......... un.

§ 2.
SANGLIERS DE SABLE.

* Bergounioux, marchand..... un, accompagnant en pointe un chevron de gueules.

* du Creul....... un, en pointe.

* Lardarel....... un.
* Viallard, bour-geois......... un.

§ 1er.
HURES D'ARGENT.

de Ponceaux..... une, surmontant un fer de lance d'argent.

de Talemandier... une.

§ 2.
HURES DE SABLE.

André .... trois, accompagnant un chevron d'or.

Gayte........... trois.

de Ludesse...... trois, accompagnant un chevron d'azur.

Mercier......... trois.
*Mointou, marchand, bourgeois.......... une.
de Morel........ une, accompagnée de cinq mûres de gueules, mises en orle.

SCORPION D'OR.

* Espigoux, marchand........ un.

§ 1er.
SINGE D'ARGENT.

* Escalier, bourgeois.......... un.

§ 2.
SINGES DE SINOPLE.

*Bétary, bourgeois. un.

* Cusson, marchand......... un.

* Minguet, greffier........... un.

SOURIS D'OR.

de Burin........ deux, accostant une bande d'argent aux premier et quatrième quartiers.

TAISSONS OU BLAIREAUX D'OR.

de Paray........ trois.

de Teissières..... un.

§ 1er.
TORTUES D'OR.

* de Rigauld, écuyer........ une.

* Le corps des médecins, chirurgiens et apothicaires d'Issoire. une.

§ 2.
TORTUE D'ARGENT.

* du Duret, écuyer. une.

§ 3.
TORTUE DE SABLE.

* Laporte, conseiller du roi...... une.

PEAU D'OR.

* La communauté des chamoiseurs, cordonniers, charretiers et autres de Maringues...... une.

§ 1ᵉʳ.
TOISONS D'OR.

* Pélissier, bourgeois .... une.

* La communauté des tanneurs, gantiers, pelletiers, cordonniers et savetiers de Brioude...... une, en pal.

* La communauté des tanneurs, gantiers et corroyeurs d'Aurillac .... une, brochant sur trois gants d'argent.

* La communauté des tanneurs, pelletiers et corroyeurs de St-Flour......... une.

* La communauté des tanneurs de Maringues...... une.

§ 2.
TOISON D'ARGENT.

* La communauté des pelletiers, gantiers, tanneurs et blanchisseurs d'Ambert.. une, étendue en fasce.

§ 3.
TOISON D'AZUR.

* La communauté des tanneurs et pelletiers de Clermont......... une, en pal.

§ 1er.
MOUCHETURES D'HERMINE D'OR.

* Ceyssat, bourgeois .... trois.

§ 2.
MOUCHETURES D'HERMINE D'ARGENT.

d'Allemaigne..... deux, accompagnant en chef un chevron d'or.

de la Boulaye..... deux, soutenant en chef deux étoiles d'or.
* Brunel, seigneur. une, couronnée.

* Mercier, conseiller........... trois.

de Peuchaud..... quatre, une dans chaque canton d'un sautoir d'or.

de Rochefort...... une, à la deuxième moitié.

§ 3.
MOUCHETURES D'HERMINE DE GUEULES.

*Brettanges, bourgeois .... semé.

* Taillardat, marchand, bourgeois.. ...... semé.

§ 4.
MOUCHETURES D'HERMINE DE SABLE.

d'Anteroches..... trois, chargeant une bande d'or.
d'Arnoux........ trois, chargeant une fasce de sable.
d'Aureille ...... cinq, chargeant un chef d'argent à la première partie.

de la Baume-Pluvinel........... une, accompagnant en chef une bande vivrée d'azur.
de Beauclair..... cinq, chargeant un chef d'argent.
Beauverger....... bordant les flancs.

* de Chabannes, chantre .... semé.
de Cordebeuf-Beauverger-Montgon. en sautoir et en bordure.

* Dogerdias, avocat........... sémé.
de Dorat......... trois, au premier quartier.

de Lamoignon.... cinq, sur un franc canton d'argent.

Pélissier de Féligonde......... trois, chargeant un chef d'argent.
de Pierrefort..... une, aux deuxième et troisième quartiers.
de Pierrefort..... semé, aux deuxième et troisième quartiers.

* de Sirmon, conseiller du roi... trois.

de Tournemire... cinq, sur un franc canton d'argent.
*deTrémeuge, cha-
noine......... trois.

de Villebœuf .... Six, trois en chef et trois en pointe à la 1re moitié.

SECTION SEPTIÈME. — ANIMAUX CHIMÉRIQUES.

§ 1er.
BASILIC DE GUEULES.

*du Lac, écuyer.. un.

§ 2.
BASILIC DE SABLE.

* Pelissier....... un, couronné de même.

§ 1er.
DRAGON D'OR.

de Rochedragon .. un, issant.

§ 2.
DRAGON DE GUEULES.

Vidal........... un, coupé et ailé de gueules et de sinople.

§ 3.
DRAGONS DE SINOPLE.

du Drac......... un, armé, couronné de gueules.

Vidal.......... un, coupé de gueules et de sinople.

§ 1ᵉʳ.
GRIFFONS D'OR.

de Bérenger....... un, aux premier et quatrième quartiers.
de Brossadol..... un.
de Bruel......... un, rampant.

*Chauliaguet, veu-
  ve............ un.

d'Espinchal...... un, accompagné de trois épis de blé de même, posés en pal, deux en chef, un en pointe.

de Prades....... un.

* Roussel........ un.

de Solilhac....... trois pattes, deux en chef, une en pointe, accompagnant un chevron d'or.

* La Veyssière, pro-
  cureur........ trois pattes.

§ 2.
GRIFFONS DE GUEULES.

Esquint......... un, issant, chargeant un chef d'or.

* Gannière, gref-
  fier........... un.

de Montferrand... un, coupé de gueules et de sinople.

*Peghoux, greffier. un.
*Pélissier, greffier. un.

§ 3.
GRIFFONS D'AZUR.

*Baptiste, greffier. un.

de Roussel....... un.

*Sauzedde, greffier........... un.

§ 4.
GRIFFONS DE SINOPLE.

*de Combres, greffier........... un.

*Mazat, greffier.. un.
de Montferrand... un, moitié de gueules et de sinople.

§ 5.
GRIFFONS DE SABLE.

*Crespat, chanoine........ deux pattes.

*Fondary, procureur.......... un.

*de Lastier...... une patte.

*Maignol, curé... un.
*Mège, conseiller du roi........ un, en pointe.

§ 1er.
LICORNES D'OR.

de Faye d'Espeisses........... trois têtes, chargeant une bande d'azur.

de Ribeyre....... une tête, accompagnant en pointe une fasce ondée de même.

de Roussi........ une.

§ 2.
LICORNES D'ARGENT.

Androdrias ...... une, passant sur une terrasse de sinople.

de Bompar....... une.

de Douhet....... une, aux deuxième et troisième quartiers.

* Endrodias, écuyer........ une, sur une terrasse de sinople.

de Sery.......... une, accompagnée en chef de trois besants d'or.

§ 3.
LICORNE DE SABLE.

*Laval, prêtre..... une.

§ 1er.
PHÉNIX D'OR.

* Chauliaguet, conseiller......... un, sur un bûcher de même, et contemplant un soleil de même.

§ 2.
PHÉNIX DE SABLE.

* Trébuchet, chanoine......... un, sur un aire de gueules.

SALAMANDRE D'OR.

* de Raffayet,
 prieur....... une.

—◆◇◆—

SECTION HUITIÈME. — INSECTES.

FOURMIS DE SABLE.

*de Fournols,
 écuyer....... trois

MOUCHES DE SABLE.

Le Normand de
 Flageac....... trois, chargeant un comble d'argent.

§ 1er.
PAPILLONS D'OR.

de Bourassol..... trois, posés 2 et 1.

*Palloquin, prêtre. un.

§ 2.
PAPILLONS D'ARGENT.

*Duranthie, bour-
 geois.......... trois.

§ 3.
PAPILLONS DE GUEULES.

du Bouchet...... papeloné ou semé.

§ 1er.
SAUTERELLE D'OR.

* de Cambefort,
 procureur..... une.

§ 2.
SAUTERELLE DE SABLE.

* de Saussay, gen-
  tilhomme...... quatre.

SECTION NEUVIÈME. — REPTILES.

§ 1er.
COULEUVRES D'OR.

*Colonges, prêtre... une, tortillée, en pal.
*Combes, chanoine. une, en fasce.

§ 2.
COULEUVRE D'ARGENT.

* Tortillon père.. une, tortillée.

§ 3.
COULEUVRES DE SINOPLE.

* La communauté
  des apothicaires
  de Clermont.... deux, accompagnant un mortier d'azur.

§ 1er.
LÉZARD D'OR.

de Pruines....... un, entortillant un prunier de sinople.

§ 2.
LÉZARDS DE SINOPLE.

* de Verdonnet... deux, grimpant.

§ 1er.
SERPENTS D'OR.

*Fonfreyde, bourgeois .... trois têtes.

*Laffont, docteur. un.

* de Sennezergues père .... un.

§ 2.
SERPENTS DE GUEULES.

* Boyer, conseiller .... un.

* Fougoux, notaire .... une tête.

§ 1er.
VIPERE D'AZUR.

* La communauté des médecins et apothicaires de Chaudesaigues.. une, entourant une fiole de même.

§ 2.
VIPÈRES DE SINOPLE.

*Mallessagne, médecin .... trois.

SECTION DIXIÈME. — ANIMAUX AQUATIQUES MARINS OU D'EAU DOUCE.

CROCODILES D'OR.

Delzons......... un, passant, à la deuxième moitié.
* Fiège, veuve.... un.

§ 1ᵉʳ.

DAUPHINS D'OR.

Poisson .... un, accompagnant en pointe un chevron d'or.

* de la Salle,..... un, couronné d'or.

§ 2.

DAUPHINS D'ARGENT.

Dauphin de Leyval........... un, crêté, oreillé et barbé d'azur.

* Marie, conseiller du roi........ un.

* Poisson, trésorier.......... un, accompagnant en pointe un chevron d'or

§ 3.

DAUPHINS D'AZUR.

* d'Albon........ un, aux deuxième et troisième quartiers.
d'Auvergne (dauphins)........ un, crêté, oreillé et barbé de gueules.

de l'Espinasse.... un, pamé, aux premier et quatrième quartiers.

* Mothier, marchand......... deux, adossés.

* Le couvent des religieux de Mégemont........ un.

§ 4.
DAUPHIN DE SABLE.

* de la Richardie.. un, couronné de même.

§ 1ᵉʳ.
ÉCREVISSES D'OR.

* de la Queuille, marquis... .... trois.

§ 2.
ÉCREVISSES D'ARGENT.

* d'Aschier....... une.

Reboul.......... une, en pointe,

—◊—

SECTION ONZIÈME. — OISEAUX.

§ 1ᵉʳ.
OISEAUX D'OR.

* Aurial, bourgeois .... trois.

de Jadon .... un, surmontant un rocher de même.

* Rigaud, marchand bourgeois. un, en chef

* de Vitrac....... un, appelé Vitrac,

§ 2.
OISEAUX D'ARGENT.

Maigne de la Gra-
   vière . . . . deux, affrontés, posés sur une montagne de sinople.

§ 3.
OISEAUX DE SINOPLE.

* du Fraisse, lieu-
   tenant. . . . . deux.

* Sauret, greffier. un, posé sur une branche de même.

§ 4.
OISEAUX DE SABLE

Malouet. . . . . trois, chargeant une fasce d'argent.

SERRES D'OISEAU D'ARGENT.

de Séguy . . . . une serre d'aigle, tenant un demi-vol d'argent.

§ 1er.
AIGLES D'OR.

* Albanel. . . . . trois, éployées.
* Albos. . . . . une, éployée.
d'Ayrolles . . . . une, éployée au deuxième quartier.

* de Beraud, cha-
   noine. . . . . une, éployée.
de Boissieux . . . . . une.
* de Boissieux
   écuyer . . . . une.

AIGLES D'OR.

de Brandon...... une moitié d'aigle d'or à la premiere partie, et une moitié d'aigle d'argent à la deuxième partie.

de Chazerat...... une, éployée,
* de Clavières..... une, éployée.
du Clos de l'Estoile.......... une, accompagnant en pointe une fasce d'argent.
de Conquans..... une, éployée, couronnée de même.
Cornaro de Curton........... une, éployée à la première partie.

* Gontaud....... une.
* Greslier, apothicaire......... une, éployée.

de Joigny....... une, au vol abaissé.

* Marin, bourgeois......... trois.

de Martrain...... une, éployée.
* Nayron, prieur.. une, éployée.

* Neyrac, marchand......... une, éployée.

* Pasturel, chanoine......... trois.
* Peyron, directeur.......... une moitié à la première partie.

* Sagnit, chanoine. une.
de Saint-Aignan.. une.
* Sénèzes, bour-
   geois............ une.

de Valiech....... une, accompagnée de trois étoiles d'or.
de Vienne....... une.

* Le prieuré de St-
   Illide......... trois têtes arrachées.

§ 2.
AIGLES D'ARGENT.

* d'Albignat, con-
   seiller......... une, éployée.
d'Alexandre,..... une, éployée.
d'Astorg......... une, éployée.
* d'Ayrolles...... une, éployée.

* Barrel, gentil-
   homme........ une, éployée.
* de Bladis, bour-
   geois.......... une, éployée.
de Brandon...... une, éployée.
de Brandon...... une moitié d'aigle d'or à la 1re partie et une moitié d'aigle d'argent à la 2e partie.

* de Brousselières,
   seigneur....... une.

de Coulom....... une, volant au flanc dextre de l'écu.

de Fourniaç..... une, éployée aux deuxième et troisieme quartiers.

* Gros, marchand. une.

Tassy............ une, éployée, accompagnée de huit étoiles de même, mises en orle, aux deuxième et troisième quartiers.
* Tassy, théologien........... une, aux deuxième et troisième quartiers.
* Tassy........... trois.
* Thomaze, receveur.......... une.

§ 3.
AIGLES DE GUEULES.

de Bosredon...... une, éployée, couronnée d'azur, accompagnée de trois étoiles de même.
de Boussant...... une.

* de Cantonnet, écuyer........ une, à chaque canton d'une croix de gueules.

de la Garde de Sourniac........... une, chargeant un chef d'or.

de Lezé......... quatre, cantonnant une croix de gueules.

de Montmorillon.. une, éployée.

§ 4.
AIGLES D'AZUR.

* Dathènes, chanoine......... trois, éployées.

* Veysset, chantre. une.

§ 5.
AIGLES DE SABLE.

d'Alexandre...... une, éployée.

* Cassière, chanoine.......... une.
de la Celle........ une, éployée, au vol abaissé.
de la Chassaigne de
    Sereys......... une, éployée.
de Chavagnac..... une, éployée.

*Dessaigne, gentilhomme....... une, éployée, couronnée de gueules.
* de Dry, seigneur. une, éployée.

*Le Gros, seigneur. une.
*Le Gros........ une.
* Leymond, conseiller.......... une.

de Massol de Serville.......... une, éployée, au premier quartier.

* de Pélignère.... une.
* Pélissier....... une.

de Servin....... une, éployée.
Strada.......... une, couronnée, au premier coupé.
* de Strada, seigneur.......... une.

§ 1er.
AIGLES A DEUX TÊTES D'AZUR.

de Peyre......... une.

de Salazar....... une.

§ 2.
AIGLES A DEUX TÊTES DE SINOPLE.

* de Cormaillon... trois, à tête de sable, chargeant un chef d'argent.

§ 3.
AIGLES A DEUX TÊTES DE SABLE.

d'Alexandre...... une, au vol abaissé, sommée de deux fleurs de lis de gueules.

de Saint-Clerc.... une, au vol abaissé, brochant sur le tout.
de Suat .... une, surmontée d'une étoile de même

*L'abbaye du Mou-
   thier.......... une, à la deuxième moitié.
* La communauté
  des religieux de
  St - Antoine de
  Montferrand ... une, diadémée de gueules.

AIGLETTES D'OR.

Guerrier......... trois aiglons aux premier et quatrième quartiers.
* de Téraules,
  écuyer........ cinq.

§ 1ᵉʳ.
ALÉRIONS D'ARGENT.

de Frédefont..... quatre, un à chaque canton d'un sautoir de même.

* de Perrobert.... trois.

§ 2.
ALÉRIONS DE SABLE.

Jouvenceau...... trois, accompagnant un chevron d'azur.

de Tubeuf....... trois.

ALOUETTES D'ARGENT.

* de Merville, sʳ.. trois.

AUTRUCHE D'OR.

* Soualhat, marchand........ une.

§ 1ᵉʳ.
CAILLES D'OR.

* Cailhot, greffier. trois.

* Caillet, marchand........ trois, accompagnant un chevron d'argent.

* de Canillac, chanoine......... trois.

* Vallaix, conseiller......... trois cailleteaux.

§ 2.
CAILLES D'ARGENT.

* Cailhe, procureur............ trois.

§ 3.
CAILLE DE SABLE.

* Cailard, conseiller.......... une.

CANARD DE SABLE.

*Deyrix.......... un.

§ 1er.
CANNES D'ARGENT.

de Ribeyre....... trois, becquées et membrées de gueules, accompagnant une fasce ondée d'argent, deux en chef, une en pointe.

§ 2.
CANNES DE SABLE.

* Chaduc, veuve.. trois.

§ 1er.
CANNETTES D'ARGENT.

de Bomparan..... trois, accompagnant un chevron d'or, les deux du chef affrontées.

* Bon, bourgeois. trois.

* Conchon....... trois.

* de Ribeyre, chevalier.......... trois.

* de Sagnes...... trois.

§ 2.

CANNETTES DE SABLE.

*Aumard, prêtre. trois.

de Pennautier.... une, becquée et membrée de gueules, nageant sur une rivière de sinople.

§ 1er.

CHOUETTES D'OR.

* Rochette....... trois.

§ 2.

CHOUETTE DE SABLE.

d'Houet......... une.

§ 1er.

COLOMBES D'ARGENT.

* Archon, chanoine......... une.
Aymar.......... une, tenant dans son bec un rameau d'olivier d'or.

*Beaufils, docteur. une, sur une rivière d'argent et regardant un soleil d'azur.
* Besson, marchand........ une.
*Brun, bourgeois. une, essorante.

*Collombier, marchand........ trois.
Le Court........ trois, surmontées d'une croix de même.
de Cussac....... trois, 2 et 1, accompagnant une fasce.

* Fournier, conseiller......... une.

de Gironde....... une, essorante, surmontant une étoile de la pointe de l'écu.

Gueffier......... une, accompagnant en chef une tasse de même.

* Guéringaud, bourgeois...... une, essorante.

* de Jadon, écuyer. une, accompagnant en pointe un chevron d'or.

* Jullien, conseiller du roi........ une.

de Morel de la Colombe......... une, essorante, accompagnée de trois étoiles d'or.

de Névrezé....... deux, affrontées, en chef.

de Raymond..... une, au quatrième quartier.

de Veiny d'Arbouze......... une, aux deuxième et troisième quartiers.

* le chapitre de St-Cerneuf de Billom.......... trois.
* le chapitre de l'église collégiale de St-Flour.... une, essorante, accompagnant en chef une fasce d'or.

§ 2.
COLOMBE DE GUEULES.

* de Ferriolle..... une.

§ 3.
COLOMBES D'AZUR.

Borel........... une, surmontée d'un soleil rayonnant de gueules.

* Fournier, greffier............ une, surmontant un cœur de gueules.
* du Fraisse, avocat............ une.
* de Vèze, seigneur.......... une.

§ 1er.
COQS D'OR.

* Gallière, procureur........... trois.
de Gals........... trois, crêtés et barbés de gueules, posés 2 et 1.
* Gauvoint, veuve. un, surmontant un mont d'argent.
de Vogué......... un, becqué, crêté, barbé et membré de gueules.

§ 2.
COQS D'ARGENT.

* Cohade, avocat.. un.

* Fournier, avocat. un.

de Labro........ un, surmontant un rocher d'argent.

* de la Vouède,
écuyer........ un.

§ 3.
COQS DE GUEULES.

*Amariton...... un.

Coffinhal du Noyer. un, surmontant un noyer de sinople.
*de Conquant.... un.

* La Veissière, cha-
noine......... un.
* de Véze........ un.

§ 4.
COQ D'AZUR.

* Coquery, cha-
noine .... un.

§ 1er.
CORBEAU D'OR.

* Carton, cha-
noine......... un.

§ 2.
CORBEAU D'ARGENT.

* de Roffinie, bour-
geois.......... un.

§ 3.
CORBEAUX DE SABLE.

de Falvard....... un, surmontant un chêne de sinople.

d'Ornhac........ trois.

CORNEILLES DE SABLE.

* d'Audebrand,
  écuyer........ une.

* Cousserand, marchand........ une.

* Desgirard...... une.

de Montamat..... trois, aux premier et quatrième quartiers.

de Villaret....... trois, surmontant trois monts de gueules.

§ 1er.
CYGNES D'ARGENT.

* Blanc, prêtre... un.
* Blandinières,
  bourgeois...... un.

* de Colonges, chanoine......... un.

* Dulac, conseiller. un, sur une onde de même.

de Floret........ un, surmonté d'une fleur de lis.

* de Grandsaigne,
  écuyer........ un.

* Lucas, conseiller. un.

* Poursain, avocat........... un.

* Reit, bourgeois.. un, couronné d'or.

*de Séguy, écuyer. un.

de Vernaison..... un, accompagnant trois noyers d'argent.

*La ville de Marin-
gues.......... un.

§ 2.
CYGNES D'AZUR.

* la Carrière, con-
seiller......... trois.

CIGOGNES DE SABLE.

* Micolon, mar-
chand........ deux, affrontées.

ÉMOUCHETS D'OR.

de Mouchet...... trois, accompagnant une fasce d'argent.

§ 1er.
ÉPERVIERS D'OR.

*Albanel........ un, accompagnant un chevron d'or en pointe.

de Clavières...... deux, accolés d'or, surmontant une montagne d'argent.

§ 2.
ÉPERVIER D'ARGENT.

de Guirard-Montar-
nal............ un, empiétant sur une perdrix de même, accompagné en chef d'une clochette d'argent.

§ 3.
ÉPERVIER D'AZUR.

* Roudaire, greffier.......... un.

§ 4.
ÉPERVIERS DE SABLE

* Esparvier, seigneur......... un, contourné.

*Galeix, marchand, bourgeois..... un.

FAISANS D'OR.

* Faidit, avocat... un.

* Granier, marchand......... un.

§ 1er.
FAUCON D'OR.

*de Brugier, écuyr. un.

§ 2.
FAUCONS D'ARGENT.

d'Astorg......... un, longé et habillé de sinople, posé sur une main gantée d'argent, sortant de l'extrémité sénestre, accompagné en chef de deux fleurs de lis d'argent, et en pointe d'une demi-fleur de lis d'argent mouvant de l'extrémité dextre de l'écu.

de la Fagette..... un, posé sur la garde d'une épée d'argent.
de Faucon....... un, colleté, grilleté et chaperonné de gueules, perché sur un tronc d'arbre d'or, et accompagné en chef de trois tierces feuilles de même.

de Montfaucon ... un, reposant sur une montagne d'argent, aux premier et quatrième quartiers.

§ 3.
FAUCONS DE GUEULES.

* de Diollet, seigneur......... trois.

* Faucon, conseiller.......... un.

§ 4.
FAUCON D'AZUR.

* Filiolle .... un.

§ 5.
FAUCONS DE SABLE,

de Clavières...... deux, longés, posés sur une main d'argent.

*Faucon, chanoine. un, grilleté d'or.

§ 1er.
GEAI D'OR.

* Gaytte, chanoine. un.

§ 2.
GEAIS D'ARGENT.

* Geay, chanoine.. trois.

§ 3.
GEAIS DE GUEULES.

*Guérin, bourgeois un.

* de la Richardie.. un.

§ 4.
GEAIS DE SABLE.

* Gaytte, greffier.. un.
* Gely, marchand. un.
* Guérin......... un.

* Legay, épicier.... un.

GERFAUTS D'ARGENT.

de Montjoui...... un, les rênes de même.

de la Valette ..... un.

§ 1er.
GRUE D'OR.

* Gourbeyre, mar-
  chand......... une.

§ 2.
GRUE D'ARGENT.

*Colonges .... une.

§ 3.
GRUE DE GUEULES.

*de la Gregie, bour-
  geois .... une.

§ 4.
GRUES DE SABLE.

de Lerette .... trois, becquées et onglées de gueules, ayant les extrémités des ailes aussi de gueules, posées 2 et 1.

*Menudel, notaire. une.

HIBOU DE GUEULES.

*Haboust, prévôt.. un.

HIRONDELLES D'AZUR.

d'Ossandon ...... trois, accompagnant un chevron d'azur.

§ 1er.
MARTINETS D'OR.

* Martinon, bourgeois .... trois.

§ 2.
MARTINETS DE SABLE.

*Mallet, bourgeois. trois.

§ 1er.
MERLE D'OR.

*de Montigny .... un.

§ 2.
MERLES D'ARGENT.

*Merle, lieutenant. trois.

§ 3.
MERLES DE SABLE.

*Chantemerle, marchand......... un.
* l'abbaye des Chazes........... un.

§ 1er.
MERLETTES D'OR.

d'Ouvrier....... sept, chargeant un chevron de gueules.

§ 2.
MERLETTES D'ARGENT.

* Besseyre, bourgeois......... trois.

* Cousty, marchand......... une, accompagnant un pal d'argent.

Dumas de Polard. une, surmontant un chevron d'argent au troisième quartier.

* Gaudicher, chanoine......... six.

Girot de l'Anglade. une, à sénestre.

de Micolon....... une, accompagnant en pointe un chevron d'or.

de Rochefort d'Ally............ six, accompagnant une bande d'argent.

de Saint-Germain. six, aux premier et quatrième quartiers, accompagnant une fasce d'argent.

§ 3.

MERLETTES DE GUEULES.

Tocy-Baserne..... quatre, chargeant un chef d'or.

* Vazeilles, mar-
 chand......... trois

§ 4.

MERLETTES D'AZUR.

Onslow......... six, trois en chef et trois en pointe, accompagnant une fasce de gueules.

§ 5.

MERLETTES DE SABLE.

de Bosquevert.... trois, chargeant un chef d'argent.
de la Broue...... trois.

* Canque, procu-
 reur.......... trois, accompagnant une fasce de gueules.
* de Courtilles,
 écuyer........ neuf, posées 3, 3 et 3.

de Giac.......... six, en orle, accompagnant une bande
 d'azur.
* de la Grange, cha-
 noine......... trois.

* de Laudines, écu-
 yer........... une.
de Lorme........ trois, posées 2 et 1, accompagnées de neuf
 étoiles de même.

⊦ de Marillac...... six.

* Marret, procureur.......... trois.
* May, procureur. une.
* Meret, chanoine......... trois.
Merle........... six.
* de Montreil, écuyer........... trois.
de Murat de Rochemaure........ six, mises en orle, accompagnant une bande de gueules.

* du Passard..... trois.
de la Pivardière... trois.

de Rigal......... une, au premier quartier.

de Saint-Haon..... trois, accompagnant un chevron de sable.

* Trottier......... six.

Véal du Bleau... trois, chargeant une fasce d'argent.
* Vernet, avocat.. une.
* Vissas, avocat... trois.

* le Prieuré de Marioles......... huit, en orle.

MOINEAU DE GUEULES.

* Perret, marchand bourgeois...... un.

§ 1ᵉʳ.
OIES D'ARGENT.

*de Douhet, prê-
tre.......... une.

* Talameuf, gref-
fier.......... trois, accompagnant un chevron d'argent.

§ 2.
OIE DE GUEULES.

* Gras......... une.

§ 3.
OIES D'AZUR.

d'Alagnat....... une.

* Gourlat, conseil-
ler.......... une.

§ 4.
OIE DE SABLE.

* du Doyer...... une.

OISONS D'ARGENT.

de Neuville...... trois, posés 2 et 1.

§ 1ᵉʳ.
PAONS D'OR.

d'Aldin........ un, passant sur une pelouse de sinople.

* Bauduy, cha-
noine......... deux paonneaux.

*Boutarel, lieute-
  nant.......... un, rouant.

* Deydier, bour-
  geois......... un, rouant.

§ 2.
PAON DE GUEULES.

*Vischambes, pro-
  cureur........ un.

§ 3.
PAON DE SABLE.

* Lazenier, bour-
  geois......... un.

§ 1ᵉʳ.
PÉLICANS D'OR.

Pélissier de Féli-
  gonde......... un.
* Pélissier, cha-
  noine......... un.
* Pélissier, curé.. un, sur un nid.
* Pélissier....... un, volant.

§ 2.
PÉLICANS DE GUEULES.

de Laparra de Fieux. un, accompagnant en pointe une fasce
    d'azur.

Milhaud........ un, et sa piété, soutenus de deux drapeaux
    de sable.

§ 3.
PÉLICAN D'AZUR.

* Pélissier, doyen. un.

§ 1ᵉʳ.
PERDRIX D'OR.

de Macheco...... trois têtes arrachées de gueules.

* Jouanel, bourgeois......... trois.

§ 2.
PERDRIX D'ARGENT.

de Guirard-Montarnal......... une, empiétée par un épervier d'argent, et accompagnée en chef d'une clochette d'argent.

§ 3.
PERDRIX DE GUEULES.

* Redon juge..... une.

§ 1ᵉʳ.
PERROQUETS D'OR.

* Champet, bourgeois.......... un.

* de Peyrollet, écuyer........ un.

§ 2.
PERROQUET D'ARGENT.

* de Fretat, écuyer. un.

§ 3.
PERROQUETS DE SINOPLE.

* d'Estel........ un.

* Gibral, avocat.. un.

§ 1er.
PIE D'ARGENT.

* Pegeyre, prieur. une.

§ 2.
PIES DE SABLE.

* Gaches, chantre. trois.

* Mareghou, marchand......... une.

* Vissard, procureur.......... une.

§ 1er.
PIGEONS D'OR.

* de Couzans, écuyer........... un.

* de Ferriolles, président...... trois.

* Fournier, lieutenant......... trois.

* de Sennezergues, conseiller...... trois.

§ 2.
PIGEONS D'ARGENT.

* Chambon, prêtre............ un.

*de Digons...... trois.

* Maignes, bourgeois............ un.
* Mallet, bourgeois............ un.

§ 3.
PIGEONS DE GUEULES.

*Gourlat, avocat.. un.

* le prieuré de St-Saury.......... un.

PINSONS DE GUEULES.

* de Pestelet, écuyer............ trois.

POULE D'AZUR.

*Chapouilhe, marchand.......... une

RAMIERS D'ARGENT.

Favard de Langlade.......... un, posé sur une terrasse de même au troisième quartier.

*de Falvard, échevin............ un, sur un arbre de sinople.

ROITELET D'OR.

* Rollet .... un.

§ 1er.

ROSSIGNOL D'ARGENT.

* de Pigavol, bour-
  geois .... un.

§ 2.

ROSSIGNOL D'AZUR.

* Maigniol, bour-
  geois .... un.

§ 1er.

TOURTERELLE D'OR.

* de Matharel, con-
  seiller .... une.

§ 2.

TOURTERELLES D'ARGENT.

de Tourtoulon.... trois, accompagnant une tour d'argent, dont l'une est perchée sur le créneau à dextre, et les deux autres posées au pied de la tour.

§ 1er.

VOL D'OR.

de Combes....... un.

§ 2.

VOLS D'ARGENT.

* de la Bréceville,
  écuyer........ un, sur le tout.

de Champflour... un, séparé, abaissé, surmontant une étoile d'or.

de Sales......... un.

§ 3.

VOLS DE GUEULES.

* Mège, conseiller
  du roi........ un.

* de la Volpilière,
  chevalier...... un.

§ 4.

VOLS D'AZUR.

* de Laire, cha-
  noine......... un.

* de la Volpilière,
  avocat........ un.

§ 5.

VOL DE SABLE.

* Laporte, conseil-
  ler du roi...... un, surmonté d'une tortue de même.

§ 1er.
DEMI-VOLS D'OR.

d'Aleyrac........ un.

* Bonel......... un.
de Bourdeilles.... trois.

* Moranges, con-
   seiller du roi... un.

*Saulnier, bour-
   geois......... trois, accompagnant un chevron d'or.

§ 2.
DEMI-VOLS D'ARGENT.

* Ligier, châtelain. trois, accompagnant une fasce d'argent.

* Montel, bailli.. un, surmontant un mont d'or.

* de la Roche..... un.

de Seguy........ un, surmonté d'une étoile d'or.

§ 3.
DEMI-VOLS D'AZUR.

de Mayet........ deux, abaissés, accompagnant en chef deux
                  chevrons de gueules.

de Ravel........ un.

SECTION DOUZIÈME. — POISSONS.

§ 1er.
POISSON D'OR.

de Chalus de Pron-
    dines............ un, en bande, accompagné de cinq étoiles de même, deux en chef, trois en pointe.

§ 2.
POISSONS D'ARGENT.

* Chambaron..... deux, adossés.
de Chaumes...... un, accompagnant en pointe un chevron d'or.
* Dery, fils...... un, accompagnant en pointe un chevron d'or.
* Poisson, bour-
    geois.......... un.
* Poisson........ trois.
* Sauret......... trois.
Tassy........... deux, posés en fasce, aux premier et quatrième quartiers.

§ 3.
POISSONS DE GUEULES.

* Chaudessolles,
    chanoine....... trois.
* de Lapchier, juge. trois.
* Rouget, bourg^s. un.
* Rouget, avocat.. un.

ANGUILLE DE GUEULES.

* Danguy, bourgeois......... une

BARBEAUX D'ARGENT.

de Bonnevie...... trois, aux premier et quatrième quartiers, posés en fasce, accompagnés en chef de trois étoiles de même.

*Boucheyron, marchand......... deux, adossés.

§ 1er.
BROCHETS D'ARGENT.

* Prohet, avocat.. un.

*Tassy, théologien. deux, aux premier et quatrième quartiers.

§ 2.
BROCHETS D'AZUR.

* Prohet, avocat... un.

*La communauté des aubergistes. de Brioude..... un.

HARENG DE SABLE.

*Dayran, écuyer.. un.

§ 1er.
SAUMON D'OR.

* de Chazelles, écuyer......... un.

§ 2.
SAUMON D'AZUR.

*Saunier, fils.... un.

SOLES D'OR.

*Assolant, marchand......... trois.

TRUITE D'ARGENT.

d'Orcival........ une, en bande, marquetée de sable, accompagnée de six étoiles d'or en orle.

SECTION TREIZIÈME. — COQUILLES.

§ 1er.
COQUILLES D'OR.

de Barillon...... deux, accompagnant en chef un chevron d'or
des Barres....... trois, deux en chef, une en pointe, accompagnant un chevron d'or.
*de Brugier, écuyer........ trois, chargeant une bande d'azur.
de la Bussière.... trois, accompagnant en pointe une fasce d'or.
de Coëffier....... trois, posées 2, 1.
de Combarel-Gibanel........... trois, posées en pal à la première moitié,
Désaix, général... trois, chargeant une bande de gueules.
Désaix frères..... trois, chargeant une bande de gueules au premier quartier.
*de Dienne écuyer. cinq, chargeant une croix de gueules.

Ferrand......... trois, aux deuxième et troisième quartiers.
de Forget........ six, accompagnant un chevron d'or.
* de la Fredière,
　gentilhomme... trois.

* de Jacques,
　écuyer........ trois.

de Lampres...... une, accompagnée en chef de deux étoiles d'or et en pointe de trois mouchetures d'hermine en fasce.
de Lignac........ trois, chargeant une bande de sable.
Luillier......... trois.

de Montal....... semé dans les claires voies.
* Monuet, notaire. trois.

de Nozières-Montal........... trois, à la deuxième moitié.

* Romannet, conseiller du roi... trois.

de Sarrazin...... trois, chargeant une bande de gueules.

de Vinols........ trois, chargeant un chef de gueules.

§ 2.

COQUILLES D'ARGENT.

d'Anjony........ trois, chargeant un chef d'azur.
Aubert.......... trois, chargeant un chef de gueules.
d'Aureille....... une, à la deuxième moitié sous deux besants d'or.

d'Aurillac . . . . six, posées en orle, accompagnant une bande d'or.

de la Broue . . . . deux, accompagnant en chef un chevron d'or.

*de Brun, écuyer. une, à chaque canton d'un sautoir d'argent.

du Clos de l'Estoile. deux, accompagnant une fasce d'argent.

du Fayet. . . . . une, chargeant une fasce d'or.

de Gaches. . . . . trois, à la première moitié.
de Gouzel. . . . . une, sommée d'une étoile d'or.
de Goy . . . . trois, chargeant un chef de sable, aux premier et quatrième quartiers.

de la Jugie. . . . . . . six, posées en orle, accompagnant une bande d'or.

de Montal. . . . . trois.

de Pouzols. . . . . deux, accompagnant une fleur de lis d'or.

Romeuf. . . . . quatre, une à chaque canton.
de Rully. . . . . six

*Sain, écuyer. . . . . deux.
de Sarrazin de la
 Jugie. . . . . six, accompagnant une bande d'or.
de Seguy. . . . . un, mouvant du flanc sénestre à la deuxième moitié.
Soubrany de Bé-
 nistant. . . . . trois en chef.

de la Souchère... trois, accompagnant un chevron d'or.

de la Vergne..... trois, chargeant un chef de gueules.
de Veyre........ deux, accompagnant en chef un chevron d'argent.

* La ville d'Aurillac.......... trois.

§ 3.
COQUILLES DE GUEULES.

* Bouchard...... une, à chaque canton d'une croix de même.
de Bulhon....... six, accompagnant une bande de gueules.

* Juvenceau, écuyer........ trois, accompagnant une fasce d'azur.

* Sudre, marchand bourgeois...... trois.

§ 4.
COQUILLES D'AZUR.

de Bourbon (1re maison)....... huit, posées en orle.

* Canque........ trois.

de Montluçon.... huit, en orle, accompagnant un lion de gueules.

* Vigeral, procureur.......... trois.

§ 5.
COQUILLES DE SABLE.

*de Bragelongue.. une, chargeant une fasce d'argent.

* Jacques, doyen. trois.

*de Léautoin, gen-
   tilhomme...... trois, accompagnant une fasce de gueules.

du Pont de Ligo-
   nez.......... trois, chargeant un chef d'argent.

* de Vixouse, con-
   seiller du roi... une.

§ 6.
COQUILLES DE SINOPLE.

de Crespat....... deux, accompagnant une étoile de gueules.

David.......... trois.

VANNEAUX D'OR.

* de Montvallat,
   seigneur....... un, surmontant un mont d'or.

* Vanaire, mar-
   chand bourgeois. trois.

* de Ventilhac,
   écuyer........ trois.

SECTION QUATORZIÈME. — PLANTES.

§ 1er.
ARBRES D'OR.

* du Bois, bourgeois......... un.
* du Bois, écuyer.. un, sur une terrasse de sinople.
de Castanède..... un, ébranché, aux deuxième et troisième quartiers, servant d'appui à un lion d'or.
* du Claux, bourgeois......... six.
de Faucon. ..... un tronc sur lequel est posé un faucon d'argent.
* Huguet, chanoine......... un, accosté de deux lions de même.
de Masse........ un, arraché.
* de Sarret, chevalier......... un.
* Servoint, tanneur.......... un.
*Verny, marchand. un.

§ 2.
ARBRES D'ARGENT.

* Cartier........ un, fruité de sinople.
* de Fontfreyde, écuyer........ trois, noueux.
* Grobost, conseiller........... un, accompagnant en pointe une fasce d'or.

§ 3.
ARBRES DE GUEULES.

* de Fontfreyde,
    écuyer........ trois, noueux.

§ 4.
ARBRE D'AZUR.

* May, bourgeois. un.

§ 5.
ARBRES DE SINOPLE.

* d'Apchier, abbé. un.

* de Beauverger,
    seigneur....... trois, sur une terrasse de même.
du Bois......... un, arraché.
* du Bois, veuve.. trois, sur une terrasse de même.
* Boisset, conseil-
    ler.......... trois.
* Boissy, conseil-
    ler.......... trois, sur une terrasse de même.
du Buisson...... un.
du Buisson...... trois, arrachés.

Caldaguès .... un.
* Claux, mar-
    chand .... semé de petits arbres.
de Combettes..... un, aux premier et quatrième quartiers.

* de Falvard, éche-
    vin .... un, chargé d'un ramier d'argent.

23*

* de Forest, chevalier............ trois.
* du Fraisse, lieutenant........ un.
* Fressanges, chanoine.......... un.
* Huguet, greffier.......... un, accosté de deux lions de gueules.
*de Leygouye, conseiller....,.... un, aux premier et quatrième quartiers, accompagné de flammes de gueules sur une rivière d'azur.
de Loménie...... un, sur un tourteau de sable.
de Mauran....... un, accompagné de trois étoiles (ou molettes) de gueules.
* Mayet, greffier.. un.
* du Montal, seigneur......... un, au quatrième quartier.
* du Pechier, gentilhomme...... un, sur une terrasse de même.
* de Peyrusse, gentilhomme...... un, sur une terrasse de même.
de Ringal-de-Pradel........... trois, au deuxième quartier.
* de Saussat, gentilhomme...... trois.
* Soulagès, procureur. .... un.

*Teillard, conseiller............ trois.
*Térrasse, bailli. un, sur une terrasse de même.
*Thiolier........ un.

* du Verger, marchand,........ un, sur une terrasse de même.
*Vernet, chanoine......... un.
*Vigier, conseiller........... trois, en pointe,
de la Voute...... un.

*le prieuré de Viescamps......... un.

§ 1er.
TIGES D'ARGENT.

de Boissieux..... une, à trois roses de gueules.
du Bourg........ trois tiges d'épines, feuillées d'argent.

§ 2.
TIGES DE SINOPLE.

Chardon du Ranquet.......... une, de chardon.

de l'Espinasse.... une, de lierre, en fasce, accompagnée de trois croissants de même.

Favars.......... deux tiges de fèves.

ALISIERS DE SINOPLE.

Aligier.......... un, brochant sur un lion de gueules, passant.

Ligier de la Prade. une branche, garnie de ses fruits.
* Ligier, conseiller.......... un, à deux branches.

ARBOUSIER DE SINOPLE.

d'Arbouse....... un.

AUBÉPIN D'OR.

de Loubeyrac..... un, soutenu par un léopard de même.

BOULEAUX D'OR.

de Fontfreyde.... trois, ébranchés, mis en pal, 2 et 1.

BRUYÈRES DE SINOPLE.

de Brugière de Barante......... quatre, sur une champagne de sinople, aux premier et quatrième quartiers.

§ 1er.
BUISSON D'ARGENT.

* de Bosredon .... un.

§ 2.
BUISSON DE GUEULES.

* Daubusson, doyen......... un, enflammé.

CÈDRE DE SINOPLE.

* de Boisredon, seigneur......... un.

CERISIER D'OR.

* Sériés, greffier,.. un.

CHARME DE SINOPLE.

*Charmes, avocat. un.

CHATAIGNIER DE GUEULES.

*Chassaigne, mar-
   chand........ un, fruité d'or.

§ 1er.
CHÊNES D'OR.

de Beauvoir..... un, à quatre branches passées en sautoir.

*Clément, greffier. un, accosté de lettres J. et C. et surmonté d'une croisette d'or.
de la Chassaigne.. un, feuillé, à la première moitié.
du Châtelet...... un.

*de Nozières, cha-
   noine........ un, accosté de deux lions d'or.

§ 2.
CHÊNES D'ARGENT.

*Bréqueulle, bour-
   geois......... un.

*de Falvard,
   écuyer........ un.

COUDRIER D'OR.

de la Vaissière.... un.

CRÉQUIER D'OR.

de St-Gervazy.... un.

CYPRÈS DE SINOPLE.

*Martinon, asses-
 seur......... un, accompagnant un chevron de gueules.
de Montravel..... trois, arrachés, aux deuxième et troisième quartiers.

*Périsel, march^d. trois.

§ 1er.
FOUGÈRES D'OR.

*de Faugières,
 gentilhomme... trois.

§ 2.
FOUGÈRE DE SINOPLE.

de Val......... un brin, à la première moitié.

§ 1er.
FRÊNE D'OR.

*Rabany, tanneur. un, entouré d'un pied de lierre de sinople.

§ 2.
FRÊNES DE SINOPLE.

du Fraisse....... un.

Tailhardat....... un, à la deuxième moitié.

§ 1er.
HÊTRES D'OR.

* d'Auriat, seigneur......... un.

* de la Vort, fils.. un, sur une terrasse de sinople.

§ 2.
HÊTRES DE SINOPLE.

* Guitton, conseiller........... un.

* Luillier, bourgeois......... un.

* la communauté des marchands de Blesle...... un.

HOUX DE SINOPLE.

de Greffuelhe..... un, accosté en chef de deux étoiles d'azur.

IF D'OR.

* Ivery, marchand. un.

LAURIERS DE SINOPLE.

de Bouzel........ un.

* de Larpheulle, notaire........ un, arraché.
* de Lauriat, écuyer. un.

de Trenqualye.... un, tenu par un lion de gueules.

MAI D'OR.

Dumay.......... un, terrassé, accosté à dextre d'une tige de fleur de lis, mouvant de la terrasse, à sénestre, et d'un chien aussi d'argent.

MURIER DE GUEULES.

* de Murat, chevalier........... un.

§ 1er.
NOYERS D'ARGENT.

de Vernaison..... trois, 2 et 1, accompagnés d'un cygne.

§ 2.
NOYER D'AZUR.

* de Bernard, écuyer........ un.

§ 3.
NOYERS DE SINOPLE.

*Boyer, procureur. un.

Coffinhal du Noyer............ un, arraché, sommé d'un coq de gueules.

de Nozières-Montal........... un, à la première moitié.

* de Nuzières.... un.

de la Valette..... un.

§ 1er.
OLIVIER D'ARGENT.

*Pavel, conseiller du roi..... un.

§ 2.
OLIVIERS DE SINOPLE.

*Lolier, conseiller. .... un.

*Matthieu, conseiller du roi...... un.

*Olivier, bourgeois......... un, sur une motte de même.

*Ollier, conseiller du roi .... un.

*Viguier, chirurgien.......... un.

§ 1er.
ORMES DE GUEULES.

*de Lorme, marchand........ un, feuillé de sinople.

§ 2.
ORMES DE SINOPLE.

*Boissieux........ un.

Delzons.......... trois, à la première moitié, surmontés de deux étoiles d'azur.

d'Umières........ un, accompagné d'une levrette d'argent.

§ 1er.
PALMIERS D'OR.

* Ceysset, veuve.. un.

* Pélissier, bourgeois......... un.

du Pouget de Fosses........... un, accosté de deux lions affrontés de même.

* Truchon, bourgeois......... un.

§ 2.
PALMIER DE SINOPLE.

* Balme, chanoine. un.

PEUPLIER DE SINOPLE.

*Peyron, directeur. un, à la deuxième moitié.

§ 1er.
PINS D'ARGENT.

* Aymeric, conseiller........... un.

* de Boisset, dame. un.

§ 2.
PINS DE SINOPLE.

Bravard......... un, terrassé de même, avec une tour d'argent au milieu.

* d'Espinassol.... trois, sur une terrasse de même.

Lamy............ un, aux premier et quatrième quartiers.

de Pinhac....... un.

PLATANES DE SINOPLE.

Verdier de Marcil-
  lac............ trois, grainés de gueules, surmontés d'un croissant d'argent.

§ 1er.
POIRIER D'ARGENT.

*Perron, conseil-
  ler........... un.

§ 2.
POIRIERS DE SINOPLE.

*Perier......... un, fruité d'argent.
*Perier, procu-
  reur.......... un.

§ 1er.
POMMIER D'OR.

*Peitavey, conseil-
  ler du roi..... un.

§ 2.
POMMIER D'AZUR.

*de Courtaurelle,
  écuyer........ un, fruité d'or.

§ 3.
POMMIER DE SINOPLE.

*Pommier, mar-
  chand bourgeois. un, fruité d'or.

PRUNIER DE SINOPLE.

de Pruines....... un, entortillé d'un lézard d'or.

ROSIERS DE SINOPLE.

* du Ronzet, écu-
  yer........... un.
* Rougier, mar-
  chand......... un.

SOUCI DE SINOPLE.

de Pompignac.... un, tigé de même et fleuri de gueules

TILLEULS DE SINOPLE.

du Teil.......... un, accompagnant en pointe un chevron de gueules.
du Teil.......... un.
Teilhard......... un, arraché et chargé de flammes de gueules
* Teilhard, sei-
  gneur......... un, sur une terrasse de sinople.

§ 1er.

VIGNES D'OR.

* Boisson, mar-
  chand........ un cep, fruité de gueules et reposant sur une terrasse de sable.

* Vigier, avocat... un cep.
* Vigier......... un cep.

§ 2.

VIGNE D'AZUR.

* Vignolles, gref-
  fier........... une, sur une terrasse de sinople.

§ 3.
VIGNES DE SINOPLE.

* Boisson, bour-
 geois......... un cep.

* Goyt, conseiller. une, fruitée de pourpre.
 de Grenier....... une, accompagnant en chef une bande d'argent.

* Podevignes, prê-
 tre.......... un cep.

* des Vignes, prê-
 tre.......... semé de ceps.
 de Vinols........ un cep.

FÈVES DE SINOPLE.

Favars.......... deux tiges de fèves.

PLANTES DE LIN D'ARGENT.

* Bourlin, avocat. trois, surmontant trois tours d'argent.
* Bourlin père ... une, entre deux tours d'argent.
* Bourlin, aide-
 porte-coffre.... deux.

PLANTES DE VESCE DE SINOPLE.

* de la Veissière,
 procureur..... trois, chargées de plusieurs cosses de même, sur une terrasse de sable.
* de la Vesse, mar-
 chand bourgeois. trois.

JONC DE SINOPLE.

* de Jadon, écuyer. un.

PELOUSE DE SINOPLE.

d'Aldin .... une, soutenant un paon rouant d'or.

SECTION QUINZIÈME. — BRANCHES

§ 1er.
BRANCHES D'OR.

Désaix, général... une branche de laurier en barre, au troisième quartier.

* de Laurie ...... une branche de laurier.

§ 2.
BRANCHE D'ARGENT.

Désaix, général.. une branche de chêne au troisième quartier.

§ 3.
BRANCHES DE SINOPLE.

Feydets .... deux branches de laurier, une à chaque côté d'un pavillon de sinople.

Grenier.......... une branche d'olivier.

§ 1er.
PALMES D'OR.

Arnaud .... deux, adossées, accompagnant en chef un chevron d'or.

* Arnaud, écuyer. deux, accompagnant en chef un chevron d'or.

* Brujas, avocat.. deux, accompagnant en chef un chevron d'or et un lion de même en pointe.

*des Raines, bour-
   geois......... trois.

*Serancé, cha-
   noine......... trois, accompagnant un chevron d'or.

*de la Vaille,- LAVELLE -
   écuyer........ trois, accompagnant un chevron.

*Le couvent des
   Bénédictins d'Is-
   soire.......... deux, en sautoir, en pointe.

§ 2.
PALMES D'ARGENT.

d'Allemaigne..... une, accompagnant en pointe un chevron
                  d'or.

*Deydier, conseil-
   ler........... trois, en pal.

de Sedières...... trois, accompagnant un chevron d'or.

§ 3.
PALMES DE SINOPLE.

*Bompart....... trois, accompagnant un chevron de sable.

de la Fage...... deux, accompagnant en chef un chevron
                 de sable.

*Montaurier, tré-
   sorier........ trois, accompagnant un chevron de même.

*de Reyrolles,
   curé.......... une, accompagnée de trois flammes de
                  gueules.

§ 1ᵉʳ.
RAMEAU D'OR.

Aymar.......... un, tenu dans le bec d'une colombe d'argent.

§ 2.
RAMEAU DE SINOPLE.

*Meyrand, conseiller........... un.

TRONCS D'OR.

de la Salle...... deux, passés en sautoir, soutenant une tour d'argent.

SECTION SEIZIÈME. — FEUILLES D'ARBRES ET DE PLANTES.

§ 1ᵉʳ.
FEUILLES D'OR.

de Gouzolles..... trois.

§ 2.
FEUILLES DE SINOPLE.

de Chany........ trois, de chêne, accompagnant une rose de gueules.

de Gouzolles..... trois.

§ 1er.
QUINTEFEUILLES D'OR.

* de Moussier, avocat.......... trois.

de Tane......... trois, chargeant un chef d'azur.

§ 2.
QUINTEFEUILLES D'ARGENT.

* Eymond, comte. trois, accompagnant un chevron d'or.

* Potière, avocat.. trois, surmontant trois pots de même.

de Trenqualye.... deux, accompagnant un chevron d'or, à la deuxième moitié.

§ 3.
QUINTEFEUILLES D'AZUR.

* Cestières, conseiller........ trois.

de Tane......... trois.

§ 4.
QUINTEFEUILLE DE SINOPLE.

* de Miramon, seigneur......... une.

§ 1er.
TRÈFLES D'OR.

de Bréon........ semé.

de Chateauneuf-Marcillat...... trois, versés.

*Chevalier, avocat. deux, accompagnant en chef un chevron d'or.

du Mas.......... trois, accompagnant un chevron d'or.
de Montservier... trois, accompagnant un chevron d'or.
*Musnier, trésorier.......... trois, accompagnant un chevron d'or.

*Thiers, chanoine. trois.
*Trein, conseiller du roi........ trois.

*la ville de Blesle. semé.
*l'abbaye de Feniers......... un, à chaque côté d'une crosse d'argent.

§ 2.
TRÈFLE D'ARGENT.

*Bousset, curé... un.

§ 3.
TRÈFLES DE SINOPLE.

du Bouchet....... semé.
de Broé......... trois, chargeant un chef d'or.

*de Fretat, écuyer. trois.

du Prat........ trois, deux en chef, un en pointe, accompagnant une fasce de sable.

Rodier.......... trois, accompagnant un chevron de gueules.

§ 4.
TRÈFLES DE SABLE.

de Savignac...... trois, posés 2 et 1, accompagnant un chevron de gueules.

de Valans........ trois, accompagnant un lion rampant de sable.

de Wautier...... deux feuilles alternées.

§ 1er.
TIERCEFEUILLES D'OR.

* Bertrand, bourgeois.......... trois, accompagnant un chevron d'or.

*Boire, conseiller. trois, chargeant un chevron d'azur.

de Bonnavent..... une, aux deuxième et troisième quartiers.

* Courton .... six, accompagnant un pal d'or.

*Dumas.......... trois.

de Faucon....... trois, acccompagnant en chef un faucon d'argent.

* Garnaud, conseiller.... .... trois.

* Thierry, marchand......... deux, accompagnant une bande de même.

*de Trémeuge .... trois.

* Vessier, médecin. trois.

§ 2.

TIERCEFEUILLES D'ARGENT.

de Valeix........ trois, accompagnant un chevron d'or.

§ 3.

TIERCEFEUILLES DE SINOPLE.

*Burin, sieur du
    Clos......... une.

Fournier........ trois, chargeant un chef d'argent.

*de Matharel,
    bailli......... quatre, une à chaque canton d'une croix de gueules.

de Thianges...... trois.

SECTION DIX-SEPTIÈME. — FLEURS.

§ 1er.

FLEURS DE LIS D'OR.

d'Alègre (ancien). semé.
d'Alzon......... semé, dans les claires-voies.
André.......... trois, chargeant un chevron d'azur.
d'Arfeuille....... une, accompagnée de trois étoiles de même, deux en chef, une en pointe.
d'Autressal...... une, accompagnant en chef un chevron d'or.

de Beaumont-de-
    Rochemure.... trois, chargeant une fasce d'azur.

FLEURS DE LIS D'OR.

de Béral......... une, surmontant deux torches passées en sautoir.
Bertrand......... trois, chargeant un chevron d'azur.
de Boisset........ deux, chargeant un chef d'azur.
de Bonnevie...... semé, aux deuxième et troisième quartiers.
de Bourbon, 3e maison........... semé.
de Bourbon-de-Montpensier... trois.
de Bourbon-Busset. semé.
de Bourbon-Malause......... semé.

de Castanède..... trois, chargeant une bande de gueules, aux premier et quatrième quartiers.
de Coustave...... trois, chargeant deux barres d'azur.
de Cereys........ semé.
de Chalencon.... huit, chargeant une bordure de sable.
de Charvil....... une, surmontant un lévrier d'argent.
de la Chassaigne-de-Sereys...... semé sur une bordure de gueules.
de Cistel......... trois, chargeant un chef denché d'azur.

de Drossanges.... six, accostant une tour crénelée d'argent.

de l'Espinasse.... semé, au troisième quartier.
d'Estaing........ trois.

de Florac........ semé.

de Gaches....... une en pointe.
de Gebelin-de-Florensolles...... deux, à dextre d'une tour d'argent.

de Grégoire-de-Gardie-de-St-Rome. deux, tenues par deux vierges au troisième quartier.

de Guerin....... une, accompagnant en pointe un chevron d'or.

de l'Hôpital...... une, chargeant un coq d'argent.

de Lamoignon.... une, au centre de l'écu.
de Ludesse....... trois, chargeant un chevron d'azur.

de Meilhau....... trois, chargeant un chef d'azur.
Mitte de Mons.... huit, chargeant une bordure de sable.
de Montjournal... trois, aux premier et quatrième quartiers.

de Pouzols....... une, chargeant un chef de gueules.

de Quinemont.... trois, accompagnant un chevron d'or.

de Saignes-de-Florac........... semé.
de Sartiges....... une, surmontant en chef deux chevrons d'or.

du Teil.......... une, chargeant un chef d'azur.
de la Tour....... semé.
de Tournon...... semé.
de Tourzel....... six, accompagnant une tour d'argent, trois à dextre et trois à sénestre.

de Vertolaye..... quatre.

* la ville d'Aigueperse.......... trois, sur un chef d'azur, une sur le tout, couronnée d'or.

* La ville d'Auril-
 lac............ trois.
* la ville de Besse. trois.
* la ville de Billom. trois en chef.
* la ville de Chau-
 desaigues...... deux, en chef.
* la ville de Cler-
 mont......... une à chaque canton d'une croix d'or,
 vidée de gueules.
* la ville d'Issoire.. semé sur un sautoir de gueules.
* la ville de Mon-
 taigut......... trois.
* la ville de Riom.. deux, en chef.
* la ville de saint-
 Flour......... semé, à la première moitié.
* la ville de saint-
 Germain - Lem-
 bron.......... trois.
* la ville de Vic.... une, chargeant une fasce denchée d'azur.
* l'abbaye de Mo-
 zac........... une, à la première moitié.
* l'abbaye de Saint-
 Alire......... trois.
* le chapitre des
 chanoines et
 comtes de Briou-
 de............ trois, dans chaque quartier d'une croix
 d'argent, aux deuxième et troisième
 cantons.
* le chapitre de
 de l'église cathé-

drale de Cler-
mont......... une, à chaque canton d'une croix d'or vidée de gueules.

* le chapitre de la Sainte-Chapelle de Riom....... trois.
* le chapitre de Montferrand ... semé.
* la communauté des religieux de Saint-Robert de Montferrand ... une.
* le couvent des religieux de l'abbaye du Bouchet. semé.
* le couvent des religieux de Saint-Joseph de Brioude........... trois.
* le couvent des religieux de l'abbaye de Montpeyroux .... une, au premier canton.
* le couvent des Bénédictins de Mauriac...... quatre.
* la communauté des religieux de Brioude....... semé sur un chevron ondé de gueules.
* la communauté des marchands de Langeac.... une, sur un chef de gueules.

* la communauté
 des marchands
 de Chaudesai-
 gues.......... trois, sur un chef de gueules.
* la communauté
 des notaires de
 Saint - Amant-
 Tallende...... deux, sur une foi d'azur.
* la communauté
 des notaires et
 procureurs de
 Pont-du-Châ-
 teau.......... trois, sur un chef de gueules.
* la communauté
 des orfèvres de
 Clermont...... une, aux premier et quatrième quartiers.

§ 2.
FLEURS DE LIS D'ARGENT.

d'Alègre de Tour-
 zel........... six, trois à dextre et trois à sénestre, ac-
                compagnant une tour d'argent.
d'Astorg......... deux en chef.

de Bordes....... trois, accompagnant un chevron d'argent.

de Courcelles du
 Breuil........ six, au deuxième quartier, accompagnant
                une bande d'or.

Desmarets....... trois.
*Dulac, écuyer... une, accompagnant en pointe un chevron
                d'argent.

de Floret........ une, surmontant un cygne d'argent.

de la Garde...... six, rangées de trois en trois, en bande.

* de Leygouye, trésorier......... une, aux deuxième et troisième quartiers.

de Sarret........ une, surmontant une colonne d'or.

du Teil.......... une, chargeant un chef de gueules.

* la commanderie de Montchamps. semé, sur un pal d'azur.

* la communauté des arts et métiers de Pontgibaud......... une, surmontant un pont d'or.

* la communauté des arts et métiers d'Ennezat. trois.

* la communauté des arts et métiers de Pierrefort.......... trois.

* la communauté des marchands d'Allanche..... trois, sur un chef d'azur.

* la communauté des marchands et autres arts et métiers de Saint-Paulien....... une.

* la communauté
des notaires et
procureurs de
Cournon . . . . . . trois, sur un chef de gueules.

§ 3.
FLEURS DE LIS DE GUEULES.

d'Alexandre . . . . . . deux, surmontant une aigle de sable, à deux têtes.
d'Auger . . . . deux, aux deuxième et troisième quartiers.
d'Auriouze . . . . . . une.

de Bonnevie . . . . . . quatre, en fasce, accompagnant trois fasces ondées de gueules.

de Goy . . . . une aux premier et quatrième quartiers.

de Ribes . . . . une, surmontant une montagne de même.

de Saint-Aignan . . une.
de Saint-Quentin . une.
*de la Salle, écuyer. une tige.

* la communauté
des arts et métiers de Pont-du-
Château . . . . une, en chef
* la communauté
des chapeliers
de Clermont . . deux, accompagnant un chapeau de meme.

§ 4.
FLEURS DE LIS D'AZUR.

d'Apchon........ six.
d'Apchon........ semé.

de Courcelles du
   Breuil .... trois, chargeant trois fasces d'argent, aux premier et quatrième quartiers.

de la Fagette..... une, accompagnant à dextre une épée d'argent garnie d'une poignée d'azur.
de Fontanges..... trois, chargeant un chef d'or.

de Giou......... semé.

de Pompignac.... trois, chargeant une fasce d'argent.

de Saignes de Giou. semé.
de Saint-Germain-
   des-Fossés..... semé, aux deuxième et troisième quartiers.

de Veauce........ semé.

* la ville de Lan-
   geac.......... trois, sur un chef d'or.
* la ville de Saint-
   Flour......... semé, à la deuxième moitié.
* la communauté
   des marchands
   et autres arts et
   métiers de Vic-
   le-Comte....... trois, sur un chef d'or.

* la communauté
des médecins et
apothicaires de
Murat........ une, sur un chef d'argent.
* la communauté
des notaires ro-
yaux et ordinai-
res de Mauriac. une, sur une fasce d'or.

§ 5.
FLEURS DE LIS DE SABLE.

d'Hirques....... trois, accompagnant un chevron de sable.

de Rivoire....... trois, chargeant une bande d'or.

*la ville de Briou-
de............. une, surmontant deux clefs de même.
* la communauté
des avocats, no-
taires et procu-
reurs d'Ambert. une.

§ 1ᵉʳ.
LIS D'OR (TIGE).

de la Chassaigne.. une tige à la première moitié.

* Jally, notaire... une tige.

§ 2.
LIS D'ARGENT (TIGE).

de Boyer........ trois, au naturel, accompagnant un chevron d'or.

Dumay.......... une tige, accostant un mai terrassé.

le Fèvre d'Ormes-
   son............ trois tiges, fleuries et feuillées de sinople,
                  posées 2 et 1.

* le couvent des re-
   ligieuses d'Am-
   bert.......... une, au naturel, sur des épines d'or.

* la communauté
   des arts et mé-
   tiers de Cour-
   pière.......... une, au naturel, tenu par un saint Joseph
                  d'or.

* la communauté
   des arts et mé-
   tiers de Saint-
   Germain - Lem-
   bron... ...... une, au naturel, tenu par un saint Joseph
                  d'or.

* la communauté
   des arts et mé-
   tiers de Clcr-
   mont.......... une, au naturel, tenu par un saint Joseph
                  d'or.

§ 1er.

CHARDONS D'OR.

*Chardon, tréso-
   rier.......... trois, accompagnant un chevron d'or.

§ 2.

CHARDON DE SINOPLE.

Chardon du Ran-
   quet.......... un.

§ 3.

CHARDONS DE POURPRE.

*Chardon, conseil-
    ler........... trois, accompagnant une fasce d'argent.

COQUERETS D'OR.

* de Courtaurelles. trois.

§ 1er.

ŒILLET D'OR.

de Champflour... une fleur, soutenant un vol.

§ 2.

ŒILLETS DE GUEULES.

*de Champflour, vte. trois, fleuris.

PAVOT DE POURPRE.

*Artaud, docteur. deux fleurs.

§ 1er.

PENSÉES D'OR.

Rollet........... trois, accompagnant un chevron d'or.

§ 2.

PENSÉES DE SINOPLE.

Malet........... trois, chargeant une fasce d'or.

§ 1er.

ROSES D'OR.

Begon de la Rou-
    zières......... trois, posées 2 et 1.
de Brisson....... une, chargeant une épée en pal.

de Brugier....... deux, chargeant un chef de gueules.

de Chavagnac..... trois, accompagnant trois fasces d'argent.
* du Croizet, gen-
   tilhomme...... trois.

de Fretat........ deux, en chef.

* Guérin, prêtre.. trois, accompagnant un chevron d'or.

*de Jevaugues, gen-
   tilhomme...... trois.

de Laizer........ une, accompagnant une bande d'or.

de Marcon....... trois, accompagnées en chef de trois étoiles
                  de même.

du Pinet-du-Bou-
   chet.......... trois, accompagnant un chevron d'or.
de la Pize........ trois, accompagnant un chevron d'or.
* de Poughol, écu-
   yer........... trois.

* St-Martin, che-
   valier........ trois.

* Tixier, bour-
   geois......... trois, accompagnant un chevron d'or.

* Vachier, écuyer. deux, en pointe.

§ 2.
ROSES D'ARGENT.

* d'Avoulhe, chevalier......... une.

de Barillon....... une, accompagnant en pointe un chevron d'or.

de Boissieux....... trois, sur une même tige feuillée d'argent en pointe de l'écu.

* de Boissieux, écuyer........ trois.

* Bouchard, écuyer et autres ...... deux, accompagnant en chef un chevron d'or.

de Broc.......... six, posées 3, 2 et 1.

de Cédail........ trois, aux deuxième et troisième quartiers.

* Chamalière, procureur........ une, accompagnant en pointe un chevron d'or

de Clusel .... trois, accompagnant un chevron d'or.

* Court, chanoine. une.

Durant.......... trois, accompagnant un cœur d'argent.

de Feu........... deux, surmontant un lévrier passant d'argent.

* Guérin, trésorier. trois, accompagnant un chevron d'or.

* de Laire, conseiller du roi ..... trois, accompagnant un chevron d'or.

de Laizer........ une, accompagnant en pointe une bande d'or.
de Marcenat...... trois, accompagnant un chevron d'argent.

de May.......... trois, deux en chef, une en pointe, accompagnant une fasce d'or.
de Moran........ trois, accompagnant un chevron d'argent.
de Moreau....... trois, accompagnant un chevron d'argent.

de Reynaud...... trois, accompagnant un chevron d'or.
de Rozier........ trois, accompagnant un chevron d'or.
* Rougier, marchand........ trois.

Tissandier....... six, accompagnant un lion d'or.
Toutée.......... trois, accompagnant une fasce d'or.

de Vabres........ trois, accompagnant un chevron d'or.
* Vachier, écuyer. deux, accompagnant en chef un chevron d'or.
* Vassadel, bourgeois......... trois, contenues en un vase d'or.
* Vigot, bourgeois. trois.

§ 3.
ROSES DE GUEULES.

* d'Albignat, conseiller........ trois, chargeant un chef d'argent.
d'Arnoux........ trois, feuillées, deux en chef, une en pointe, accompagnant une fasce de sable.
d'Auzolles....... trois, feuillées de sinople, chargeant une bande d'argent.

* Bayet, receveur. une, feuillée de sinople.

* de Beaufort, sei-
gneur.......... six, accompagnant une bande de même,
aux deuxième et troisième quartiers.
de Beaufort-Turen-
ne............ six, en orle, accompagnant une bande
d'azur.
Bertrand......... trois, deux en chef, une en pointe, accompagnant un chevron d'azur.

de Cayrac........ trois, accompagnant un chevron d'azur.
* Cazantine, pro-
cureur......... trois.
de Chany........ une, accompagnée de trois feuilles de
chêne de sinople.
* Chevalier, sei-
gneur.......... trois,
de Cologne....... une, accompagnant en pointe un chevron
de même.
du Crozet........ trois chargeant une bande d'argent.
de Croze........ une, feuillée de sinople.

* de Girard, cha-
noine.......... trois.

Kar de Blumestein. une, dans un vase d'argent.
de Laurie........ trois.
de la Loyre...... une, chargeant une bande d'argent.

de Mezet........ trois, aux premier et quatrième quartiers,
accompagnant un chevron d'azur.
de Miet.......... trois, chargeant une fasce d'argent.
de Montboissier .. six, aux premier et quatrième quartiers,
accompagnant une bande d'azur.

Pagès............ deux, en chef, accompagnant trois chevrons de gueules.
de Pélacot......... une, aux premier et quatrième quartiers.
*de la Préa, gentilhomme........ une, aux premier et quatrième quartiers.
* de Prouliat..... trois.

de Roux......... trois.

* Sauret, greffier. trois, en chef.
* Sauze, conseiller du roi........ trois.

de Turenne...... six, en orle, accompagnant une bande d'azur.

Valette.......... trois, aux premier et quatrième quartiers, accompagnant une épée d'argent passée en pal.
de la Vergne..... une.

TULIPES D'OR.

* Barize, avocat.. trois, posées 2 et 1.

SECTION DIX-HUITIÈME. — FRUITS.

§ 1er.

ÉPIS DE BLÉ D'OR.

*Anjobert, seigneur trois.
* d'Aoust, bourgeois......... trois, tenus dans la patte d'un lion de même.

ÉPIS DE BLÉ D'OR. 365

d'Auzolles....... trois, sommés de trois besants de même.

* Barbe, référen-
daire......... trois.
* Bouonet, avocat. trois, à la deuxième moitié.

* Chambonnet,
marchand..... cinq, sur une terrasse de sinople.

d'Espinchal...... trois, accompagnant un griffon d'or.

* Fanghoux...... trois.

Girard de la Ba-
tisse.......... trois, celui de la pointe soutenu d'un croissant.
* Girard, march^d. trois.
* Girard, march^d. trois.
* Girard, écuyer.. trois, surmontés d'un croissant d'argent.
de Grignols...... trois, sur une tige entrelacée d'or.

* Peghoux, mar-
chand bourgeois. trois, accompagnant un lion d'or.
de Pières........ trois.

de la Seiglière.... trois, de seigle.

* d'Ussel, mar-
chand........ trois.

* le prieuré de Jus-
sat........... trois, tenus par une main de gueules.

§ 2.
ÉPIS DE BLÉ D'ARGENT.

de Grégoire de Gar-
   dies de Saint-
   Rome......... trois, au deuxième quartier.

§ 3.
ÉPIS DE BLÉ DE GUEULES.

* Blatin .... trois.

d'Ouvrier........ neuf, liés trois à trois.

§ 4.
ÉPIS DE BLÉ D'AZUR.

* Viccorspy, bour-
   geois .... trois.

ÉPIS D'AVOINE D'OR.

* Soleliage, méde-
   cin........... trois.

BETTERAVES DE SINOPLE.

de la Raffinie..... deux, mises en pal.

CITROUILLES DE SINOPLE.

* Trioullier, gref-
   fier........... trois.

CONCOMBRES DE SINOPLE.

* de Combres,
   écuyer........ trois.

COSSES DE SINOPLE.

* Peix, marchand bourgeois...... trois cosses de pois.

FÈVES D'ARGENT.

* Lefèvre, bourgeois......... trois.

FRAISES DE GUEULES.

* du Fraisse, chantre........... trois, accompagnant un chevron de gueules.
* du Fraisse, bourgeois.......... trois.

* Fraissy........ trois.

§ 1er.

GERBES D'OR.

d'Avenières...... trois, deux en chef, une en pointe.

* Blot, greffier... une.
* Bourand, curé.. trois.
de Chaudesaigues. une, empoignée par deux mains d'argent.

* de la Grange, conseiller......... trois.
* Gumery, avocat. une, en pointe.

de Métivier...... une.
de Moricaud..... trois.

de Pégayrolles.... une, aux deuxième et troisième quartiers, surmontée de deux étoiles d'or.

* Sevin, conseiller et procureur du roi .... une.

* Teillard, conseiller du roi ...... trois.
* de Trémeuge, écuyer .... trois.

§ 2.
GERBES D'ARGENT.

* Granier, conseiller. .... trois.

§ 3.
GERBES ~~D'ARGENT~~ de gueules.

* de Combres, chanoine. .... une, surmontant un boisseau de gueules.

* Fromentin ...... trois.

* Grenel, bailli ... trois.
* Guévin, bourgeois ... . trois.

* la communauté de la paroisse de Glénat .... trois.

§ 4.
GERBES DE SINOPLE.

d'Ayrolles .... une, de branches d'olivier, au troisième quartier.

* de la Grange, marchand ..... une.

§ 1er.
GLANDS D'OR.

du Chassain...... plusieurs, sur un chêne de sinople.

de Falvard....... plusieurs, sur un chêne de sinople.
* Fayet, chevalier. trois, accompagnant un chevron d'or.

*de la Villaine, pro-
curcur........ deux, accompagnant en chef un chevron d'or.

§ 2.
GLANDS DE SINOPLE.

de Bosquevert .... semé.

§ 1er.
GRENADES D'OR.

* du Montal, sei-
gneur .... trois, au premier quartier.

de Varennes...... trois, posées 2 et 1.

§ 2.
GRENADES DE GUEULES.

* Vallet, épicier.. trois.

§ 3.
GRENADES DE SABLE.

* de Boissière,
veuve........ une.

HARICOTS DE SINOPLE.

* Costes, avocat.. trois cosses.

MURES DE GUEULES.

de Morel......... cinq, mises en orle, accompagnant une hure de sanglier.

§ 1er.
POIRES D'OR.

* Roussel, bourgeois......... trois.
* de Roux....... trois.

§ 2.
POIRES D'ARGENT.

* Delperte, écuyer. semé, sur un chevron de gueules.

§ 3.
POIRES DE GUEULES.

* Roux, conseiller du roi........ trois.

POMMES D'OR.

de Pons de Bar et de la Grange... trois, accompagnant un chevron d'or.

* de Vinzelles.... trois.

§ 1ᵉʳ.
POMMES DE PIN D'OR.

d'Allègre........ trois.

*de Boisseret, femme........... trois.

*Cassière, procureur........ trois.

*Champet, chanoine......... trois, accompagnant une fasce d'argent.

du Floquet....... une, aux deuxième et troisième quartiers.
de Fumel........ trois.

de Sassy......... une, renversée, accompagnant en pointe une étoile à six rais.

§ 2.
POMMES DE PIN DE SABLE.

*Dupont, écuyer. trois.

*de Pomeyre, conseiller......... trois.

§ 1ᵉʳ.
RAISINS D'ARGENT.

*Noel, bourgeois. trois grappes, accompagnant une fasce d'or.

§ 2.
RAISINS DE SABLE.

*Marie, bourgeois. trois, accompagnant un chevron de gueules.

Podevigne de
    Grandval...... un, en pointe.

* Treille, écuyer.. trois, accompagnant un chevron de gueu-
    les.

SECTION DIX-NEUVIÈME. — ASTRES.

§ 1er.

CROISSANTS D'OR.

Armand......... un, accompagnant en chef une fasce échi-
    quetée d'argent et de gueules de trois
    traits.
* Assolent, secré-
    taire.......... un, en pointe.
d'Aurel......... un, accompagné de trois molettes d'argent,
    deux en chef, une en pointe.
d'Aurelle........ un, accompagnant en pointe un lion d'or.
*d'Aurière, écuyer. un, d'or et d'azur de l'un en l'autre.

*du Bois, trésorier. trois, accompagnant un chevron d'or.
* Broliat, conseil-
    ler........... un.

*Chabrier, procu-
    reur.......... deux, accompagnant une étoile d'or.
de Chalier....... un, accompagnant en pointe un chevron
    d'or.
Chardon du Ran-
    quet.......... un, chargeant un chef d'azur.
de Chaumes...... un, accompagnant en chef un chevron d'or.

* Cheverlanges,
  avocat......... deux, accompagnant en chef un chevron d'or.
* de Cormaillon... deux, adossés.
de Croze......... un, montant, chargeant un chef d'azur.

* Dalmas, conseiller........... un, accosté de deux étoiles d'or.
* Dery.......... un, accompagnant en chef un chevron de même.
de Dienne....... trois, accompagnant un chevron d'argent.
Ducrobet........ un, accompagnant en chef un chevron d'or.

* Favier, avocat.. un.

Gouge de Charpagne........... trois, accompagnant une fasce d'argent.

*Juillien, avocat.. un.

de Labro........ deux, chargeant un chef de gueules.
Lizet .... un, accompagnant en pointe un chevron d'or.

de Massebeau..... trois, accompagnant trois chevrons d'or.
*Meyrand, conseiller........... un, en pointe.

de Nupces .... un, accompagnant en pointe deux chevrons d'or.

* Pérille......... un, entre deux étoiles d'or.
du Puy.......... trois.

*Raffaix, chanoine. trois.
* Rahon, porte-coffre......... trois.
de Riols......... un, en pointe.
de la Roche de Weltes......... un, contourné, brochant sur une fasce de gueules.

* de Sales, seigneur......... trois.
de Saint-Haon.... six, chargeant un chevron de sable.

Veilhan......... trois.
* les religieuses de Notre-Dame de Marsac......... un, en pointe.
* la communauté des marchands et autres arts et métiers de Saint-Paulien....... trois.

§ 2.

CROISSANTS D'ARGENT.

Albanel......... trois, chargeant une bande d'azur.
*d'Albignat, conseiller........ un, accompagnant en pointe un chevron d'or.
*d'Albignat, bourgeois......... un, accompagnant en chef un chevron d'or.
Arragonès....... un, accompagnant en pointe une fasce d'argent.

* Arragonès, conseiller........ trois.
* d'Auzolle, gentilhomme...... trois, posés 2 et 1.

*de Bar......... un, accompagné de huit étoiles de même, en orle, à la première partie.
des Barres....... trois, accompagnant une fasce d'or.
* de Bernard, seigneur......... un.
* Bochard, chanoine......... un.
de Bossoreille.... deux, accompagnant en chef un chevron de même.
* Bouchard...... un, accompagnant en pointe un chevron d'or.
* Brulon, chantre. deux, accompagnant une bande de même.
Brun .... trois, accompagnant un cœur d'argent.
de Bucil......... un, accompagné de six croix recroisetées au pied fiché d'or, aux premier et quatrième quartiers.

de Canillac....... un, surmontant un lévrier rampant d'argent.
*Canque, procur^r. un, chargeant une fasce de gueules.
de Chamerlat..... trois, chargeant une fasce denchée d'azur.
de Chazelles...... un, chargeant un chef de gueules.
de Chéry........ un, tourné, accompagné de six étoiles de même, trois en chef et trois en pointe.
*Chevalier, avocat. un, accompagnant en pointe un chevron d'or.
*Cheverlanges, avocat........ un, chargeant un chef de gueules.

de Clary............ un, accompagnant un chevron d'or en chef.
de Claviers........ un, cantonné de quatre clefs de même, les anneaux en forme de losange.
* de la Clède, contrôleur......... trois, chargeant un chef de gueules.
* Colinet, conseiller............ un, accompagnant en pointe un chevron d'or.
Cortes .... deux, renversés l'un sur l'autre.
* Court, chanoine, un, en pointe.
* Coutel, conseiller............ trois, en pointe.

Delzons.......... un, surmontant un crocodile passant d'or.
Dupuy........... deux, affrontés au premier coupé; surmontés de trois étoiles de même.

* Falcimagne, chanoine.......... un.
du Fayet de Latour. un, à dextre d'une tour d'argent.
* Fournier, conseiller .... trois.
de Fretat......... un, en pointe.

de la Garrigue.... un, au premier quartier.
Girard de la Batisse........... un, soutenant un épi d'or.
* Girard, march^d. un, en pointe.
* Girard, écuyer.. un, surmontant trois épis d'or.
Girot de l'Anglade. un, à dextre, accompagnant un chevron d'or et traversé d'une épée de même.

*Guérin, trésorier............ un, accompagnant un chevron d'or.
*Guérin, prêtre.. un, accompagnant un chevron d'or.

de Jacques....... un, en pointe.
*Jeoffroy, notaire. trois, accompagnant une fasce d'argent.

*de Laire, conseiller............ un, accompagnant en chef un chevron d'or.
de Lauzanne..... un, accompagné de deux étoiles d'or, l'une en chef, l'autre en pointe.
*Lolier, conseiller........... un, accompagnant en pointe trois chevrons d'or.
de Lur-Saluces... trois, aux premier et quatrième quartiers.

de Margalet...... trois, mis en pal, l'un sur l'autre.
Marilhac......... un, sur le tout.
de Masse........ trois, chargeant un chef cousu de gueules.
de Meyras .... trois, soutenant trois étoiles d'or.
Miet............. un, en cœur.
Montorcier....... deux, accompagnant en chef un chevron d'or.
*Mosnier, apothicaire.......... un, accompagnant en pointe une fasce d'argent

*Paye, greffier.. deux.
*Pechert, marchand......... un, sur une fasce de sable.
*Pélissier, chanoine.......... un, sur un chef de gueules.

* Pélissier, veuve. un, sur un chef de gueules.

de Ponceaux..... deux, accostant un fer de lance.
Rancilhac de Cha-
 zelles......... un, chargeant un chef d'azur entre deux étoiles de même,
de Ravel........ deux, un en chef et l'autre en pointe.
de la Ribe....... un, accompagné de trois étoiles de même.

Simmer........ un, accompagnant en chef un sabre d'argent.

du Tour de Salvert. trois, accompagnant un chevron d'or.
de Trenqualye.... un, accompagnant en pointe un chevron d'or.

* Vachier, écuyer. un, accompagnant en pointe un chevron d'or.
du Vair........ trois, deux en chef, un en pointe, accompagnant une fasce d'or, les deux croissants du chef surmontés d'un lambel de gueules.
* de la Val...... un, accompagnant en pointe un chevron d'or.
* Valeix, conseil-
 ler du roi...... un, accompagnant en pointe un chevron d'or.
* Vassadel, bour-
 geois......... deux, en chef.
de Vauchaussade.. un, surmontant une étoile d'argent.
de Vaux........ un, surmontant un lion d'argent.
Verdier de Marcil-
 lac........... un, surmontant trois platanes de sinople.

de Veyre........ un, accompagnant en pointe un chevron d'argent.
Viarge.......... un, en pointe, sur le pied d'une croix.

* la communauté des notaires et procureurs de Clermont...... un, en pointe, renversé.

§ 3.
CROISSANTS DE GUEULES.

de Courtin....... un, chargeant un chef d'or.

*Fournier, greffier.......... un, entre S et R.
du Four......... un, accompagnant en pointe un chevron de sable.

Jory............ un, au deuxième canton d'une croix de gueules.

de Lavaur de Sainte-Fortunade... trois, accompagnant un chevron de gueules.
de Laurens...... un, accompagnant en pointe une fasce de même.

de Marillac....... un, en cœur.
Miremont........ un, en cœur.

* Pouchon, avocat. un, sur une fasce d'or.

de Roquecave d'Haumière et de Thuret.... trois, chargeant un chef d'or.

de Saillant....... un, tourné, accompagné de trois étoiles de même.

* Vallain, chanoine......... un, sur un chef d'argent.

§ 4.

CROISSANTS D'AZUR.

d'Aubier........ un, accompagnant en pointe un chevron de gueules.
*d'Aurière, écuyer. un, d'or et d'azur de l'un en l'autre.

* de Bosredon, seigneur.......... un, renversé.

* Canque, procureur........... deux, accompagnant en pointe une fasce de gueules.

Le Groing. ...... un, en abîme.

*Sauze, conseiller du roi........ un, en cœur.

*le Prieuré de Viescamps........ un, en pointe.

§ 5.

CROISSANTS DE SINOPLE.

de l'Espinasse.... trois, accompagnant une tige de lierre de même.

§ 6.
CROISSANT DE SABLE.

* Gaston, bour-
  geois .... un, renversé.

§ 1ᵉʳ.
ÉTOILES D'OR.

* Albanel........ deux, accompagnant un chevron d'or.
* d'Albignat, con-
  seiller......... deux, accompagnant en chef un chevron
  de même.
d'Aldin .... trois, en chef.
* Amariton...... trois, en chef.
Androdrias...... trois, chargeant un chef de gueules.
* Archimbaud.... trois, chargeant une bande de gueules.
d'Arfeuille....... trois, accompagnant une fleur de lis d'or,
  deux en chef et une en pointe.
Aribert .... trois, chargeant un chef d'azur.
* Arragonnès, con-
  seiller......... trois, surmontant une croix ancrée d'or.
* Assolent, secrétᵣᵉ. deux, en chef.
* Astier, chanoine. cinq, en sautoir.
* Astier, notaire.. trois, accompagnant une fasce d'or.
d'Aurelle........ deux, accompagnant un lion d'or.
* d'Avoulhe, che-
  valier......... deux.
Aymar.......... trois, chargeant un chef d'azur.

de Bar.......... semé.
* Barbe, référen-
  daire......... une, entre trois épis de blé.

*de Bard, seigneur. huit, cinq en sautoir à la première moitié, et trois autres chargeant un chevron d'azur à la deuxième moitié.

de Bardet........ trois, deux en chef, une en pointe, accompagnant un chevron d'or.

de Barentin...... trois, en chef, aux premier et quatrième quartiers.

*Barrel, gentilhomme....... trois, chargeant un chef de gueules.

de Barriac .... deux, chargeant un chef d'azur.

*Bayet, receveur. trois, chargeant un chef d'azur.

de Beaufranchet .. trois, accompagnant une fasce d'argent.

de Belvezeix...... trois, chargeant une bande de sable.

de Bernard....... deux, accostant une bande d'argent.

* de Bernard, seigneur......... deux, chargeant un chef de gueules.

de Besset........ trois, accompagnant un chevron d'argent.

Blich. .... trois, accompagnant un chevron d'or.

*Bochard, chanoine......... une, sur un croissant d'argent.

*du Bois, contrôleur.......... trois, chargeant un chef de gueules.

* de Bonnet, conseiller........ semé.

*Bonnet, bourgeois .... trois, accompagnant un cordon d'or.

de Bonneville..... trois, chargeant un chef de gueules.

de la Borie....... trois, accompagnant un chevron d'argent.

de Bort.......... une, accompagnant un sautoir dentelé ou denché d'or.

*Bougier, écuyer. semé.

de la Boulaye..... trois, les deux du chef soutenues chacune par une moucheture d'hermine d'argent et accompagnant un chevron d'or.

Bravard......... trois, chargeant un chef d'azur.
de Broé......... une.
* de Broussettes... trois.
de Bruel......... une, à la seconde moitié, mise en chef.
*Brunel, seigneur. trois, en chef.

* Chabrier, procureur......... une, entre deux croissants d'or.
de Chalier....... deux, accompagnant en chef un chevron d'or.
de Chalus de Prondines......... cinq, accompagnant un poisson d'or, deux en chef, trois en pointe.
*de Chalus, écuyer. cinq, accompagnant un luth d'or.
de Chalvet de Rochemonteix.... trois, chargeant un chef d'azur.
* Chamalière, procureur........ deux, accompagnant en chef un chevron d'or.
de Chambaron.... quatre, accompagnant un sautoir d'or.
de Champflour... une, surmontée d'un vol d'argent, séparé, abaissé et soutenu d'une fleur d'œillet de même, tigée et feuillée de sinople.
de Chardognes.... trois, accompagnant un chevron de sable, aux deuxième et troisième quartiers.
Chardon du Ranquet.......... deux, accostant un chef d'azur.
de Chauldes...... trois, accompagnant un chevron d'or.
de Chaumes...... une, accompagnant en chef un chevron d'or.

de Chaussaing..... deux, accompagnant une bande d'or.
de Chavanat...... quatre, une dans chaque canton d'une croix d'argent.
de Chazeron-Mo-
   nestay........ deux, chargeant une bande de sable.
* Cheverlanges,
   avocat........ deux, une chargeant un chef de gueules, et l'autre accompagnant en pointe un chevron d'or.
de Chillac....... trois, accompagnant un chevron d'or.
Clavières........ trois, chargeant un chef d'azur.
* du Cluzeau, no-
   taire......... une, surmontant un cœur d'or.
* Colinet, conseil-
   ler........... deux, accompagnant en chef un chevron d'or.
*Colonges, conseil-
   ler........... trois, accompagnant un chevron d'or.
de Combres de
   Bressolles.... trois, accompagnant un chevron d'or.
*Coutel, conseiller. trois, accompagnant en chef une fasce d'or.

* Dalmas, conseil-
   ler........... deux, accompagnant un croissant de même.
Daurier......... trois, au premier quartier.
*Delpeuch, conseil-
   ler........... deux, surmontant un rocher d'argent.
* Dery.......... une, accompagnant en chef un chevron de même.
de Digons....... trois.
Dumas de Polard.. deux, au quatrième quartier, cantonnant en chef une croix haute.

*.Endrodrias,
écuyer........ trois, chargeant un chef d'azur.
Esquint.......... trois, posées 2 et 1.

* Fabre, conseil-
ler........... deux, en chef.
* Falcimagne, cha-
noine......... quatre, accompagnant une croix ancrée d'or.
* de Falvard, écu-
yer........... trois, chargeant un chef d'azur.
Favard de Langla-
de............ trois, au premier quartier.
* Favier, avocat... trois, accompagnant en chef une bande de même.
du Fayet de la Tour. une, à sénestre d'une tour d'argent.
du Fayet........ une, accompagnant une coquille d'argent et chargeant une fasce de sable.
Feydets .... une, chargeant la porte d'un pavillon de sinople.
* Feydit, seigneur. une.
*de Fontenilles,
bourgeois...... deux, en chef.
* Fournier, con-
seiller......... trois, accompagnant une colombe d'argent.
* du Fraisse, con-
seiller......... trois, chargeant une fasce d'azur.
du Fraisse....... trois, chargeant un chef d'azur.
* de la Fuste, curé. trois, accompagnant un chevron d'or.

de Gaches........ deux, en chef, à la deuxième partie.
de Galauba....... trois, chargeant un chef d'azur.

de Gebelin de Flo-
rensolles ...... une, surmontant deux fleurs de lis d'or.
de Giou .... trois, chargeant un chef d'azur.
de Gouzel........ une, surmontant une coquille d'argent.
de Grégoire de Gar-
die de St.-Rome. trois, au premier quartier.
de Guerin .... deux, accompagnant en chef un chevron
d'or.
de Guignard..... trois, surmontées d'un soleil de même.
de Guilhen....... une, accompagnant en pointe une fasce
crénelée d'or.
de Guirard-Montar-
nal........... deux, en chef, accompagnant une perdr
d'argent.
Guittard......... une, au premier quartier.
* Gumery, avocat. deux, accompagnant en chef un chevron
de même.

Higonet......... deux, accompagnant une croix d'or.
de l'Hôpital...... trois, chargeant un chef de gueules.

de Jacques....... deux, en chef.
* Jozat, prêtre.... cinq, accompagnant un chevron d'argent.
* Juillien, avocat.. deux, accompagnant en chef un chevron
d'or.

* de Laire, écuyer. trois, accompagnant une fasce d'argent.
* de Laire, conseil-
ler........... une, accompagnant en chef un chevron d'or
de Laizer........ une, en chef, accompagnant une bande
d'or.
de Lampres...... deux, accompagnant en chef une coquille
d'or.

de Lauzanne..... deux, l'une en chef et l'autre en pointe, accompagnant un croissant montant d'argent.
de Lavaur de Sainte-Fortunade... trois, chargeant un chef d'azur.
*de Lespine, chanoine......... une.
*de Longua, écuyer........... trois, posées 2 et 1.

de Mâcon......... trois, accompagnant une bande d'or.
*Malet, échevin.. trois, surmontant trois mains d'argent.
de Marcon....... trois, accompagnant trois roses feuillées d'or.
de la Marthe..... six, rangées en orle, accompagnant une bande d'or.
de Mascon....... trois, accompagnant une fasce d'argent.
de Matharel...... trois, accompagnant une croix d'or.
de Matthieu...... trois, chargeant un chef d'azur.
*Mazuel......... trois, chargeant une fasce de sable.
de Meyras....... trois, à la deuxième moitié, soutenue chacune d'un croissant d'argent et chargeant un chef d'azur.
de Michel........ deux, surmontant un roc d'argent.
*Mogue, capitaine. trois, accompagnant en chef une fasce d'or.
de Morel de la Colombe......... trois, accompagnant une colombe d'argent.
*Mosnier, apothicaire.......... deux, accompagnant en chef une fasce d'argent.
de Mourgues..... trois, chargeant un chef d'azur.

de Murat......... trois, accompagnant un château d'argent donjonné de trois pièces.

de Nupces........ deux, accompagnant en chef deux chevrons d'or.

d'Orcival......... six, mises en orle, accompagnant une truite d'argent en bande.

* Pasturel, avocat. trois, accompagnant un chevron d'or.
* Paye, greffier... une, en pointe.
*Pechert, march^d.. deux, sur une bande de sable.
de Pégayrolles.... deux, surmontant une gerbe d'or.
* Pérille.......... deux, accompagnant un croissant de même sur un chef de gueules.
Peyrusse .... trois, chargeant un chef d'azur.
*Piron, procureur. trois, en chef.
de Plagnes........ trois, posées deux en chef, une en pointe, accompagnant un lévrier saillant d'argent.
Poisson.......... deux, accompagnant en chef un chevron d'or.
de Pollalion...... trois, chargeant une fasce d'azur, brochant sur le coupé.
de Pruines........ trois, chargeant un chef d'azur.

de Ravel......... sept, posées 4 et 3.
* Ravidal, marchand.......... trois, accompagnant une ancre d'or.
de Raymond...... quatre, une à chaque canton de deux lances d'or, posées en sautoir.
de Retz de Bressoles deux, accompagnant en chef un chevron d'or.

de la Reynerie.... trois, deux en chef et une en pointe, accompagnant un lion rampant d'or.
*de Reyrolles, curé. trois, chargeant un chef d'azur.
de Ribier........ trois, chargeant un chef d'azur.
de Riols......... deux, en chef.
de Riom......... trois, posées 2 et 1.
de la Roche-Aymon........... semé.
de Rochemonteix.. trois, chargeant un chef cousu d'azur.
* Rollet, conseiller du roi........ trois, chargeant un chef de gueules.
* de la Ronnade, conseiller du roi. six, posées 3, 2, 1.
* de Roquelaure.. deux, en chef.
de Roussel....... trois, chargeant un chef d'azur.
* Roussel........ trois, en chef.

de Saignes....... trois, chargeant un chef d'azur.
de Salazar....... cinq, en sautoir, aux deuxième et troisième quartiers.
de Sales......... trois, au premier coupé, deux en chef et une en pointe, accompagnant un chevron d'or.
de Salelles....... trois, chargeant un chef d'azur.
de Sassy......... une, à six raies, surmontant deux lances d'or et accompagnée en pointe d'une pomme de pin renversée d'or.
Seguier .... deux, accompagnant en chef un chevron d'or.
de Seguy .... trois, une surmontant une serre d'aigle d'argent au premier coupé, et au deuxième, deux, chargeant un chef d'azur.
de Serre......... une, chargeant un chef de gueules.

de Serre de Saint-
   Roman........ trois, chargeant un chef d'azur.
de la Serre....... trois, chargeant un chef d'azur.
*Sirmond, lieute-
   nant......... une.

Tailhardat....... trois, chargeant un chef d'azur.
du Teil.......... deux, accompagnant une fleur de lis d'or.
Teilhard......... trois, chargeant un chef d'azur.
*Ternier, avocat.. une, surmontant une tour d'argent.
Thomas.......... trois, chargeant un chevron d'or.
*Trottier........ une, accompagnant en pointe un chevron
                  d'or.

d'Ussel.......... trois, accompagnant une porte d'or.

*de la Val....... deux, accompagnant en chef un chevron
                  d'or.
*Valeix, conseiller
   du roi........ deux, accompagnant en chef un chevron
                  d'or.
de la Valette..... trois, accompagnant en chef un chevron
                  d'or.
de Valiech....... trois, accompagnant une aigle d'or, bec-
                  quée et membrée de sable.
de la Vaissière.... trois, chargeant un chef d'azur.
Verdier de Marcil-
   lac........... deux, accostant un croissant d'argent.
de Verney....... une, en pointe.
*Véron, bourgeois. trois, chargeant un chef d'azur.

*le chapitre de l'é-
   glise collégiale
   de Saint-Flour.. une, en pointe.

*le chapitre de Mar-
thuret de Riom. six, en pointe, posées 3, 2 et 1.
* le couvent des re-
ligieux de l'ab-
baye de Montpey-
roux.......... une, aux deuxième, troisième et quatrième
cantons d'une crosse et d'une épée.
* le seminaire de
Thiers .... semé.
* la communauté
des marchands,
arts et métiers
de Vic........ trois, chargeant trois fasces de gueules.
* la communauté
des tisserands
d'Issoire....... trois, accompagnant une navette d'argent.
* la communauté
des tisserands,
cardeurs et mate-
lassiers de Riom. une, sur un chef d'azur.

§ 2.

ÉTOILES D'ARGENT.

*d'Albignat........ deux, accompagnant en chef un chevron
d'or.
d'Anglars........ trois, accompagnant un lion de même.
Aragonès........ deux, accompagnant une fasce d'argent.
*d'Artauld....... deux, surmontant deux lions issants de
même.
*d'Astier........ deux, accompagnant en chef un chevron
d'or.

d'Aureille .... deux, dans la deuxième partie.
d'Autressal ...... une, accompagnant en chef un chevron d'or.
de Bar .... huit, à la première partie, mises en orle, accompagnant un croissant d'argent; à la deuxième partie, trois, chargeant un chevron d'azur.
Barbat du Closel.. deux, en chef, accompagnant un chevron d'argent.
de la Barge....... trois, chargeant une bande de sable.
* Beaufils, marchand......... une.
de Beaufranchet.. trois, accompagnant un chevron d'or, deux en chef et une en pointe.
de Beauzac....... quatre, accompagnant un sautoir d'or.
Beker et Martha.. trois, posées en pal au quatrième quartier.
* Bernard, chanoine......... trois, chargeant une bande de gueules.
* du Bois, seigneur. trois, chargeant un chef de gueules.
du Bois-de-Saint-Etienne....... trois, chargeant un chef de gueules.
* Bompart .... trois, chargeant un chef d'azur.
de Bonnevie...... trois, accompagnant trois barbeaux d'argent.
du Bost .... deux, accompagnant une bande d'or.
de Bourassol ..... une, chargeant à dextre un chef cousu de gueules.
de Bouzel .... trois, chargeant un chef d'azur.
* Bretanges, bourgeois......... une, accompagnant en pointe deux épées d'argent, en sautoir.
de Brousse....... trois.

ÉTOILES D'ARGENT.

de Caldaguès..... trois, chargeant un chef d'azur.
*Canque, procu-
 reur.......... deux, chargeant une fasce de gueules.
Cathol du Deffan. trois, chargeant un chef de gueules.
de Chazelles...... une, chargeant un chef de gueules.
*de Chazeron.... deux, accompagnant en chef un chevron d'or.
de Chéry........ six, accompagnant un croissant d'argent, trois en chef et trois en pointe.
de Cisternes...... une, chargeant une citerne de sable, maçonnée d'argent.
de Cluzes........ trois, accompagnant un chevron d'or.
de Combes....... trois, chargeant un chef d'azur.
Cortes .... une, en pointe.
*Court, chanoine. trois, chargeant un chef de gueules.
Crozat .... trois, accompagnant un chevron d'argent.

Ducrohet......... deux, accostant un chevron d'or.
*Dumas, seigneur. deux, surmontant une ancre d'argent.
*Dumas, greffier. trois, surmontant un lion d'argent.
Dupuy.......... trois, surmontant deux croissants d'argent.

de l'Estang....... une, accompagnant une fasce d'or à la deuxième moitié.
Eymé........... six, accompagnant une bande d'or.

* de Falvard, éche-
 vin........... trois, chargeant un chef d'azur.
de la Farge ...... une, accompagnant une bande d'argent.
de Faydit........ trois, accompagnant un chevron d'argent.
de la Faye....... deux, en chef.
du Floquet....... deux, une dans les premier et quatrième cantons d'une croix engrelée d'or.

31*

de la Gardette.... six, mises en orle, accompagnant une bande componée d'argent et d'azur de six pièces.
Gay .... une au premier canton, accompagnant un lion d'or, et trois de même, chargeant un chef de gueules.
Giraud, notaire. trois, accompagnant une girouette d'argent.
de Gironde ...... trois, deux en chef, une en pointe.
Grangier .... trois, chargeant un chef d'azur.
* Guéringaud .... une, en pointe.

de Laire......... une, en pointe.
Lamy........... une, dans un écu sur le tout.
de Layat........ trois, accompagnant un chevron d'or.
de Loudière...... une, accompagnant une bande d'argent.
* de Luzuy, conseiller......... trois.

le général Beker et Martha-Beker .. trois en pal, au quatrième quartier.
de Méalet........ trois, posées 2 et 1.
de Métivier...... trois, chargeant un chef d'azur.
de Michel, duc de Frioul .... semé, sur un chef de gueules ; sur le tout une, surmontant un rocher d'or.
de Micolon....... deux, accompagnant en chef un chevron d'or.
*Montagnier, chantre .... une, surmontant une montagne d'or.
*de Mourson, greffier........... trois, accompagnant les lettres L et D, d'or.

de Nerestang..... trois, accompagnant trois bandes d'or rangées entre la première et la deuxième bande.

*Neyron, conseiller du roi...... quatre, accompagnant un sautoir de même.

de Pagnac....... trois, chargeant un chef de gueules.
Pelet de Bosfranchet.......... trois, posées deux en chef, une en pointe, accompagnant un chevron d'or.

*Pelissier, chanoine......... deux, sur un chef de gueules, accostant un croissant de même.

de Peyrat de Jugeals.......... trois, accompagnant une fasce d'or.
de Pontanier..... trois, chargeant un chef d'azur.

Rancilhac........ deux, accompagnant un croissant de même, en chef.
de la Ribe....... trois, accompagnant un croissant d'argent.
de la Rochette.... trois, accompagnant une fasce d'or.
Rodde .... une, en chef.
de Roland....... trois, accompagnant un cor de chasse d'argent.
Rousson......... trois, deux en chef et une en pointe, accompagnant une bande d'argent.
de Royère....... cinq, posées en demi-orle du flanc dextre, accompagnant un lion rampant d'or.

de Sarret........ une, surmontant deux lions affrontés d'or.
de Sartiges....... trois, deux en chef, une en pointe, accompagnant deux chevrons d'or.

de Sémiers......	trois, accompagnant une bande d'argent.
de Suris.......	deux, en chef, à la deuxième moitié.
Tassy..........	huit, accompagnant une aigle éployée d'argent.
du Teil.........	deux, une à chaque côté d'une fleur de lis de même.
* Ternier.......	une, surmontant une tour d'argent.
de Tinières.....	trois, chargeant une bande de sable.
de Varènes......	trois, chargeant un chef de gueules.
* Vassadel, bourgeois.........	une, entre deux croissants de même.
de Vauchaussade..	une, surmontée d'un croissant de même.
* Vialard, médecin..........	trois, accompagnant un lion d'or.
de Vigier.......	trois, chargeant un chef d'or.
de Villars.......	trois, chargeant un chef d'azur.
de la Villate.....	trois, chargeant une bande de sable.
* la ville de Salers.	une, en chef.
* le prieuré d'Esteil..........	trois, sur un pal de gueules.
* le chapitre de Pont-du-Château..........	une, aux deuxième et troisième quartiers.
* les religieuses carmélites de Riom.	deux, au centre.
* La communauté des notaires et procureurs de Clermont......	deux, en chef.

§ 3.

ÉTOILES DE GUEULES.

d'Aldebert....... sept, accompagnant un lion de même.

* du Bac, écuyer. sept, en orle.
de Ballerin....... neuf, à la deuxième moitié d'azur.
des Barres....... une, chargeant une fasce d'or.
* Brun, chanoine. une, chargeant un chef d'argent.

* de Cisternes, seigneur.......... une, chargeant une citerne d'argent, maçonnée de gueules.
Combourcier du Terrail........ une, chargeant en chef une bande d'argent.
de Crespat....... une, entre deux coquilles de sinople, chargeant une bande d'or.

du Four......... deux, accompagnant un chevron de sable.
* du Fraisse, lieutenant........ deux, en chef.

Girot de Langlade. trois, chargeant un chef d'or.
de Gouzel........ trois, chargeant un chef d'or.
de Grenier....... trois, chargeant une bande d'argent.

Izarn........... trois, chargeant un chef d'argent.

*Jullien, conseiller du roi........ trois, en chef.

de Laire......... trois, chargeant une bande d'or.
de Loubeyrac..... trois, en chef, à la première moitié.

* Martinon, asses-
  seur.......... deux, accompagnant en chef un chevron de même.
de Maurans...... trois, accompagnant un arbre de sinople.
Milhaud......... une, en chef, à sénestre.
de Miremont..... trois.

de Piéres........ trois, chargeant un chef d'argent.
de Pradines...... deux, accompagnant en chef un chevron de gueules.

* Ravel, chanoine. une, en abîme.
des Roys......... trois, chargeant une bande d'argent.

de Saillant....... trois, accompagnant un croissant tourné, de gueules.
de Sévérac....... sept, accompagnant un lion de gueules.
de Suat......... une, surmontant une aigle à deux têtes.

de Vissaguet...... trois, accompagnant en chef une fasce de même.

* l'abbaye du Mou-
  tier........... trois, à la première moitié.

§ 4.

ÉTOILES D'AZUR.

Amarithon....... trois.
Anne........... six, trois rangées en chef, deux et une en pointe, accompagnant une fasce de gueules.
* Aubert, bour-
  geois.. ...... une.

de Besse.......... trois, aux deuxième et troisième quartiers, chargeant une bande d'argent.
*de Besse......... trois, chargeant une bande d'argent.
de Blau .... trois, chargeant une bande d'argent.
de Bosredon...... trois, accompagnant une aigle éployée de gueules.

de Caissac........ deux, accompagnant un chevron d'azur.
*Canque, procureur........... une, surmontant une fasce de gueules
de Charbonnel.... six.
de la Chaume.... trois, accompagnant un chevron d'azur.

Delzons.......... deux, surmontant trois ormes de sinople, au premier coupé.
de Dorat......... trois, accompagnant trois chevrons de gueules.

*Eymé, écuyer... six, accompagnant une bande de même.

de Floret......... deux, accostant un casque de sable.

de Greffeulhe..... deux, en chef, accostant un houx de sinople.

de Landrodie..... trois, à la première moitié.

Marze........... deux, une à chaque côté d'une tour de gueules.
de la Moleire..... trois, chargeant un chef d'argent.
de Montchanson.. trois.

du Pouget de Fosses............ trois, chargeant un chef d'argent.

de Pralat........ trois, accompagnant un chevron de gueu-
    les.

de la Richardie de
    Besse......... trois, chargeant une bande d'argent.
de Riom......... trois.
* Roussillon...... trois.

de la Souchère.... trois, chargeant un chevron d'or.

de la Tour de la
    Borie......... deux, accostant une tour de gueules.

de Vernaison..... trois, chargeant un chef d'or.
* Vigier, conseil-
    ler........... deux, en chef.
* Vigot.......... trois.

* La communauté
    des médecins,
    apothicaires et
    chirurgiens d'Al-
    lanche........ une, en chef.

§ 5.

ÉTOILES DE SABLE.

de Cosnac........ semé.

Escures......... une, à huit raies, chargeant en cœur une
            croix ancrée d'argent.

* Jouve, chanoine. deux, accompagnant un pal de sable.

de Lorme........ neuf, rangées trois en chef, trois en fasce et trois en pointe, accompagnant trois merlettes de sable, posées 2 et 1.

de la Richardie de Besse......... trois, chargeant une bande d'argent.

*les religieuses carmélites de Riom. une, en pointe.

§ 1er.

LUNE D'OR.

* Ronvat, marchand bourgeois. une.

§ 2.

LUNES D'AZUR.

* de Dienne, écuyer........... une.

* Laville......... une.

§ 1er.

SOLEILS D'OR.

* Amariton...... un.
André.......... un, accompagnant en pointe un chevron d'argent.
l'Auvergnat...... une ombre, aux premier et quatrième quartiers.

*Beaufils, docteur. un, en chef, à sénestre.
*de Bressollet, chanoine......... trois.

* Bretanges, bourgeois .... un, accompagnant en chef deux épées d'argent.

* de Chassignolles. un, chargeant un chef d'azur.
* Chauliaguet, conseiller .... un, contemplé par un phénix d'or.
* Chauluy, bourgeois .... un.
* Chevalier, chanoine .... un, sortant du flanc de l'écu, à sénestre.
de Clary .... un, accompagnant en pointe un chevron d'or.

* de Feydit ...... un.

* Gilbert, bourgeois .... un, sur un lion d'or.
* Gros .... un
de Guignard ..... un, en chef, surmontant trois étoiles d'or.

* Jolly, marchand. trois, accompagnant un chevron d'or.

* Lolier, conseiller .... deux, accompagnant en chef trois chevrons d'or.

* Majour, prêtre .. un, sur un chef d'azur.
* de Montclar ..... un, en chef.

de Noellas .... un, en chef.

* Portal, avocat ... un.

* Pouchon, avocat............ un, en chef.

Savaron......... trois.

* Torrent, bourgeois......... un, en chef.

* Valence........ un.
de Villars........ un.

§ 2.
SOLEIL D'ARGENT.

de Brugière de Barante.......... un, rayonnant, aux premier et quatrième quartiers, sur un chef d'azur.

§ 3.
SOLEILS DE GUEULES.

* de Beauclair..... un.
* de Beauvergier, seigneur........ un, en chef.
Borel............ un, rayonnant, surmontant en chef une colombe essorante d'azur.

de Sédages........ un, rayonnant.

de Toulet........ un.

* Vigier, conseiller............ un, entre deux étoiles d'azur.

§ 1er.

RAYONS DE SOLEIL D'OR.

*Peyron, directeur. à la première moitié.

* de Rochefort-d'Ally,........ accompagnant en chef une fasce d'or.

*la communauté des bouchers d'Issoire.......... entourant un Saint-Esprit d'argent.

§ 2.

RAYONS DE SOLEIL D'ARGENT.

* de Pradeville, bourgeois...... les rayons bordés d'azur.

§ 3.

RAYONS DE SOLEIL D'AZUR.

* Peitavey, procureur.......... des rayons.

* Thierry, marchand bourgeois. des ombres.

NUAGE D'ARGENT.

* Faydit, conseiller........... un.

SECTION VINGTIÈME. — ÉLÉMENTS.

BRANDONS DE GUEULES.

de Brandon...... trois, allumés.

BUCHERS D'OR.

* Chauliaguet..... un, sur lequel se trouve un phénix d'or, contemplant un soleil de même.

*Piron, procureur. un, allumé de gueules.

§ 1er.
CHARBONS D'ARGENT.

* Charbonnier,
marchand..... trois, allumés de gueules.

§ 2.
CHARBONS DE SABLE.

de Carbonnières.. sept, chargeant trois bandes d'argent.

FLAMBEAUX D'ARGENT.

* la communauté des maîtres épiciers de Riom.. trois, allumés de gueules.
* la communauté des marchands épiciers, regrattiers et marchands de fromages d'Aurillac........... deux, en sautoir.

§ 1ᵉʳ.
FLAMMES D'OR.

* Faydit, conseiller........... trois.

§ 2.
FLAMMES DE GUEULES.

* de Chaunat, seigneur......... trois, accompagnant une fasce d'azur.

* du Four, marchand......... trois.

* de Leygouye, trésorier......... cinq, aux premier et quatrième quartiers, accompagnant un arbre de sinople.

* Ligier, conseiller........... une.

* Mercier, conseiller........... une, en chef.

* de Reyrolles, curé............ trois, accompagnant une palme de sinople.

TORCHES DE GUEULES.

de Béral......... deux, passées en sautoir, allumées et surmontées d'une fleur de lis d'or.

FOUDRE DE JUPITER D'OR.

* de la Bréceville, écuyer........ un, élancé, d'argent.

§ 1ᵉʳ.
GLOBES D'OR.

de Gebelin de Flo-
  rensolles...... un, accompagnant en pointe une tour
                  d'argent.

Miet............ trois, cintrés et croisés de même, 2 et 1.

Paut............ trois, cintrés de même, cruciés d'argent.
* Pelissier....... un.

§ 2.
GLOBE D'ARGENT.

Montorcier....... un, accompagnant en pointe un chevron
                  d'or.

§ 3.
GLOBE D'AZUR.

* Véron, bour-
  geois.......... un, surmonté d'une croix d'argent.

§ 1ᵉʳ.
LARMES D'ARGENT.

de Boysseulh..... trois, chargeant une bande de sable, à la
                  bordure de même, semée de larmes d'ar-
                  gent et de gueules.

* Chabrier, procu-
  reur.......... trois, accompagnant en pointe une fasce
                  ondée d'argent.

de Landrodie..... semé, à la deuxième moitié.

de Monami....... trois, accompagnant un chevron d'or.

* Vernet, lieute-
nant.......... trois, accompagnant un chevron d'or.

§ 2.
LARMES DE GUEULES.

de Boysseulh..... semé, sur une bordure de sable.

§ 1er.
MERS D'ARGENT.

* Dalmas, conseil-
ler........... une, sur laquelle est un mât de navire d'argent.

* Marnasse, mar-
chand .... une, sur laquelle est un navire d'or.

de Naucaze ...... une, sur laquelle vogue un navire équipé de même.
* de Naviaze...... une, sur laquelle est un navire d'or.

* de Ribier, écuyer, une.

* le chapitre du
Port, à Clermont. une, portant un navire d'or.

§ 2.
MERS D'AZUR.

* Mège, greffier... une.

* Pérille......... une.

§ 1ᵉʳ.
MONTAGNES D'OR.

* Arnaud........ une, en pointe.

* Beaumont, écuyer........... une.

* Dumont, chanoine............ une.

* de Laval, bourgeois......... une.

* Mègemont chanoine......... une.
* Montagnier, chantre........... une.
* Monteil, procureur.......... une.

* Rochefort, avocat........... une, en pointe.

* la ville de Chaudesaigues...... une, sortant d'une rivière.

§ 2.
MONTAGNES D'ARGENT.

de Clavières...... une, surmontée de deux éperviers accolés d'or.

* de Montal...... une.

* de Montclar.... une.

de Montfaucon... une, sur laquelle repose un faucon d'argent aux premier et quatrième quartiers.

de Moustoulat.... une, semée de flammes de gueules.

* Valette, chantre. une, de laquelle sort une rivière de sinople.

§ 3.
MONTAGNE DE GUEULES.

de Ribes......... une, surmontée d'une fleur de lis de même.

§ 4.
MONTAGNES D'AZUR.

* de Laire....... une.

* Montiffaud, bourgeois......... une, surmontée d'un agneau.

* de Sirmond..... une, sur une terrasse de sinople.

§ 5.
MONTAGNE DE SABLE.

* de Frédeville.... une.

§ 6.
MONTAGNES DE SINOPLE.

Maigne de la Gravière.......... une, chargée de deux oiseaux.

de Serre de Saint-Roman........ une.

*Torrent, bourgeois......... une.

§ 1er.
MONTS D'OR.

*d'Autezat, chanoine.......... un.

*Maigne, procureur.......... un, à trois coupeaux.
*Montel, bailli... un, surmonté d'un demi-vol d'argent.
*de Montvallat, seigneur........ un.

§ 2.
MONT D'ARGENT.

*Gauvoint....... un, surmonté d'un coq d'or.

§ 3.
MONTS DE GUEULES.

de Villaret....... trois, surmontés chacun d'une corneille de sable

§ 4.
MONT DE SABLE.

*Rochefort, lieutenant.......... un.

§ 5.

MONT DE SINOPLE.

du Pouget de Na-
daillac........ un, de six coupeaux.

§ 1ᵉʳ.

MONTICULE D'OR.

de Vigier........ un, soutenant un lion d'argent.

§ 2.

MONTICULE DE SINOPLE.

Kayr de Blumens-
tein.......... deux, un à la première moitié, sur lequel se trouve un vase rempli de fleurs ; l'autre à la deuxième moitié, sur lequel se tient de front un homme en habit rouge.

MOTTE DE SINOPLE.

*Olivier, bour-
geois........ une.

ONDE D'ARGENT.

*Dulac, conseiller. une, soutenant un cygne de même.

§ 1ᵉʳ.

RIVIÈRES D'ARGENT.

*Beaufils, docteur. une, sur laquelle s'essore une colombe de même.

*Bonnault, con-
seiller........ une.

RIVIÈRES D'ARGENT, D'AZUR.   413

*Daude, marchand. une.

*du Lac, écuyer.. une.
*Lausèl, bourgeois......... une, chargée d'un bâteau de même.

*de Passefons, conseiller du roi... une.

*de Rivis, conseiller du roi...... une.

*Sénaud, secrétaire.......... une.

*Traveisse, bourgeois......... une.

*la ville de Chaudesaigues...... une, de laquelle sort une montagne d'or, à trois sources de vapeur d'argent.

*la ville de Maringues .... une, sur laquelle est un cygne d'argent.

§ 2.
RIVIÈRES D'AZUR.

*de Leygouye, trésorier......... une, aux premier et quatrième quartiers, supportant un arbre de sinople.

*Marcellanges, chanoine......... une.
*Viguier, chirurgien.......... une.

§ 3.
RIVIÈRES DE SINOPLE.

de Pennautier.... une.

* Vallette, chantre. une.

§ 1ᵉʳ.
ROCHERS D'OR.

Arnaud .... un, accompagnant en pointe un chevron d'or.

de Jadon .... un, sommé d'un oiseau de même.

de Michel, duc de Frioul .... un, mouvant de la pointe et surmonté en chef d'une étoile d'argent.

Rochette .... trois.
*de la Roche-Canillac............ un.

§ 2.
ROCHERS D'ARGENT.

* Delpeuch, conseiller......... un, surmonté de deux étoiles d'or.

de l'Hôpital...... un, chargé d'une tour d'argent.

* de Jadon, écuyer. un, accompagnant en chef un chevron d'or.

de Labro........ un, surmonté d'un coq de même.

* de la Roche, écuyer.......... un.
* Rollet, conseiller du roi...... trois, accompagnant en chef un chevron d'or.

de Sarret........ un, à six coupeaux.

§ 3.

ROCHERS DE GUEULES.

de Loubeyrac..... trois, à la deuxième moitié.

§ 4.
ROCHERS D'AZUR.

*Auterroche, bailli. trois.

* Rochaix, chanoine......... trois.
*Rochette, conseiller du roi...... un.

§ 5.
ROCHER DE SINOPLE.

de la Roche-en-Reinier.......... un, à trois coupeaux.

§ 6.
ROCHERS DE SABLE.

* de la Roche, gentilhomme...... un.
* Rochefort, conseiller du roi .. trois.
de Rochenégly.... un, sur lequel est posée une aigle éployée de sable.

§ 1ᵉʳ.
ROCHES D'OR.

* Rochette....... trois.

§ 2.
ROCHES D'ARGENT.

* d'Auteroche,
    bourgeois....... une.

* de Roquelaure°.. une.

§ 3.
ROCHE DE GUEULES.

* Auterroche, con-
    seiller......... une.

§ 4.
ROCHES DE SABLE.

* Durbiat, gentil-
    homme........ trois.

* Roche, mar-
    chand bourgeois. une.
* de la Roque, gen-
    tilhomme...... une.

§ 1ᵉʳ.
ROCS D'ÉCHIQUIER D'OR.

de Bessuéjouls.... trois, aux premier et quatrième quartiers.

de Gausserand.... trois, aux deuxième et troisième quartiers.

* Rochette....... trois.

de la Roque de
   Montal........ trois, chargeant un chef cousu de gueules.
* de la Roque..... trois.
de la Roque de
   Bouillac....... trois, chargeant un chef d'azur.
de Roquelaure.... trois, à la deuxième moitié.
de Roquemaurel.. trois.

de Serre........ trois, posés 2 et 1.

Tixier.......... trois, à la deuxième moitié.

de Vigier........ deux, accompagnant un lion d'argent.

§ 2.
ROCS D'ÉCHIQUIER D'ARGENT.

de Baron........ trois, brochant.

* de Chalus...... trois.
* de la Chaux, gen-
   tilhomme...... deux, chargeant un chef d'azur.

Dumas de Polard.. trois, accompagnant un chevron d'argent
           au troisième quartier.

de Michel........ un, surmonté de deux étoiles d'or.

* de la Roche, con-
   seiller du roi... trois.

*de la Roque, écuyer............ un.

*de la Roque, écuyer............ un.

de Roquelaure.... trois.

§ 3.
ROCS D'ÉCHIQUIER DE GUEULES.

de la Roque-Sénezergues....... trois.

§ 4.
ROC D'ÉCHIQUIER D'AZUR.

de la Grillère..... un, à la première moitié et au deuxième coupé.

§ 5.
ROCS D'ÉCHIQUIER DE SABLE.

de Maffré....... trois.

de la Roque...... deux, chargeant un chef d'argent.

§ 1er.
TERRASSE D'OR.

*Chevalier, chanoine............ une, soutenant un cheval galopant, sur lequel est un chevalier, le tout d'or.

§ 2.
TERRASSES D'ARGENT.

Favard de l'Anglade........... une, soutenant un ramier de même.

* les religieuses carmélites de Riom......... une, soutenant une croix d'argent.

§ 3.

TERRASSE DE GUEULES.

* Bouonet, avocat. une, supportant une tour et un demi-château d'argent, à la première partie.

§ 4.

TERRASSES DE SABLE.

* Boisson, marchand......... une, sur laquelle repose un cep de vigne d'or, fruité de gueules.

* Chambonnet, marchand..... une, soutenant cinq épis d'or.

* de la Veissière, procureur..... une, soutenant trois plantes de vesce de sinople.

Vimal........... une.

*la ville de Saint-Amant - Tallende............ une, soutenant trois tours d'or.

* La communauté des hostes et hôteliers de Clermont......... une, soutenant une hôtellerie d'argent.

§ 5.

TERRASSES DE SINOPLE.

Androdrias...... une, soutenant une licorne d'argent.

* de Beauvergier,
  seigneur....... une, soutenant trois arbres de sinople.
* du Bois, écuyer. une, sur laquelle est un arbre d'or.
* du Bois, veuve.. une, sur laquelle sont trois arbres de sinople.
* Boissy, conseiller........... une, sur laquelle sont trois arbres de même.

* Endrodrias, écuyer........... une.
* d'Espinassol.... une, soutenant trois pins de même.

de la Faye......, une, soutenant un mouton d'argent paissant.

de Moncelard..... une, supportant un cerf d'argent, ramé d'or.

* Paty, doyen.... une.
* du Pechier, gentilhomme...... une, soutenant un arbre de même.
* de Peyrusse, gentilhomme..... une, soutenant un arbre de même.

de Pouzols....... une, soutenant un château à trois tours d'argent, maçonné de sable et accompagné en pointe de deux lions affrontés de pourpre.

* de Sirmond..... une, soutenant une montagne d'azur.

* Teilhard, sei-
    gneur......... une, soutenant un tilleul de sinople.
* Terrasse, bailli.. une, soutenant un arbre de sinople.

* du Verger, mar-
    chand......... une, soutenant trois arbres de même.
* Vigniolle, gref-
    fier........... une, soutenant un cep de vigne d'azur.
* de la Vort, fils... une, soutenant un hêtre d'or.

TORRENT D'ARGENT.

* Torrent, bour-
    geois......... un, coulant, en bande.

VALLON D'OR.

* Vallain, cha-
    noine......... un.

CHAPITRE V.

FIGURES ARTIFICIELLES OU MEUBLES D'ARMOIRIES.

SECTION Iʳᵉ.
INSTRUMENTS DE CÉRÉMONIES SACRÉES OU PROFANES.

BOURDONS.
§ 1. Bourdons d'or.
2. — de gueules.
3. — d'azur.
4. — de sable.

COURONNES.
§ 1. Couronnes d'or.
2. — d'argent.
3. — de gueules.
4. — de sinople.
5. — de sable.

CROSSES.
§ 1. Crosses d'or.
2. — d'argent.

MAINS DE JUSTICE DE SABLE.

ESCARBOUCLES.
§ 1. Escarboucles d'or.
2. — de gueules.

SECTION II.
VÊTEMENTS.

BONNETS.
§ 1. Bonnets d'argent.
2. — de sable.

BOTTES.
§ 1. Bottes d'or.
2. — de sable.

CHAPEAUX.
§ 1. Chapeaux d'argent.
2. — de sable.

CHEMISES D'ARGENT.
CORDELIÈRES D'OR.
CORDON D'OR.
CORSELETS D'ARGENT.
ÉTOFFES DE GUEULES.
FRANGES DE SINOPLE.
GANTS D'ARGENT.
RUBANS D'OR.
SOULIERS DE SABLE.
TOQUES DE SABLE.

SECTION III.
USTENSILES.

LAMBELS.
§ 1. Lambels d'or.
2. — d'argent.
3. — de gueules.
4. — d'azur.
5. — de sable.

AIGUIÈRES D'ARGENT.

BARILLETS DE SABLE.

BOISSEAUX.

§ 1. Boisseaux de gueules.
2. — de sable.

BOUTEILLES D'AZUR.

FIOLE D'AZUR.

BROCS.

§ 1. Brocs de gueules.
2. — de sable.

BROSSES.

§ 1. Brosses d'or.
2. — d'azur.
3. — de sable.

COUPE D'OR.

CRUCHE DE GUEULES.

GRIL DE SABLE.

POTS.

§ 1. Pots d'or.
2. — d'argent.

TONNEAUX.

§ 1. Tonneaux d'azur.
2. — de sable.

VASE D'OR.

VERRES.

§ 1. Verres de gueules.
2. — de sable.

—

SECTION IV.

INSTRUMENTS DE GUERRE, DE CHASSE ET DE NAVIGATION.

ANCRES.

§ 1. Ancres d'or.
2. — d'argent.
3. — de sable.

ANNEAUX.

§ 1. Anneaux d'argent.
2. — de gueules.
3. — de sable.

ANNELETS.

§ 1. Annelets d'or.
2. — d'argent.
3. — de gueules.

ARCHES D'OR.

ARCS D'OR.

BANDEROLE DE GUEULES.

BANNIÈRES D'ARGENT.

BATEAUX.

§ 1. Bateaux d'argent.
2. — de gueules.

BOMBES DE SABLE.

CARQUOIS.

§ 1. Carquois d'or.
2. — d'argent.

CASQUES.

§ 1. Casques d'or.
2. — d'argent.
3. — de gueules.
4. — d'azur.
5. — de sable.

CHAUSSE-TRAPES.

§ 1. Chausse-trapes d'or.
2. — de sable.

CIMETERRE D'ARGENT.

DRAPEAUX DE SABLE.

ÉPÉES.

§ 1. Épées d'or.
2. — d'argent.
3. — de gueules.
4. — de sable.

ÉTENDARD D'ARGENT.

FAISCEAUX D'ARGENT.

FERMAUX.

§ 1. Fermaux d'argent.
2. — d'azur.

FERS DE CHEVAUX.

§ 1. Fers de chevaux d'argent.
2. — de gueules.
3. — d'azur.

FLÈCHES.

§ 1. Flèches d'or.
2. — d'argent.
3. — de sable.

GANTELET D'ARGENT.

FIGURES ARTIFICIELLES.

GONFANONS.

§ 1. Gonfanons d'or.
2. — d'argent.
3. — de gueules.

GUIDON D'OR.

HACHES.

§ 1. Haches d'or.
2. — d'argent.

HALLEBARDES D'AZUR.

HEAUMES.

§ 1. Heaumes d'or.
2. — d'argent.

LANCES.

§ 1. Lances d'or.
2. — d'argent.
3. — de gueules.
4. — de sable.

MASSE D'ARMES D'ARGENT.

MATS.

§ 1 Mâts d'or.
2. — d'argent.
3. — de gueules.
4. — de sable.

MOLETTES.

§ 1. Molettes d'or.
2. — d'argent.
3. — de gueules.
4. — d'azur.
5. — de sinople.
6. — de sable.

NACELLE D'OR.

NAVIRES.

§ 1. Navires d'or.
2. — d'argent.
3. — de sable.

PISTOLET D'OR.

RONDELLES DE GUEULES.

SABRES.

§ 1. Sabres d'argent.
2. — de gueules.
3. — d'azur.

TROPHÉE DE SABLE.

VAISSEAU DE SABLE.

VIRES D'ARGENT.

SECTION V.
OUVRAGES D'ARCHITECTURE.

ARC-BOUTANT D'OR.

BOURG D'ARGENT.

CHAPELLES.

§ 1. Chapelle d'argent.
2. — de gueules.

CHATEAUX.

§ 1. Châteaux d'or.
2. — d'argent.
3. — de gueules.
4. — de sable.

CITERNES.

§ 1. Citernes d'argent.
2. — de sable.

COLONNES.

§ 1. Colonnes d'or.
2. — d'argent.

FONTAINES.

§ 1. Fontaines d'argent.
2. — de gueules.
3. — d'azur.
4. — de sable.

GRANGES.

§ 1. Granges d'or.
2. — d'argent.

HÔTELLERIE D'ARGENT.

MAISON D'ARGENT.

MOULIN A VENT D'OR.

MURAILLES.

§ 1. Murailles d'argent.
2. — de sable.

PAVILLON DE SINOPLE.

PONTS.

§ 1. Pont d'or.
2. — d'argent.
3. — de gueules.

PORTAILS.

§ 1. Portails d'or.
2. — d'argent.

PORTES D'OR.

PYRAMIDES D'OR.

TOURELLES D'OR.

TOURS.

§ 1. Tours d'or.
2. — d'argent.
3. — de gueules.
4. — d'azur.
5. — de sable.

VILLES.

§ 1. Villes d'or.
2. — d'argent.
3. — de sable.

SECTION VI.

INSTRUMENTS D'ARTS ET MÉTIERS

ANIL DE MOULIN D'OR.

AUNE D'ARGENT.

BALANCES D'ARGENT.

BANC D'OR.

BAT DE SABLE.

BOURSES.

§ 1. Bourses d'or.
2. — d'argent.

BRIDES DE GUEULES.

BROCHE A RÔTIR D'ARGENT.

BROUETTE DE SABLE.

BURINS.

§ 1. Burins de gueules.
2. — d'azur.

BUTTE DE SABLE.

CARREAU DE SABLE.

CHAISES D'OR.

CHARRUE D'OR.

CHAUDRON DE SABLE.

CHENETS DE SABLE.

CISEAUX.

§ 1. Ciseaux d'or.
2. — d'argent.
3. — d'azur.
4. — de sable.

CLEFS.

§ 1. Clefs d'or.
2. — d'argent.
3. — de gueules.
4. — de sable.

COLLIER DE CHEVAL DE SABLE.

CLOCHES.

§ 1. Cloches d'or.
2. — d'argent.
3. — de gueules.

CLOCHETTE D'ARGENT.

CLOUS D'OR.

CORNIÈRE (ANSE) D'OR.

COUPERETS.

§ 1. Couperets d'or.
2. — d'argent.

COUTEAUX.

§ 1. Couteaux d'argent.
2. — d'azur.
3. — de sable.

COUTELAS D'OR.

ÉCRITOIRES.

§ 1. Écritoires d'argent.
2. — de sable.

ÉQUERRES D'AZUR.

FAULX D'ARGENT.

FORCES (TENAILLES) DE SABLE.

FOUET D'OR.

GIROUETTE D'ARGENT.

GRELOTS D'OR.

GRILLETS D'OR.

LIVRES.

§ 1. Livres d'or.
2. — d'argent.
3. — de gueules.
4. — d'azur.

LANCETTES.

§ 1. Lancettes d'or.
2. — de sable.

MAILLETS D'OR.

MARTEAUX.

§ 1. Marteaux d'argent.
2. — d'azur.

MIROIRS D'ARGENT.

MORTIERS.

§ 1. Mortiers d'or.
2. — d'azur.
3. — de sable.

NAVETTES.

§ 1. Navettes d'or.
2. — d'argent.
3. — de gueules.
4. — de sable.

PATENÔTRE DE SABLE.

PEIGNES DE GUEULES.

PELLES DE FOUR.

§ 1. Pelles de four d'or.
2. — d'argent.
3. — de sable.

PLUMES.

§ 1. Plumes d'or.
2. — d'argent.
3. — d'azur.
4. — de sable.

RABOTS.

§ 1. Rabots d'or.
2. — d'argent.
3. — de gueules.
4. — d'azur.

RASOIRS D'ARGENT.

ROUES.

§ 1. Roues d'or.
2. — d'argent.
3. — de gueules.

SCIES.

§ 1. Scie d'argent.
2. — de sable.

TAUX DE GUEULES.

TRANCHETS.

§ 1. Tranchets d'or.
2. — d'argent.

TRUELLES.

§ 1. Truelles d'or.
2. — de sable.

TUILES D'ARGENT.

VALET D'ARGENT.

VANS D'AZUR.

VERROUX D'OR.

SECTION VII.

INSTRUMENTS DE MUSIQUE.

CLAVECIN D'ARGENT.

CORNE DE SINOPLE.

CORS DE CHASSE.

§ 1. Cors de chasse d'or.
2. — d'argent.
3. — de gueules.
4. — d'azur.
5. — de sable.

HARPES.

§ 1. Harpes d'or.
2. — de sable.

LUTH D'OR.

LYRES.

§ 1. Lyres d'or.
2. — d'azur.

VIOLONS.

§ 1. Violon d'azur.
2. — de sable.

—

SECTION VIII.

OBJETS DIVERS.

BAGUE D'ARGENT.

BAGUETTES DE SABLE.

BALAI D'ARGENT.

BOUGIES D'OR.

BRANCHES DE CORAIL.

§ 1. Branches de corail de gueules
2. — d'azur.

BRIOCHES D'OR.

CAGE D'ARGENT.

CAILLOUX D'OR.

CALICES.

§ 1. Calice d'or.
2. — de gueules.

CERCLE DE GUEULES.

CHANVRE D'ARGENT.

CHAPELET DE GUEULES.
DENTS D'ARGENT.
DIAMANTS D'OR.
ÉPONGES D'AZUR.
FRONDES D'AZUR.
HOSTIE D'ARGENT.
MASSUE D'OR.

PAINS.
§ **1. Pains d'or.**
2. — **de gueules.**
3. — **de sable.**

PATÉS.
§ **1. Pâtés d'or.**
2. — **de gueules.**

RUCHES DE SABLE.
SOIE D'ARGENT.

CHAPITRE V.

FIGURES ARTIFICIELLES OU MEUBLES D'ARMOIRIES.

SECTION PREMIÈRE. — INSTRUMENTS DE CÉRÉMONIES SACRÉES OU PROFANES.

§ 1er.

BOURDONS D'OR.

de Chaumeil..... trois, accompagnant un chevron d'or aux premier et quatrième quartiers.

*Gourd, bourgeois. un, en pal.

*Rome, procureur.......... trois.

§ 2.

BOURDONS DE GUEULES.

* Bourlin, veuve.. deux, en sautoir.

§ 3.

BOURDONS D'AZUR.

* de Pastural..... trois.

§ 4.

BOURDONS DE SABLE.

* de Dourdon..... deux, en sautoir.

*le prieuré de Tié-
  sac............ deux, en sautoir.

§ 1er.

CROSSES D'OR.

* Le couvent des religieux de l'abbaye de Montpéroux.......... une, en pal.
* le couvent des religieuses bénédictines de Clermont.......... une, tenue par sainte Scolastique.

§ 2.

CROSSE D'ARGENT.

* l'abbaye de Feniers......... une, accostée de deux trèfles d'or.

§ 1er.

COURONNES D'OR.

des Ages......... une, couronnant un lion de sable.
*Allayrat, bailli... trois, couronnant trois lions d'argent.
Armand.......... une, ducale, accompagnant en chef une fasce rehaussée de même.

*Blancher, notaire. une, surmontant un monogramme d'or.
de Bretanges..... une, de comte, surmontant deux épées en sautoir.
* Brunel, seigneur. une, couronnant une moucheture d'argent.

de Cardaillac..... une, couronnant un lion d'argent.
de Chabannes.... une, couronnant un lion d'hermine.
de Champredonde. trois, de chêne.
*Champetières,
  bourgeois...... une, de comte.
de Chapt de Rasti-
  gnac.......... une, couronnant un lion d'argent.
de Cocural....... une, accompagnant un bois de cerf.
de Conquans..... une, couronnant une aigle d'or.
de Courtin....... semé.

Gaschier......... trois, ducales, accompagnant une bande d'or.
*Gilbert, bour-
  geois .... une, couronnant un lion d'or.
le Groing........ trois, couronnant trois têtes de lion arrachées.

de Longa........ une, couronnant un lion de gueules.

de Mornay....... une, couronnant un lion morné, de sable.
de la Mothe...... une, couronnant un lion d'argent.

*Perrier, seigneur. une, d'épines.
* Portal, avocat.... trois, en chef.

* Roy............ une, en pointe.

* Sadourny, lieute-
  nant.......... une, royale.

* de Salers....... une, de baron.
de la Souche..... deux, couronnant deux léopards d'or.

* la ville d'Aigue-
  perse.......... une, couronnant une fleur de lis d'or.
* la ville de Montai-
  gut........... une, couronnant un M d'or.
* la communauté
  des religieuses
  de Saint-Antoine
  de Montferrand. une, enfilée dans le col d'une aigle à deux têtes de sable.
* le couvent des re-
  ligieuses de la
  Visitation de
  Saint-Flour.... une, d'épines, enfermant un nom de Jésus et de Marie d'or.
* le couvent des
  minimes de
  Courpière...... une, d'épines.
*les pères de l'Ora-
  toire de Cler-
  mont.......... une, d'épines.
* les religieuses de
  Notre-Dame de
  Marsac........ une, couronnant une sainte Vierge d'or.

§ 2.

COURONNES D'ARGENT.

de Cortial....... une, couronnant un lion de même.

de Montvallat..... trois, liées chacune de quatre liens de gueules, accompagnant un chevron d'rr.

Saunhac......... une, couronnant un lion de même au deuxième coupé.

§ 3.
COURONNES DE GUEULES.

d'Aubeyrac...... trois, accompagnant en chef un lion de sable.

de Besse......... une, couronnant un lion d'or.
de Biencourt..... une, couronnant un lion d'azur.

* Chaliat, avocat.. trois, couronnant trois lions de sable.
de Chaunac...... une, couronnant un lion rampant de sable.
de Cosnac....... une, couronnant un lion de sable.

*Dessaigne, gentil-
   homme....... une, couronnant une aigle de sable.
du Drac......... une, couronnant un dragon de sinople.

de Miremont..... une, couronnant un lion d'or.

de la Reynerie.... une, couronnant un lion d'or.
de Rochedragon.. une, couronnant un lion d'or.

§ 4.
COURONNES D'AZUR.

*Conte, marchand. une, de comte.
Cornaro de Cur-
   ton.......... une, royale, à la deuxième moitié.

§ 5.
COURONNES DE SINOPLE.

Higonet......... une, de laurier, réunissant un faisceau d'épées.

Kayr de Blumens-
tein .... deux, une de laurier, couronnant une tête d'homme, et l'autre chargeant une champagne de sinople à la deuxième moitié.

de Prevenquières.. une, entrelacée de pervenches.

*Sadourny, lieute-
nant.......... une, d'épines.

* la communauté des religieuses de la Visitation de Brioude....... une, d'épines, enfermant un cœur de gueules.

* le couvent des religieuses de la Visitation-Sainte Marie de Clermont.......... une, enfermant un cœur de gueules.

* le couvent des religieuses de la Visitation-Sainte Marie de Billom. une, enfermant un cœur de gueules.

* le couvent des religieuses de la Visitation-Sainte Marie de Montferrand .... une, enfermant un cœur de gueules.

* le couvent des religieuses de la Visitation-Sainte Marie de Riom.. une, enfermant un cœur de gueules.

§ 6.
COURONNES DE SABLE.

Berard .... une, couronnant un lion.
Bonnavent .... une, couronnant un lion de même.

de Marcellanges... une, couronnant un lion de même.

de Strada .... une, couronnant une aigle.

MAINS DE JUSTICE DE SABLE.

*Dumas .... une.

*Vialle, lieutenant. une.

§ 1er.
ESCARBOUCLES D'OR.

de Saint-Martial.. une, boutonnée de gueules.

de Veilhan .... une, pommettée et fleurdelisée.

§ 2.
ESCARBOUCLE DE GUEULES.

*le couvent des re-
 ligieuses du Buis
 d'Aurillac ..... une.

SECTION DEUXIÈME. — VÊTEMENTS.

§ 1er.
BONNETS D'ARGENT.

*Bonnet, greffier. trois.

§ 2.

BONNETS DE SABLE.

* Souvigeon, pro-
reur.......... un, carré.

* la communauté
des avocats, no-
taires et procu-
reurs de Brioude. quatre, carrés, un à chaque canton de
                   deux écritoires de même en sautoir.

* la communauté
des avocats, no-
taires et procu-
reurs de Maurs. un, carré, en chef.

* la communauté
des avocats, no-
taires et procu-
reurs de Lan-
gheac......... deux, carrés, accompagnant deux écritoi-
                   res de même en sautoir.

* la communauté
des notaires
royaux et pro-
cureurs au bail-
liage de Saint-
Flour......... deux, rrés

* la communauté
des notaires et
procureurs d'Is-
soire......... trois.

§ 1er.
BOTTE D'OR.

Henrion de Bussi. une, éperonnée.

§ 2.
BOTTES DE SABLE.

* la communauté des cordonniers, et formiers de Riom......... une.
* la communauté des cordonniers de Saint-Flour. une, éperonnée.
* la communauté des teinturiers, cordonniers, selliers et bâtiers d'Aurillac..... une, éperonnée, accostée à dextre d'une pièce d'étoffe de soie de gueules, et à sénestre d'un bât de cheval de sable.

§ 1er.
CHAPEAUX D'ARGENT.

* la communauté des chapeliers, vitriers, potiers d'étain de St-Flour. un, sur un chef de gueules.
* la communauté des potiers d'étain, peigneurs de chanvre, chapeliers et teinturiers de Riom.. un, en chef.

§ 2.

CHAPEAUX DE SABLE.

* la communauté des chapeliers de Clermont...... un, accosté de deux fleurs de lis de gueules.

CHEMISE D'ARGENT.

* de la Villaine... une, en pointe.

CORDELIÈRES D'OR.

de Roquefeuil.... trois, dans chaque quartier.

CORDON D'OR.

* Bonnet, bourg^s. un, accompagné de trois étoiles d'or.

CORSELETS D'ARGENT.

de Miet.......... trois, accompagnant une fasce d'argent.

ÉTOFFE DE GUEULES.

* la communauté des teinturiers, cordonniers, selliers et bâtiers d'Aurillac..... une, de soie, accompagnant à dextre une botte éperonnée de sable.

FRANGE DE SINOPLE.

d'Auvergne...... une, bordant un gonfanon de même.

GANTS D'ARGENT.

* la communauté des tanneurs, gantiers et corroyeurs d'Aurillac........... trois, posés 2 et 1.

RUBANS D'OR.

* Mercier, chan^ne.. trois paquets.

SOULIERS DE SABLE.

* du Solies, marchand bourgeois. un.

* Soulier, bourgeois......... trois.

TOQUE DE SABLE.

* de Sauret, avocat. une.

SECTION TROISIÈME. — USTENSILES.

§ 1er.
LAMBELS D'OR.

d'Albin......... un, brochant sur les premier et deuxième quartiers.

de Bénavent...... un, chargeant un chef d'azur.

de Charrier....... un, à trois pendants.

Sauchon.......... un, à trois pendants, brochant sur le deuxieme quartier.

§ 2.
LAMBEL D'ARGENT.

de Langes....... un.

§ 3.
LAMBELS DE GUEULES.

*Achard........ un, en fasce.

d'Aurelle........ un, renversé, surmontant un chevron d'azur.

*Daurelle, greffier. un, surmontant un chevron d'azur.

de Giou......... un, chargeant un chef d'azur.

de Saignes....... un, brochant, chargeant un chef d'azur.
de Sainte-Colombe. un, à trois pendants.
Sauchon.......... un, à trois pendants, brochant sur le premier quartier.

du Vair.......... un, surmontant deux croissants d'argent en chef.

§ 4.
LAMBELS D'AZUR.

de Cros-Murat.... un.

de Guillaumanches un, surmontant un taureau de gueules.

de Juliac........ un, à quatre pendants, surmontant une croix tréflée de gueules.
Jussac........... un.

de Maffré........ un.
de Magnac....... un, à cinq pendants, chargeant un chef d'or.
de Pouzols....... un, à deux pendants, surmontant une tête de mouton de sable.

§ 5.
LAMBELS DE SABLE.

de Bard.......... un, chargeant un chef d'or.

de Rochefort-Chars......... un.

AIGUIÈRE D'ARGENT.

* la communauté des potiers d'étain, peigneurs de chanvre, chapeliers et teinturiers de Riom.. une, en pal, accostée de deux paquets de chanvre, et accompagnée en chef d'un chapeau d'argent.

BARILLETS DE SABLE.

* Barrier greffier.. trois.
*Barthélemy, bourgeois .... un baril.

§ 1er.

BOISSEAU DE GUEULES.

* de Combres, chanoine.......... un, surmonté d'une gerbe de gueules.

§ 2.

BOISSEAUX DE SABLE.

*de Boissieux, écuyer........... un.
* de Boissieux.... trois.

BOUTEILLES D'AZUR.

* Bouteix, marchand de soie... trois.

FIOLE D'AZUR.

* la communauté des médecins et apothicaires de Chaudesaigues.. une, entourée d'une vipère de même.

§ 1ᵉʳ.
BROCS DE GUEULES.

* la communauté des aubergistes et hôteliers d'Aurillac......... trois.

§ 2.
BROCS DE SABLE.

* la communauté des hôteliers et aubergistes d'Issoire .... trois, à l'antique.
* la communauté des hôteliers et cabaretiers de Saint-Flour.... deux, en chef.

§ 1ᵉʳ.
BROSSE D'OR.

* de Broussettes... une.

§ 2.
BROSSES D'AZUR.

* de Brossignac... trois.

§ 3.
BROSSES DE SABLE.

* de Brousse ..... une.
* de Broussoulier. une.

COUPES D'OR.

* la communauté des marchands é-piciers et orfèvres de Maringues .. une, en chef.
* la communauté des orfèvres de Clermont....... une, couverte, aux deuxième et troisième quartiers

CRUCHE DE GUEULES.

* Bure, procureur. une.

GRIL DE SABLE.

* le prieuré de Vieillevie......... un.

§ 1er.
POTS D'OR.

Ollier........... trois, accompagnant un chevron de gueules.

* Potière, avocat.. trois, surmontés de trois quintefeuilles de même.
* Pottière, procureur.......... un.

§ 2.

POT D'ARGENT.

* la communauté des chapeliers, vitriers, potiers d'étain de Saint-Flour......... un, sur un chef de gueules.

§ 1ᵉʳ.

TONNEAU D'AZUR.

* la communauté des hôteliers et cabaretiers de Saint-Flour.... un, cerclé d'or.

§ 2.

TONNEAU DE SABLE.

* la communauté des menuisiers, charpentiers, vinaigriers, chaudronniers et des charrons de la ville de Riom... un, sur une brouette de même.

VASE D'OR.

* Vassadel, bourgeois......... un, contenant trois roses d'argent avec leurs tiges de même.

§ 1ᵉʳ.
VERRES DE GUEULES.

de Veyrières...... trois.

§ 2.
VERRE DE SABLE.

de Veyrières...... un, long.

SECTION QUATRIÈME.—INSTRUMENTS DE GUERRE, DE CHASSE ET DE NAVIGATION.

§ 1ᵉʳ.
ANCRES D'OR.

* Dumas......... une, surmontant trois tiercefeuilles d'or.

* Ravidal, marchand......... une, accompagnée de trois étoiles d'or.

Sablon du Corail.. une, posée en pal.

§ 2.
ANCRES D'ARGENT.

* de Bougier, conseiller......... une.

* Dumas, seigneur. une, surmontée de deux étoiles d'argent.

* Lascombes, conseiller du roi... une.

* Sablon, procureur........., une.

§ 3.
ANCRES DE SABLE.

* de Chassignolle.. deux, en sautoir.

* Portepin, marchand......... une.

§ 1er.
ANNEAUX D'ARGENT.

Benaud .... un, tenant trois têtes de Maures de sable.

* Ferrier......... trois.

§ 2.
ANNEAUX DE GUEULES.

* Aimuquet...... cinq, en sautoir.
* Ardaillon, contrôleur........ trois.

* Delhort, chanoine......... six, posés 3, 2 et 1.

§ 3.
ANNEAUX DE SABLE.

* de Fargues, seigneur......... trois.

§ 1er.
ANNELETS D'OR.

*Desplats, conseilr. trois.

* Rollet, chantre.. trois.

§ 2.
ANNELETS D'ARGENT.

de Faydit........ trois.

§ 3.
ANNELETS DE GUEULES.

de la Vieuville.... trois, en chef.

* la communauté des maîtres cartiers, charpentiers et gainiers de Thiers...... cinq, sur un chevron d'or.

ARCHES D'OR.

* Darches, conseilseiller......... trois, jointes ensemble.

ARCS D'OR.

l'Arc............ un, chargé de trois flèches d'argent, empennées d'or; celle du milieu encochée, les deux autres passées en sautoir.

* Archon, conseiller........... un.

Armand......... un, armé de flèches de même.

* Girard......... deux.
* de Girard, seigneur.......... trois.
* Girard, chanoine. trois.
* de Guerry...... trois.

BANDEROLES DE GUEULES.

Pascal.......... une, croisée.

BANNIÈRE D'ARGENT.

*Boutaudon, imprimeur....... une.

§ 1er.
BATEAU D'ARGENT.

*Lausel, bourgeois.......... un, sur une rivière d'argent.

§ 2.
BATEAU DE GUEULES.

*de Bargues, avocat........... un.

BOMBES DE SABLE.

*Bombard, médecin........... trois.

§ 1er.
CARQUOIS D'OR.

*Girard......... un, garni de trois flèches, accosté de deux arcs, et en pointe d'un cor de chasse, le tout d'or.

*de Girard, seigneur......... un, garni de trois flèches, accompagné de trois arcs d'or.

*de Guerry...... un, garni de trois flèches d'or.

§ 2.
CARQUOIS D'ARGENT.

*Girard, chanoine. un, garni de trois flèches d'argent.

§ 1er.
CASQUES D'OR.

des Arnois....... un, accompagnant en pointe un chevron d'argent.

Terreyre........ un, accosté de deux palmes d'or.

§ 2.
CASQUES D'ARGENT.

du Bois......... trois, chargeant un chef de gueules.

de Coustave...... un, grillé, taré de profil, aux deuxième et troisième quartiers.

* Maubet, marchand........ un, surmontant deux lances de même en sautoir.

§ 3.
CASQUE DE GUEULES.

*de Caffres, écuyer. un.

§ 4.
CASQUE D'AZUR.

* de Bournat, veuve............ un.

§ 5.

CASQUE DE SABLE.

de Floret........ un, sur un chef d'or.

§ 1ᵉʳ.

CHAUSSE-TRAPES D'OR.

Meynade........ semé.

§ 2.

CHAUSSE-TRAPES DE SABLE.

*de Chaussecourte. huit.

* la communauté des serruriers, armuriers, éperonniers et couteliers de Riom. une, en chef, accostée de deux molettes de même.

CIMETERRE D'ARGENT.

* le couvent des Bénédictins d'Issoire.......... un, en chef.

DRAPEAUX DE SABLE.

Milhaud......,... deux, passés en sautoir, soutenant un pélican et sa piété de gueules.

§ 1er.

ÉPÉES D'OR.

* Artaud . . . . une, en pal.

de Bretanges . . . . . deux, passées en sautoir, les gardes et poignées d'or, les lames d'argent.
de Brisson . . . . une, en pal, soutenant de la pointe un
livre fermé, et chargée au centre d'une
rose.

de Chambeuil . . . . trois, accompagnant un chevron d'argent.

* le couvent des re-
ligieux de l'ab-
baye de Montpey-
roux . . . . une, en fasce.

§ 2.

ÉPÉES D'ARGENT.

Beker . . . . une, montée d'or, au premier quartier.
de Bretanges . . . . . deux, les pointes en haut, les gardes et
poignées d'or, surmontées d'une cou-
ronne de comte.
* Bretanges, bour-
geois . . . . deux, en sautoir, surmontées d'un soleil
d'or.
du Buisson . . . . . . une, en pal, la poignée d'or, accompagnée
de trois molettes d'éperon d'or, deux
en chef, et une en pointe.

Daurier . . . . une, mise en pal au deuxième quartier,

Delzons......... une, mise en pal, la pointe en haut, à la deuxième moitié.

Désaix......... une, haute, posée en pal au deuxième quartier.

Dumas de Polard... une, en pal, au deuxième quartier.

de la Fagette..... une, garnie d'une poignée d'azur, accompagnée à dextre d'une fleur de lis de même, et à sénestre d'un faucon d'argent posé sur la garde de l'épée.

de Fidedy de Lavergne........ une, la poignée d'or, soutenant une lyre d'or.

de la Garde...... une, mise en bande.

Girot de Langlade. une, traversant un croissant d'argent.

Higonet......... une, tenue par un dextrochère, armé d'or à la première moitié; à la deuxième moitié, un faisceau d'épées réunies par une couronne de laurier de sinople.

Martha-Beker.... une, montée d'or, au premier quartier.

Merle de la Gorce. une, mise en pal, à la première moitié.

de Retz de Bressoles............ une, en pal, accompagnant en pointe un chevron d'or.

Romeuf......... deux, en sautoir, cantonnées de quatre coquilles d'argent; au quartier sénestre, une épée posée en pal.

Simmer......... une, au franc quartier à sénestre.

ÉPÉES D'ARGENT, DE GUEULES, DE SABLE, ETC.

Terreyre......... une, au franc quartier à sénestre.
Thomas.......... deux, garnies d'or.

Vallette.......... une, posée en pal, la pointe en bas, accompagnée de trois roses de gueules, aux premier et quatrième quartiers.

* l'abbaye du Moutier........... une.
* le chapitre des chanoines et comtes de Brioude......... une, aux premier et quatrième quartiers, tenue par une main d'argent.

§ 3.

ÉPÉES DE GUEULES.

Sablon du Corail.. une, chargeant un chef d'argent.

* Taillandier, chanoine......... deux, en sautoir.

§ 4.

ÉPÉES DE SABLE.

*de Chambon, veuve............ trois.

de la Garde de Sourniac.......... une, tenue dans les griffes d'un lion rampant d'or.

ÉTENDARD D'ARGENT.

de Tourtoulon.... un, à deux bandelettes et manché d'or.

FAISCEAUX D'ARGENT.

* d'Astier, seigneur......... un, accompagnant en pointe un chevron d'or.

‡ de Chazeron.... un, accompagnant en pointe un chevron d'or.

§ 1er.

FERMAUX D'ARGENT.

*Ardilhon, curé.. trois.

§ 2.

FERMAUX D'AZUR.

du Lac........... trois, sans ardillons, accompagnant un chevron de gueules.

§ 1er.

FERS DE CHEVAUX D'ARGENT.

*Ferluc, bourgeois. un.

* la communauté des maréchaux et serruriers de Maringues..... trois, accompagnant une clef de même.

§ 2.

FERS DE CHEVAUX DE GUEULES.

*Ferrier, chanoine. trois, accompagnant une fasce de même.

§ 3.
FERS DE CHEVAUX D'AZUR.

de Ferrières...... trois, cloués de sable.
* Ferget, écuyer... trois.

§ 1ᵉʳ.
FLÈCHES D'OR.

Armand......... une, armant un arc de même.

* Charrier, écuyer. trois, chargeant un chef de gueules.

de Gebelin-de-Flo-
   rensolles ...... deux, passées en sautoir.
* Girard......... trois, garnissant un carquois d'or.
* de Girard, seignʳ.. trois, garnissant un carquois d'or.
* de Guerry...... trois, garnissant un carquois d'or.

* le couvent des religieuses de la Visitation de Brioude....... deux, empennées d'argent, passées en sautoir au travers d'un cœur de gueules.

§ 2.
FLÈCHES D'ARGENT.

l'Arc. .... trois, empennées d'or, celle du milieu encochée, les deux autres passées en sautoir, chargeant un arc d'or.

Durant.......... une, traversant un cœur d'argent.

* Girard, chanoine. trois.
* le couvent des reli-

gieuses de la Visi-
tation Ste-Marie
de Clermont .. deux, perçant un cœur de gueules.
* le couvent des re-
ligieuses de la Vi-
sitation Sainte-
Marie de Billom. deux, perçant un cœur de gueules.
* le couvent des re-
ligieuses de la Vi-
sitation Ste-Ma-
rie de Montfer-
rand.......... deux, perçant un cœur de gueules.
* le couvent des re-
ligieuses de la Vi-
sitation Ste-Ma-
rie de Riom...... deux, perçant un cœur de gueules.

§ 3.

FLÈCHES DE SABLE.

de Faure......... trois, traversant un cœur de gueules.

GANTELET D'ARGENT.

de la Haye....... un, renversé.

§ 1er.

GONFANONS D'OR.

de Beaudéduit.... un.
de Belestat....... un, aux premier et quatrième quartiers.
de Sarlans....... trois.

§ 2.

GONFANONS D'ARGENT.

de Mezet........ un, aux deuxième et troisième quartiers.

§ 3.
GONFANONS DE GUEULES.

d'Auvergne...... un.

de l'Espinasse.... un, au deuxième quartier.

* la ville de Riom. un, frangé de sinople.

GUIDON D'OR.

de Digons....... un, échancré, mouvant d'une lance de même, mise en pal.

§ 1er.
HACHES D'OR.

d'Apchon........ une, cantonnant en pointe et à dextre une croix pattée de même.

d'Acher ou d'Achè-
res........... deux, adossées.

* Brun, chanoine. une.

§ 2.
HACHES D'ARGENT.

de Trinquier..... une, manchée de sable, posée en bande et cantonnée de quatre losanges d'argent.

* la communauté des menuisiers, maçons et charpentiers de Brioude.......... une, en pointe.

HALLEBARDES D'AZUR.

d'Apchier....... deux, surmontant un château de gueules, sommé de trois tours de même.

§ 1ᵉʳ.
HEAUMES D'OR.

de Coubladour.... trois, à la visière abaissée, deux en chef, un en pointe.

§ 2.
HEAUMES D'ARGENT.

de Vaubecourt.... trois.

§ 1ᵉʳ.
LANCES D'OR.

* Astavières...... deux, croisées.

de Buffevent..... trois brisées dans trois bagues d'argent dont deux passées en sautoir, l'une la pointe en bas, la troisième en fasce, entrelacée dans les autres, et toutes trois formant un triangle.

de Raymond..... deux, en sautoir, cantonnées de quatre étoiles de même.

de Sassy......... deux, surmontées d'une étoile à six rais.

§ 2.
LANCES D'ARGENT.

d'Estresses....... trois fers, accompagnant un chevron d'argent.

* Maubet, marchand........ deux, en sautoir.
Miremont....... deux.

de Ponceaux..... un fer, mis en pal, accosté de deux croissants de même.

§ 3.

LANCES DE GUEULES.

de la Fage....... deux, éclatées, posées en sautoir.

§ 4.

LANCES DE SABLE.

de Salazar....... cinq fers, en sautoir, aux premier et quatrième quartiers.

MASSE D'ARMES D'ARGENT.

de Massol de Serville.......... une masse, tenue par un dextrochère de même.

§ 1er.

MAT DE NAVIRE D'OR.

* Dumas, bailli... un.

§ 2.

MAT DE NAVIRE D'ARGENT.

* Dalmas, conseiller........... un, cordé et pavoisé de même, sur une mer aussi d'argent.

§ 3.
MATS DE NAVIRE DE GUEULES.

* Besseyre, bourgeois......... un.

*Dumas, conseiller. un.

* du Mas........ un.

§ 4.
MAT DE NAVIRE DE SABLE.

* Dumas........ un.

§ 1er.
MOLETTES D'OR.

de Bard......... une.

* de Bragelongue, prêtre......... trois.

du Buisson....... trois, accompagnant une épée d'argent, à la poignée d'or, en pal.

de Cluzel........ une, accompagnant en pointe une fasce bastillée.

* Juvenceau, écuyer........... trois.

de Ligondès...... sans nombre, accompagnant un lion rampant d'or.

Le Maréchal...... trois, sur trois tourteaux d'azur, bordés d'or.

de Molette....... trois, accompagnant un cor de chasse d'argent.
de Monteil ..... trois, chargeant une bande d'azur.
* Mosles, échevin. trois, accompagnant un chevron d'or.

* d'Oberulle...... trois, accompagnant un chevron d'or.

Rodier.......... trois, chargeant un chevron de gueules.

Sirmond. .... une.

de Talaru........ semé.
de Tubières...... trois.
de Veiny-d'Arbou-
  se............ trois.

§ 2.

MOLETTES D'ARGENT.

d'Aurel. .... trois, deux en chef, une en pointe, accompagnant un croissant d'or.

Bouchet......... trois, deux en chef, une en pointe, accompagnant deux croix.

de Chabrol...... trois, aux premier et quatrième quartiers, accompagnant un chevron d'or.
des Champs...... six, accompagnant un chevron d'or.
de Combarel-Giba-
  banel......... une demie, mouvante de la partition de l'écu.

Maymont........ trois.
de Montagnac.... quatre, accompagnant un sautoir d'argent.

de Montmorin.... semé.

de Pégayrolles.... trois, aux premier et quatrième quartiers.
* Peyronnel, procureur........ une.
de Poinsat....... trois, chargeant un chef d'azur.

* de Rigauld..... trois.

de Tourtoulon.... une, séparant deux tourterelles.

§ 3.
MOLETTES DE GUEULES.

de Falvard....... trois, posées 1 et 2.

du Puy.......... deux, accompagnant un lion d'azur.

§ 4.
MOLETTES D'AZUR.

d'Asenières...... trois.
d'Aubier......... deux, accompagnant en chef un chevron de gueules.

de Barentin de Montchal...... trois, aux deuxième et troisième quartiers, chargeant un chef d'or.

§ 5.
MOLETTES DE SINOPLE.

Montgranat...... trois, chargeant une bande d'argent.

§ 6.

MOLETTES DE SABLE.

de Baffie......... trois.

de Cheminades... trois, chargeant un chef d'or.

* de Ferteils..... trois.

de Leys......... trois, chargeant un chef de gueules.

* la communauté
des serruriers,
armuriers, épe-
ronniers et cou-
teliers de Riom. deux, accompagnant une chausse-trape de même.

NACELLE D'OR.

* Marnasse, mar-
chand .... une, sur une mer d'argent.

§ 1ᵉʳ.

NAVIRES D'OR.

* de Naviaze..... un, équipé, sur une mer d'argent.

* le chapitre du
Port, à Clermont. un, surmonté d'une Vierge de même, sur une mer d'argent.

§ 2.

NAVIRES D'ARGENT.

de Naucaze...... un, équipé, chargeant un chef d'azur.

* la communauté
  des marchands
  de Saint-Flour. un.

§ 3.
NAVIRE DE SABLE.

* la communauté
  des marchands,
  arts et métiers
  de Maurs...... un.

PISTOLET D'OR.

* la communauté
  des serruriers,
  armuriers, épe-
  ronniers et cou-
  teliers de Riom. un, sur un chef de gueules.

RONDELLES DE GUEULES.

de Charvil......... trois, ajourées en sautoir, chargeant un chef d'or.

§ 1er.
SABRES D'ARGENT.

* Castellat, procu-
  reur.......... deux, en sautoir.
* Coutel, mar-
  chand........ deux en sautoir.

* de Saint-Paul,
  écuyer........ deux, en sautoir.
Simmer........ un, au troisième quartier, la pointe en haut, et surmonté d'un croissant de même.

§ 2.
SABRES DE GUEULES.

* Fabre, bourgeois. un.

* Sablon, conseiller
  du roi........ un.

§ 3.
SABRE D'AZUR.

* Fabre, procu-
  reur.......... un.

TROPHÉE DE SABLE.

Marilhac........ un, chargeant une colonne d'argent.

VAISSEAU DE SABLE.

* Pérille......... un, sur une mer d'azur.

VIRES D'ARGENT.

de la Moleire..... trois, posées deux en chef, une en pointe.

—◆◇◆—

SECTION CINQUIÈME. — OUVRAGES D'ARCHITECTURE.

ARC-BOUTANT D'OR.

d'Aldin......... un, soutenant un chef d'azur.

BOURG D'ARGENT.

* Bourlin........ un.

§ 1ᵉʳ.
CHAPELLE D'ARGENT.

* Chapelle, marchand......... une.

§ 2.
CHAPELLE DE GUEULES.

*.Chapel, conseiller........... une.

§ 1ᵉʳ.
CHATEAUX D'OR.

*Bochatel, conseiller du roi..... un.

*du Cail, écuyer.. un.
*de Cambefort, bourgeois...... un.
*Chauliaguet..... un.

*Dalmas, doyen.. un.
*Daumas........ un.

*de Godefroy..... un.

*Servoint, tanneur.......... un.

§ 2.
CHATEAUX D'ARGENT.

* Bauf, bourgeois. un.
*Bouonet, avocat.. un demi, sur une terrasse de gueules.

de Canis......... un, à trois donjons à la première moitié.
* de Chateauneuf.. un.

* Durand........ un, aux premier et quatrième quartiers.

de **Grégoire de Gar-
   dies de Saint-
   Rome**......... un.

de **Murat**........ un, donjonné de trois pièces d'argent, maçonné de sable, accompagné de trois étoiles.

de **Pouzols**....... un, à trois tours de même, maçonné de sable et accompagné en pointe de deux lions affrontés de pourpre sur une terrasse de sinople.

de **Sales**......... un, à trois tours.

§ 3.
CHATEAUX DE GUEULES.

d'**Apchier**........ un, sommé de trois tours de même, maçonné et ajouré de sable, la tour du milieu plus élevée et accostée de deux hallebardes.

* **Delhors**, chanoine.......... un.

de **Michel**, duc de
   Frioul......... un, à trois tours donjonnées de gueules, aux premier et quatrième quartiers.

de Rigal......... un, sommé de trois tours, maçonné, ajouré et coulissé de sable ; la tour du milieu plus élevée que les deux autres, et accostée de deux hallebardes d'azur.

§ 4.
CHATEAU DE SABLE.

* Chamel, marchand......... un

§ 1er.
CITERNE D'ARGENT.

* de Cisternes, seigneur......... une, maçonnée de gueules, chargée d'une étoile de gueules.

§ 2.
CITERNE DE SABLE.

de Cisternes...... une, maçonnée d'argent, chargée en cœur d'une étoile d'argent.

§ 1er.
COLONNES D'OR.

de Bonafos....... trois, d'ordre toscan.

* de Leygouye, trésorier......... une, aux deuxième et troisième quartiers, embrassée par une foi d'argent.

* Moisant, prévôt. une.

de Sarret........ une, tenue par deux mains de carnation mouvantes des flancs de l'écu, et surmontée d'une fleur de lis d'argent.

§ 2.
COLONNE D'ARGENT.

Marilhac......... une, chargée d'un trophée de sable.

§ 1er.
FONTAINES D'ARGENT.

* de la Font, écuyer........... une.

* la communauté des maçons, couvreurs et blanchisseurs de Saint-Flour.... une, en pointe.

§ 2.
FONTAINE DE GUEULES.

*de Fontanges, écuyer........... une.

§ 3.
FONTAINE D'AZUR.

* de Fontanges, écuyer........ une.

§ 4.
FONTAINES DE SABLE.

*Albois, bourgeois. une, dans laquelle boit un âne de même.

* de Fontaines.... une.

* de la Salle, seigneur......... une.

§ 1er.
GRANGE D'OR.

de la Grange..... une.

§ 2.
GRANGE D'ARGENT.

Grangier........ une.

HOTELLERIE D'ARGENT.

* la communauté des hostes et hôteliers de Clermont.......... une, sur une terrasse de sable.

MAISON D'ARGENT.

de la Salle de la Barrière....... une, forte, percée de plusieurs croisées et flanquée de trois tours au deuxième quartier.

MOULIN A VENT D'OR.

* de Mouliérat, bourgeois..... un.

§ 1er.
MURAILLE D'ARGENT.

* Barry. greffier... une, crénelée de quatre pièces.

§ 2.
MURAILLE DE SABLE.

de Marillac...... une, muraillée de sept carreaux, 2, 3, 2, celui du centre chargé d'un croissant de gueules, et les autres de six merlettes de sable.

PAVILLON DE SINOPLE.

Feydets. . . . . un, ayant une porte chargée d'une étoile d'or, et accosté de deux branches de laurier.

PILIER D'ARGENT.

Ferrand. . . . . un, aux deuxième et troisième quartiers.

§ 1ᵉʳ.

PONTS D'OR.

* de Pons. . . . . un, à deux arches.

* la ville de Pont-
du-Château . . . . un, surmonté d'une tour d'argent.

* la communauté des arts et métiers de Pontgi-
baud . . . . un, à trois arches, surmonté d'une fleur de lis d'argent.

§ 2.

PONT D'ARGENT.

* Pons, conseiller. un, à trois arches.

§ 3.

PONTS DE GUEULES.

* de Pons, cheva-
lier. . . . . un, à trois arches.
* Pont, chanoine.. un, à trois arches.

§ 1ᵉʳ.
PORTAIL D'OR.

* la ville de Billom. un, flanqué de deux hautes tours d'or, surmonté de trois fleurs de lis d'or.

§ 2.
PORTAIL D'ARGENT.

* Laville, médecin............ un, joint à deux tours d'argent.

PORTES D'OR.

* de la Porte..... une.

d'Ussel.......... une, la serrure et le bris d'huis de sable, accompagnée de trois étoiles d'or.
d'Usson......... une, ferrée et clavée de sable.

PYRAMIDES D'OR.

Désaix.......... trois, terrassées de même, au quatrième quartier.

TOURELLES D'OR.

de Castellanne-d'Aubijoux.... trois, surmontant une tour d'or, celle du milieu plus élevée que les deux autres.

§ 1ᵉʳ.
TOURS D'OR.

* Artaud, bourgeois......... trois.

* Boric, procureur. une, pavillonnée et girouettée d'or.

de Castellane-d'Au-
   bijoux......... une, sommée de trois tourelles de même, celle du milieu supérieure aux deux autres,
* de Comblat..... une, pavillonnée.

* la Gardette, pro-
   cureur........ une.
* Gontaud....... trois.

* de Montaigut... trois, surmontées chacune d'une petite tour de même.

des Ondes....... une, maçonnée de sable, aux deuxième et troisième quartiers.

* Rochefort, avo-
   cat.......... une, surmontée d'une autre petite tour de même.

de Roquecave..... trois.

de la Tour d'En-
   val............ une.

* la ville de Billom. deux, joignant un portail crénelé d'or.
* la ville de Saint-
   Amant-Tallende. trois.
* la ville de Salers. une, surmontée d'une étoile d'argent.
* la ville de Sauxil-
   langes .... trois.

§ 2.
TOURS D'ARGENT.

d'Alègre de Tour-
 zel............ une, maçonnée de sable, accompagnée de six fleurs de lis, trois à dextre et trois à sénestre.
d'Allanche....... une, muraillée et maçonnée de sable.
d'Auzières....... une, crénelée, ajourée de sable et surmontée d'une aigle éployée d'argent, tenant ses deux pattes sur l'extrémité des créneaux.

de la Bastide..... une, maçonnée de sable.
Blanc........... une, crénelée et ajourée, aux deuxième et troisième quartiers.
de Bonnevie...... une, maçonnée de sable, aux deuxième et troisième quartiers.
*Bouonet, avocat.. une, sur une terrasse de gueules.
* Bourlin avocat.. trois, surmontées de trois plantes de lin de même.
*Bourlin, conseil-
 ler............ deux, au milieu desquelles se trouve une plante de lin.
* Bourlin, aide porte-coffre.... trois.
Bravard de la Bois-
 serie.......... une, sur une terrasse de sinople.
de Burin........ une, crénelée et maçonnée de sable, avec un loup rampant à la porte, aux deuxième et troisième quartiers.
* la Carrière, doc-
 teur.......... une.

de Castellas...... une, crénelée, ajourée et maçonnée de sable, aux premier et quatrième quartiers.
de Chambon..... une, maçonnée de sable.
Chastel-Saligny... trois.
* de Couzant..... trois.

de Douhet....... une, maçonnée de sable, aux premier et quatrième quartiers.
de Drossanges.... une, maçonnée de sable, accostée de six fleurs de lis d'or.

d'Escaffres....... une, maçonnée de sable, aux premier et quatrième quartiers.
d'Espinasse...... une, au troisième quartier.

du Fayet de la Tour. une, maçonnée et ajourée de sable, adextrée d'un croissant d'argent et sénestrée d'une étoile d'or.
de Flageac....... une.

* Garnier, bourgeois .... deux.
de Gebelin-de-Florensolles....... une, ajourée et maçonnée de sable, adextrée de deux fleurs de lis d'or.
* Grangeon, notaire............ trois.
de Grégoire...... trois, maçonnées de sable.

*Hélias, bourgeois. trois.

Lamy.......... une, ajourée de sable, aux deuxième et troisième quartiers,.

* Laville, médecin. deux, joignant un portail d'argent.

de Maumont..... quatre, maçonnées de sable, une à chaque canton d'un sautoir d'or.
de Montaigu-Bouzol........... une, donjonnée.
* Montbur, procureur.......... une, surmontée d'un dôme de même.
de Murat-de-Saint-Genest........ une, ajourée et maçonnée de sable.

de Rochebonne... trois, maçonnées de sable, posées 2 et 1.
de Roquelaure.... une, ajourée et maçonnée de sable à la première moitié.
de Roqueplan.... deux, surmontant une fasce d'or.

de Sadours...... une, ajourée et maçonnée de sable à la première moitié.
de Sales......... trois, maçonnées et ajourées de sable.
de la Salle....... une, donjonnée de deux pièces et soutenue de deux troncs écotés d'or, passés en sautoir.
de la Salle de la Barrière....... trois, surmontant une maison forte d'argent.
*de la Salle, écuyer. une, soutenue de deux troncs d'arbre d'or.
* de Saint-Gervazy, gentilhomme... deux.
* de St-Saturnin, écuyer........ trois.
Simmer.......... une, ouverte, ajourée et maçonnée de sable, au premier quartier.

TOURS D'ARGENT.

de Teraules ...... trois, ajourées de sable.
* Ternier .... une, surmontée d'une étoile d'argent.
* Ternier, avocat.. une, donjonnée de deux tourelles de même, surmontées d'une étoile d'or.
de la Tour .... une, maçonnée de sable.
* de la Tour fils, écuyer .... une.
* du Tour, bourgeois .... une.
de la Tour de la Borie .... une, ajourée et maçonnée de sable.
de la Tour de la Peyre .... une, crénelée, de trois pièces.
de la Tour Saint-Vidal .... une crénelée, de trois pièces.
de la Tour Saint-Paul .... une, crénelée, de trois pièces.
de Tournemire de Leybros .... une.
de Tourtoulon.... une, maçonnée de sable, sommée d'un étendard à deux bandelettes d'argent et manché d'or, et accompagnée de trois tourterelles, dont l'une est perchée sur le créneau à dextre, et les deux autres posées et affrontées au pied de la tour, avec une molette d'éperon d'argent entre deux.
de Tourzel .... une, maçonnée de sable et accompagnée de six fleurs de lis d'or, trois à dextre et trois à sénestre.

* la ville d'Ambert. deux tours rondes, jointes par un entre-mur ouvert et crénelé de cinq pièces.

*la ville de Pont-du-
  Château....... une, surmontant un pont d'or.
* l'Abbaye du Bou-
  chet.......... une.
* le couvent des re-
  ligieux de l'ab-
  baye du Bou-
  chet.......... une, ajourée de sable, sur un champ
                 d'azur, semé de fleurs de lis d'or.

§ 3.

TOURS DE GUEULES.

d'Apchier........ trois, surmontant un château de même.
* Apesier........ une.

Guittard......... une, au deuxième quartier.

* Laville, bour-
  geois.......... deux.
* Laville........ trois.

Marze............ une, accostée de deux étoiles d'azur.
*le Masson, notaire. une.
de Michel, duc de
  Frioul......... trois, fermées, ajourées et girouettées de
                 sable, aux premier et quatrième quar-
                 tiers.

de Rigal......... trois, surmontant un château de gueules,
                 la tour du milieu plus élevée, et ac-
                 costée de deux hallebardes d'azur.

* Rochefort, lieute-
nant.......... une, reposant sur un mont de sable.

de Saunier....... une, maçonnée de sable, aux deuxième et troisième quartiers.

de la Tour-des-
Bains......... une.
de Tournemire de
Marzes........ une, accostée de deux étoiles d'azur.

* la ville de Cour-
pière........... une.

§ 4.
TOURS D'AZUR.

de Salers........ une, ajourée de sable, avec un avant-mur crénelé, de quatre pièces.

* Vidal, chanoine. une.

§ 5.
TOURS DE SABLE.

* de la Bastide, cha-
noine.......... une.
de Belestat....... une, aux deuxième et troisième quartiers.

*de Mascon, écuyer. une.

*de Prades, écuyer. une.

* de la Tour...... une.

§ 1er.
VILLES D'OR.

* La Ville, écuyer. une.

* Villot, avocat... une.

§ 2.
VILLES D'ARGENT.

* Chedeville, marchand........ une, chargeant un chef de sable.

* Laville, bourgeois......... une.

§ 3.
VILLE DE SABLE.

* Villecourty, marchand, bourg^s.. une.

SECTION SIXIÈME.—INSTRUMENTS D'ARTS ET MÉTIERS.

ANIL DE MOULIN D'OR.

* l'abbaye des religieuses de Bragheac.......... un.

AUNE D'ARGENT.

* la communauté des marchands de draps, de soie, merciers, quin-

cailliers, marchands de points et orfèvres d'Aurillac......... une, en fasce.

BALANCES D'ARGENT.

Favard de l'Anglade............ une paire, nouées de sable, au deuxième quartier.

BANC D'OR.

* Ban, procureur.. un, en fasce, diapré d'or, les pieds d'argent.

BAT DE SABLE.

* la communauté des teinturiers, cordonniers, selliers et bâtiers d'Aurillac...... un, accompagnant à sénestre une botte de même.

§ 1er.

BOURSES D'OR.

* Bourzeix, lieutetenant........ trois.
* Bourzeix, expert. trois.

* Lesclauze, procureur.......... trois.

§ 2.

BOURSE D'ARGENT.

* la communauté des notaires et procureurs de Besse......... une, en chef.

BRIDES DE GUEULES.

* la communauté des cordonniers, selliers et bridiers d'Ambert. une.
* la communauté des maréchaux, selliers, bridiers et bâtiers de Riom......... une, les rênes d'argent.

BROCHE A ROTIR D'ARGENT.

* Prohet, chanoine. une.

BROUETTE DE SABLE.

* la communauté des menuisiers, charpentiers, vinaigriers, chaudronniers et charrons de la ville de Riom.. une, en chef, chargée d'un tonneau de même.

§ 1er.
BURIN DE GUEULES.

* la communauté des menuisiers et sculpteurs de Clermont...... un, en chef.

§ 2.
BURIN D'AZUR.

* la communauté des bouchers, des menuisiers, charpentiers et sculpteurs d'Ambert.......... un, en pointe.

BUTTE DE SABLE.

* la communauté des maréchaux, selliers, bridiers et bâtiers de Riom......... une, en chef.

CARREAU DE SABLE.

* la communauté des religieuses de la Chaise-Dieu. un, sur une croix d'argent.

CHAISES D'OR.

* Chamboissier, bailli.......... trois chaises à l'antique.

CHARRUE D'OR.

* de la Borie...... une.

CHAUDRON DE SABLE.

* la communauté des selliers, bâtiers et chaudronniers ' de Saint-Flour.... un, en chef.

CHENETS DE SABLE.

* d'Anchenets.... trois.

§ 1er.

CISEAUX D'OR.

* la communauté des tailleurs de la ville d'Ambert.. une paire, ouverts.
* la communauté des tailleurs d'Issoire.......... une paire, ouverts.

§ 2.

CISEAUX D'ARGENT.

* la communauté des maîtres tailleurs d'habits de Clermont...... une paire, ouverts.
* la communauté des tailleurs d'habits, libraires et

imprimeurs de
Riom......... une paire, ouverts.

§ 3.
CISEAUX D'AZUR.

* la communauté des tailleurs d'habits de Saint-Flour......... une paire, ouverts.
* la communauté des tailleurs de la ville d'Aurillac. une paire, ouverts.

§ 4.
CISEAUX DE SABLE.

* la communauté des maçons, tailleurs de pierres, couvreurs et paveurs de Riom.. une paire, en pointe.

§ 1er.
CLEF D'OR.

* l'abbaye de Mozac........... une, à la deuxième moitié.

§ 2.
CLEFS D'ARGENT.

de Bérenger...... quatre, une à chaque canton d'un sautoir d'argent, aux deuxième et troisième quartiers.
* de Benoist, curé. deux en pal.

de Chatte........ une, mise en bande.
de Clary......... deux, accompagnant un chevron d'or.
de Claviers....... quatre, une dans chaque canton d'un sautoir de même, les anneaux en forme de losange.
Clavières......... une, mise en pal.
* de la Clède, contrôleur........ une.
de Clermont-Chaste............. une, mise en bande.

Dalmianes........ quatre, accompagnant une croix de vair, aux premier et quatrième quartiers.

* l'abbaye du Moutier.......... deux, en sautoir.
* le couvent des Bénédictins de Mauriac............ deux, en sautoir, cantonnées de quatre fleurs de lis d'or.
* la communauté des maréchaux et des serruriers de Maringues..... une, accompagnée de trois fers de cheval d'argent.

§ 3.

CLEFS DE GUEULES.

* l'abbaye de la Chaise-Dieu.... deux.

§ 4.

CLEFS DE SABLE.

* la ville d'Allanche............ deux, en sautoir.
* la ville de Brioude............ deux, adossées, surmontées d'une fleur de lis de sable.
* la communauté des marchands de Pierrefort... deux, en sautoir.

COLLIER DE CHEVAL DE SABLE.

* la communauté des selliers, bâtiers et chaudronniers de Saint-Flour.... un, en pointe.

§ 1er.

CLOCHE D'OR.

* Bruyas, bourgeois......... une.

§ 2.

CLOCHES D'ARGENT.

de Ponsonnailles.. trois, bataillées de sable.

§ 3.

CLOCHE DE GUEULES.

*Besson, chanoine. une.

CLOCHETTE D'ARGENT.

de Guirard-Montarnal.......... une, accompagnant en chef une perdrix d'argent.

CLOUS D'OR.

* le couvent des religieuses de Murat........... trois clous de la passion, en pointe.
* les religieuses de Notre-Dame de Riom.......... trois clous de la passion, en pointe.

CORNIÈRE D'OR.

* de Crosne, chanoine......... une.

§ 1er.

COUPERET D'OR.

* la communauté des bouchers et tripiers de Maringues........ un, en chef.

§ 2.

COUPERET D'ARGENT.

* la communauté des bouchers de Brioude........ un, en chef.

§ 1ᵉʳ.
COUTEAUX D'ARGENT.

* la communauté des cordonniers, selliers et bridiers d'Ambert. un, manché d'or.
* la communauté des cordonniers d'Issoire....... un, à pied, manché d'or.
* la communauté des couteliers de de Thiers...... un.

§ 2.
COUTEAUX D'AZUR.

* la communauté des aubergistes de Brioude..... deux, en sautoir.

§ 3.
COUTEAUX DE SABLE.

* la communauté des marchands de draps, de soie, merciers, quincailliers, marchands de points et orfèvres d'Aurillac......... deux, en sautoir, en chef.

COUTELAS D'OR.

* la communauté des serruriers, armuriers, éperonniers et couteliers de Riom. un, sur un chef de gueules.

§ 1ᵉʳ.

ÉCRITOIRES D'ARGENT.

* la communauté des notaires et procureurs de Besse.......... deux, en sautoir.

§ 2.

ÉCRITOIRES DE SABLE.

* la communauté des avocats, notaires et procureurs de Brioude............ deux, en sautoir, cantonnées de quatre bonnets carrés de même.
* la communauté des avocats, notaires et procureurs de Langheac.......... deux, en sautoir, accompagnées de deux bonnets carrés de même.
* la communauté des notaires et procureurs de Vic............ deux, en sautoir.

*la communauté des
 notaires royaux
 et apostoliques
 de Riom....... deux, en sautoir.

ÉQUERRES D'AZUR.

* la communauté
 des experts-pri-
 seurs et arpen-
 teurs, jurés de
 Riom.......... trois.

FAULX D'ARGENT.

* Desfaux, procu-
 reur.......... trois.

FORCES DE SABLE.

Hautefort........ trois, deux en chef, une en pointe.

FOUET D'OR.

* la communauté
 des chamoiseurs,
 cordonniers, char-
 retiers et autres,
 de Maringues... un.

GIROUETTE D'ARGENT.

* Giraud, notaire.. une, accompagnée de trois étoiles d'argent.

GRELOTS D'OR.

* Laville, conseil-
 ler............ semé.

GRILLETS D'OR.

de la Farge...... trois, chargeant un chef de gueules.

§ 1ᵉʳ.
LIVRES D'OR.

* la communauté des libraires et imprimeurs de Clermont...... un, ouvert, relié de gueules.
* la communauté des tailleurs d'habits, libraires et imprimeurs de Riom. un, ouvert.

§ 2.
LIVRE D'ARGENT.

* le chapitre de l'église collégiale de Montsalvy... un, ouvert.

§ 3.
LIVRE DE GUEULES.

* le chapitre de l'église collégiale de Murat......... un.

§ 4.
LIVRE D'AZUR.

* le chapitre de l'église collégiale d'Aurillac..... un, ouvert.

§ 1er.
LANCETTES D'OR.

* la communauté des maîtres chirurgiens de Clermont.......... deux, accompagnant un rasoir d'argent.

§ 2.
LANCETTES DE SABLE.

* la communauté des chirurgiens de Riom....... trois.
* la communauté des chirurgiens de Maringues... trois.
* la communauté des médecins, apothicaires et chirurgiens de Blesle......... une, en chef.
* la communauté des médecins, apothicaires et chirurgiens de Langheac...... une, en chef.
* la communauté des médecins, apothicaires et chirurgiens d'Allanche........ deux.

MAILLETS D'OR.

de Castellas...... trois, aux deuxième et troisième quartiers.

§ 1er.

MARTEAU D'ARGENT.

* la communauté des menuisiers, maçons et charpentiers de Brioude......... un, en chef.

§ 2.

MARTEAUX D'AZUR.

de la Farge...... trois, posés 2 et 1.

MIROIRS D'ARGENT.

Marilhac........ un, accolé d'un serpent de même.
de Mauriac...... trois, ronds, encadrés de gueules.

§ 1er.

MORTIERS D'OR.

* de Moustier, avocat........... un.
* la communauté des apothicaires de Riom....... un.
* la communauté des médecins et apothicaires de Murat........ un.

§ 2.

MORTIERS D'AZUR.

* la communauté des apothicaires de Clermont... un, accosté de deux couleuvres de sinople.

§ 3.

MORTIERS DE SABLE.

* la communauté des apothicaires d'Aurillac..... un.
* la communauté des marchands apothicaires de Saint-Flour.... un.
* la communauté des médecins, apothicaires et chirurgiens de Blesle......... un, surmonté d'une lancette de même.
* la communauté des médecins, apothicaires et chirurgiens de Langheac...... un, surmonté d'une lancette de même.

§ 1er.

NAVETTES D'OR.

Tixier............ trois, accompagnant un chevron d'azur.

* la communauté des tisserands et foulons d'Aurillac............ une, en fasce.
* la communauté des tisserands, cardeurs et matelassiers de Riom......... une, sur un chef d'azur.

§ 2.
NAVETTE D'ARGENT.

* la communauté des tisserands d'Issoire....... une, accompagnée de trois étoiles d'or.

§ 3.
NAVETTE DE GUEULES.

* la communauté des tisserands d'Ambert....... une, en fasce.

§ 4.
NAVETTE DE SABLE.

* la communauté des tisserands et sergers de Saint-Flour......... une, en pal.

PANACHES D'OR.

de Carbonnel...... trois.

PATENOTRE DE SABLE.

* le couvent des re-
  ligieuses de Vic. une.

PEIGNES DE GUEULES.

* de Plaignes, écu-
  yer.......... trois.

§ 1er.
PELLES DE FOUR D'OR.

* la communauté
  des boulangers,
  bouchers et hos-
  tes de Thiers... une.
* la communauté
  des boulangers et
  pâtissiers de St-
  Flour......... une, chargée de trois pains de gueules, et
  accompagnée de deux brioches d'or.

§ 2.
PELLES DE FOUR D'ARGENT.

* la communauté
  des boulangers
  et des pâtissiers
  d'Ambert...... une, chargée de trois pains de gueules.
* la communauté
  des boulangers
  de Brioude.... une, chargée de trois pains de sable.
* la communauté
  des boulangers
  de Riom....... une, chargée de trois pains de gueules.

§ 3.
PELLE DE FOUR DE SABLE

* la communauté
  des boulangers
  de Clermont... une, chargée de trois pains d'or.

§ 1ᵉʳ.
PLUMES D'OR.

* Martin, notaire.. deux, en sautoir.

* la communauté
  des procureurs
  et notaires de
  Vic-le-Comte... deux, en sautoir.

§ 2.
PLUMES D'ARGENT.

* la communauté
  des avocats, no-
  taires et procu-
  reurs de Blesle.. deux, accompagnant un saint Yves de même.
* la communauté
  des notaires et
  procureurs de
  Montaigut..... trois, tenues par trois mains de carnation.
* la communauté
  des notaires de
  Maringues..... trois, en fasce.
* la communauté

des notaires et procureurs de Sauxillanges... trois, posées 2 et 1.

* la communauté des notaires et procureurs d'Issoire.......... deux, en sautoir.

* la communauté des notaires et procureurs de Courpière..... trois, en fasce.

* la communauté des notaires et procureurs de Murat......... trois, posées 2 et 1.

* la communauté des notaires royaux et apostoliques de Riom... une.

§ 3.
PLUMES D'AZUR.

* Gourbine, notaire.......... deux.

§ 4.
PLUMES DE SABLE:

* Boudet, notaire.. une.

* Souvigeon, procureur........ une.

* Tailhardat, notaire.......... trois.

* la communauté des avocats, notaires et procureurs de Maurs. deux, en sautoir.
* la communauté des notaires d'Aurillac ..... deux, en sautoir.
* la communauté des notaires et procureurs d'Allanche. .... deux, en sautoir.
* la communauté des notaires royaux et procureurs au bailliage de St-Flour.. deux, adossées.
* la communauté des procureurs et notaires royaux d'Ennezat. deux, en sautoir, sur un chef d'or.

§ 1er.

RABOT D'OR.

la communauté des menuisiers, maçons et charpentiers de Brioude.......... un, en fasce, accompagné d'un marteau de maçon d'argent en chef, et d'une hache couchée de même en pointe.

§ 2.
RABOT D'ARGENT.

* la communauté des charrons, menuisiers et charpentiers de Maringues..... un.

§ 3.
RABOT DE GUEULES.

* la communauté des menuisiers et sculpteurs de Clermont...... un, surmonté d'un burin de même.

§ 4.
RABOTS D'AZUR.

* la communauté des bouchers, des menuisiers et charpentiers d'Ambert........... un, en chef.
* la communauté des menuisiers, charpentiers, vinaigriers, chaudronniers et des charrons de la ville de Riom... un, en fasce.

RASOIRS D'ARGENT.

* la communauté des maîtres chirurgiens de Clermont......... un, manché d'or.
* la communauté des maîtres chirurgiens d'Aurillac.......... trois.

§ 1er.
ROUES D'OR.

le Charrier...... une.
᛭ Charrier, écuyer. une.

de la Rodde...... une.
* de Rostang..... une, en pointe.
* Rouderon, greffier.......... une.

᛭ la communauté des charrons, menuisiers et charpentiers de Maringues..... une, en chef.

§ 2.
ROUES D'ARGENT.

* Chambonnet, marchand..... une.
* Charrier, marchand........ trois.

du Pâtural...... une, à six rais.

Rodde......... une, à six rayons.
*Rollat, marchand. trois.
* Rollet, chanoine. deux.
*de Rouannes, écuyer........... trois.

§ 3.
ROUES DE GUEULES.

*Raymond, écuyer. quatre, accompagnant une fasce de gueules.

§ 1er.
SCIE D'ARGENT.

* Tixier, procureur......... une, au T de sable brochant.

§ 2.
SCIE DE SABLE.

de la Mothe...... une, mise en bande

SELLES D'OR.

* de la Selle...... une.

* la communauté des cordonniers, selliers et bridiers d'Ambert. une, enrichie d'or, au deuxième tiercé.

TAUX DE GUEULES.

de Langlade...... trois.

§ 1ᵉʳ.
TRANCHET D'OR

* la communauté des chamoiseurs, cordonniers, des charretiers et autres de Maringues.......... un.

§ 2.
TRANCHET D'ARGENT.

* la communauté des maîtres cordonniers de Clermont......... un, manché d'or.

§ 1ᵉʳ.
TRUELLE D'OR.

* la communauté des maçons, couvreurs et blanchisseurs de St-Flour......... une, accompagnée en chef de deux tuiles d'argent et en pointe d'une fontaine de même.

§ 2.
TRUELLE DE SABLE.

* la communauté des maçons, tailleurs de pierres, couvreurs et paveurs de Riom.. une, manchée d'argent.

TUILES D'ARGENT.

* la communauté des maçons et blanchisseurs de St-Flour....... deux en chef.

VALET D'ARGENT.

* Valeix......... un.

VAN D'AZUR.

* Vallon, conseiller du roi...... un.

VERROU D'OR.

de Valrus........ un, annelé, accompagné d'une tête humaine d'argent.

—◇◇◇—

SECTION SEPTIÈME. — INSTRUMENTS DE MUSIQUE.

CLAVECIN D'ARGENT.

* de Clavières..... un.

CORNE DE SINOPLE.

Grenier......... une, accompagnant en pointe une bande de gueules.

§ 1er.

CORS DE CHASSE D'OR.

Blanc............ un, lié et virolé d'or, aux premier et quatrième quartiers.

* Cordemoy, abbé. un, lié de gueules.
* Cordier, conseil-
  lier........... trois, liés de gueules, surmontant un chevron d'or.

Désaix, général... un, au deuxième quartier.

* Girard......... un.
de Goy.......... trois, aux deuxième et troisième quartiers.

* Roland, mar-
  chand........ trois.

§ 2.
CORS DE CHASSE D'ARGENT.

*Descorailles, bour-
  geois......... trois.

de Molette....... un, lié de gueules, accompagné de trois molettes d'éperon d'or.

de Roland .... un, lié de gueules, virolé de sable et accompagné de trois étoiles d'argent.

*Vialard, médecin. un.

§ 3.
COR DE CHASSE DE GUEULES.

de Giscard....... un, aux deuxième et troisième quartiers.

§ 4.
COR DE CHASSE D'AZUR.

* Croze, bourgeois. un.

§ 5.
CORS DE CHASSE DE SABLE.

de Boissonouze ... trois, posés 2 et 1.
de Bournac...... trois, liés de gueules, accompagnant un chevron de gueules.
* de Bournat, écuyer........... trois.
de la Guesle...... trois, accompagnant un chevron de gueules.

GUITARE D'OR.

* de Chalus, écuyer........... une.

§ 1er.
HARPES D'OR.

d'Arpajon....... une.

*David, marchand. trois.

§ 2.
HARPE DE SABLE.

*David, prêtre.... une.

§ 1er.
LYRE D'OR.

de Fidedy de Lavergne........ une, soutenue d'une épée d'argent, montée d'or.

§ 2.
LYRE D'AZUR.

* Depreux, cha-
noine......... une.

§ 1er.
VIOLON D'AZUR.

* de Ribien, écu-
yer........... un.

§ 2.
VIOLON DE SABLE.

* Balleret, bourgeois. un, en fasce.

SECTION HUITIÈME. — OBJETS DIVERS.

BAGUES D'ARGENT.

de Buffevent..... trois, entrelacées dans trois flèches d'or.

BAGUETTES DE SABLE.

* la communauté
des jaugeurs de
Clermont...... deux, en sautoir.

BALAI D'ARGENT.

* Ballet, bourgeois. un, manché de gueules.

BOUGIES D'OR.

* la communauté
des marchands

épiciers et orfè-
vres de Marin-
gues.......... un paquet, en pointe.

§ 1er.
BRANCHE DE CORAIL DE GUEULES.

* d'Escorailles.... une.

§ 2.
BRANCHE DE CORAIL D'AZUR.

* d'Escorailles, cha-
noine......... une.

BRIOCHES D'OR.

* la communauté
des boulangers
et pâtissiers de
St-Flour....... deux, accompagnant une pelle de four d'or.

CAGE D'ARGENT.

* de Naucase..... une.

CAILLOUX D'OR.

* Guérin, prêtre.. un, supporté par une fronde d'azur.

Peirenc de Moras.. semé.

§ 1er.
CALICES D'OR.

* Malet, prêtre.... un.

* la communauté

des prêtres de
Volvic. . . . . un.
* la communauté
des prêtres de
St-Martin. . . . . . un.
* la communauté
des prêtres de
Dienne. . . . . un.
* la communauté
des prêtres de
Montaigut. . . . . un.
* la communauté
des prêtres de
Chalinargues. . . un.
* la communauté
des prêtres de
St-Amant (Can-
tal). . . . . un.
* la communauté
des prêtres de
Neuféglise. . . . . un.
* le séminaire de
Thiers. . . . . un, surmonté d'une hostie.

§ 2.
CALICE D'ARGENT.

* la communauté
des prêtres de
Saint-Flour. . . . un.

§ 3.
CALICES DE GUEULES.

*le prieuré de Reil-
hac. . . . . un.

CERCLE DE GUEULES.

* la communauté des chapeliers, cordiers, selliers, bâtiers, éperonniers, et potiers d'étain d'Issoire. un, dentelé, enfermant un cœur de gueules.

CHANVRE D'ARGENT.

* la communauté des potiers d'étain, peigneurs de chanvre, chapeliers et teinturiers de Riom. deux, paquets.

CHAPELET DE GUEULES.

* Chapette. . . . . . . un.

DENTS D'ARGENT.

Dantil. . . . . trois, à la deuxième moitié, accompagnant à dextre un lion d'or.

* Vallevier, gentilhomme. . . . . . . trois.

DIAMANTS D'OR.

de Pierrevive. . . . . trois, chargeant trois pals de gueules sur un champ d'or.

ÉPONGE D'AZUR.

* Espinouze, avocat.......... une.

FRONDE D'AZUR.

* Guérin, prêtre.. une, supportant un caillou d'or.

HOSTIE D'ARGENT.

* le séminaire de Thiers....... une, surmontant un calice d'or.

MASSUE D'OR.

* Masses, march^d.. une.

§ 1er.
PAINS D'OR.

* la communauté des boulangers de Clermont.... trois, sur une pelle de sable.

§ 2.
PAINS DE GUEULES.

* la communauté des boulangers et des pâtissiers d'Ambert...... trois, sur une pelle d'argent.
* la communauté des boulangers et pâtissiers de St-Flour........ trois, sur une pelle d'or.

PAINS DE GUEULES, DE SABLE, PATÉS D'OR, ETC.

* la communauté
  des boulangers
  de Riom....... trois, sur une pelle d'argent.

§ 3.
PAINS DE SABLE.

* la communauté
  des boulangers
  de Brioude..... trois, sur une pelle d'argent.

§ 1ᵉʳ.
PATÉS D'OR.

* Pastel, avocat... un.

* la communauté
  des bouchers,
  boulangers et
  pâtissiers d'Au-
  rillac.......... un, en pointe.
* la communauté
  des boulangers
  et des pâtissiers
  d'Ambert...... deux, accompagnant une pelle d'argent.
* la communauté
  des pâtissiers de
  Riom......... trois, posés 2 et 1.

§ 2.
PATÉS DE GUEULES.

* la communauté
  des pâtissiers de
  Clermont...... trois, posés 2 et 1.

RUCHE DE SABLE.

* Sirejean, greffier .... semée d'abeilles d'or.

SOIE D'ARGENT.

* la communauté des marchands de soie de Riom. trois paquets.

FIN.

TABLE ALPHABÉTIQUE.

A.

Agneaux d'or.................. 234
— d'argent............ 234
— d'azur.............. 234
— de sable............ 235
Aigles d'or................... 292
— d'argent............ 294
— de gueules.......... 295
— d'azur.............. 295
— de sable............ 296
Aigles à deux têtes d'azur.... 297
— de sinople. 297
— de sable.. 297
Aiglettes d'or................ 297
Aiguières d'argent............ 441
Alérions d'argent............. 298
— de sable............ 298
Alisiers de sinople........... 331
Alouettes d'argent............ 298
Ancres d'or................... 445
— d'argent............ 445
— de sable............ 446
Anes d'or..................... 235
— d'azur.............. 235
— de sable............ 235
Anges d'or.................... 203
Anguilles de gueules.......... 322
Anil de moulin d'or........... 480
Animaux domestiques........... 234
Animaux sauvages.............. 251
Anneaux d'argent.............. 446
— de gueules.......... 446
— de sable............ 446
Annelets d'or................. 446
— d'argent............ 447
— de gueules.......... 447

Annonciations d'or............ 212
Arbousiers de sinople......... 332
Arbres d'or................... 328
— d'argent............ 328
— de gueules.......... 329
— d'azur.............. 329
— de sinople.......... 329
Arc-boutant d'or.............. 465
Arches d'or................... 447
Arcs d'or..................... 447
Aubépins d'or................. 332
Aunes d'argent................ 480
Autruches d'or................ 298

B.

Bagues d'argent............... 508
Baguettes de sable............ 508
Balais d'argent............... 508
Balances d'argent............. 481
Bancs d'or.................... 481
Bandé......................... 123
Banderolles de gueules........ 448
Bandes d'or................... 112
— d'argent............ 116
— de gueules.......... 118
— d'azur.............. 120
— de sinople.......... 121
— de sable............ 121
— d'hermine........... 123
— de vair............. 123
Bannières d'argent............ 448
Barbeaux d'argent............. 322
Barbes d'argent............... 227
Barillets de sable............ 441
Barres d'or................... 124
— d'azur.............. 124

516 TABLE ALPHABÉTIQUE.

Barres de sable............ 124
Basilics de gueules......... 283
— de sable............ 283
Bâts de sable.............. 481
Bateaux d'argent........... 448
— de gueules........ 448
Bâtons d'or................ 126
— de gueules......... 126
— d'azur............ 126
— de sinople......... 127
— de sable........:.. 127
Béliers d'or............... 235
— d'azur............ 235
Besants d'or............... 184
— d'argent.......... 186
— de gueules........ 187
— d'azur............ 187
Betteraves de sinople....... 366
Biches d'or................ 251
— d'argent.......... 252
— de gueules........ 252
Billettes d'or.............. 189
— d'argent.......... 189
— de gueules........ 190
— d'azur............ 190
— de sable.......... 190
Blaireaux d'or............. 252
Blaireaux ou Taissons d'or... 279
Bœufs d'or................ 236
— d'argent.......... 237
— de gueules........ 237
— de sable.......... 238
Boisseaux de gueules....... 441
— de sable......... 441
Bombes de sable........... 448
Bonnets d'argent........... 435
— de sable.......... 436
Bordures d'or.............. 173
— d'argent.'........ 174
— de gueules........ 174
— d'azur............ 176
— de sable.......... 176
— d'hermine........ 177
— de vair........... 177
Bottes d'or................ 437
— de sable.......... 437
Boucs de sable............. 239

Bougies d'or............... 508
Bouleaux d'or.............. 332
Bourdons d'or.............. 429
— de gueules........ 429
— d'azur............ 429
— de sable.......... 429
Bourgs d'argent............ 465
Bourses d'or............... 481
— d'argent.......... 482
Bouteilles d'azur........... 441
Branches d'or.............. 342
— d'argent.......... 342
— de sinople........ 342
Branches de corail de gueules 509
— d'azur.... 509
Brandons de gueules........ 405
Bras de gueules............ 226
— de sable.......... 227
Brebis d'argent............. 238
— de gueules........ 239
Brides de gueules........... 482
Brioches d'or............... 509
Broches à rôtir d'argent..... 482
Brochets d'argent........... 322
— d'azur............ 322
Brocs de gueules............ 442
— de sable.......... 442
Brosses d'or................ 442
— d'azur............ 442
— de sable.......... 443
Brouettes de sable.......... 482
Bruyères de sinople......... 332
Bûchers d'or............... 405
Buissons d'argent........... 332
— de gueules........ 332
Burelé..................... 106
Burelles d'argent............ 106
Burins de gueules........... 483
— d'azur............ 483
Bustes de sable............. 223
Buttes de sable............. 483

C.

Cages d'argent............. 509
Cailles d'or................ 298
— d'argent.......... 299

TABLE ALPHABÉTIQUE

Cailles de sable	299
Cailloux d'or	509
Calices d'or	509
— d'argent	510
— de gueules	510
Canards de sable	299
Cannes d'argent	299
— de sable	299
Cannettes d'argent	299
—. de sable	300
Cantons de gueules	172
— d'azur	172
Carquois d'or	448
— d'argent	449
Casques d'or	449
— d'argent	449
— de gueules	449
— d'azur	449
— de sable	450
Carreaux de sable	483
Cavaliers d'argent	222
Cèdres de sinople	332
Cercles de gueules	511
Cerfs d'or	252
— d'argent	253
— de gueules	253
— de sable	254
Cerisiers d'or	332
Chaises d'or	483
Chameaux d'or	254
— d'argent	254
Champagnes de sinople	107
Champs d'or	1
— d'argent	13
— de gueules	22
— d'azur	29
— de sinople	47
— de sable	49
— de pourpre	49
— d'hermine	52
— de vair	52
Chanvre d'argent	511
Chapeaux d'argent	437
— de sable	438
Chapelets de gueules	511
Chapelles d'argent	466
— de gueules	466
Charbons d'argent	405
— de sable	405
Chardons d'or	358
— de sinople	358
— de pourpre	359
Charmes de sinople	333
Charrues d'or	484
Chataigniers de gueules	333
Châteaux d'or	466
— d'argent	466
— de gueules	467
— de sable	468
Chats d'or	239
— d'argent	239
— de gueules	239
— d'azur	239
— de sable	240
Chaudrons de sable	484
Chausse-trapes d'or	450
— de sable	450
Chefs d'or	76
— d'argent	79
— de gueules	81
— d'azur	85
— de sinople	89
— de sable	89
— d'hermine	89
— de vair	90
Chemises d'argent	438
Chênes d'or	333
— d'argent	333
Chenets de sable	484
Chérubins d'or	203
— d'argent	203
— de sable	203
Chevaliers d'or	222
Chevaux d'or	240
— d'argent	240
— de gueules	241
— d'azur	242
— de sable	242
Chèvres d'or	243
— d'argent	243
— de gueules	243
— d'azur	243
— de sable	243
Chevrons d'or	149

TABLE ALPHABÉTIQUE.

Chevrons d'argent 160
— de gueules 163
— d'azur 165
— de sinople 167
— de sable 168
— de vair 169
Chiens d'or 243
— d'argent 244
— de gueules 244
— d'azur 245
— de sable 245
Chouettes d'or 300
— de sable 300
Cigognes de sable 305
Cimeterres d'argent 450
Ciseaux d'or 484
— d'argent 484
— d'azur 485
— de sable 485
Citernes d'argent 468
— de sable 468
Citrouilles de sinople 366
Clavecins d'argent 505
Clefs d'or 485
— d'argent 485
— de gueules 486
— de sable 487
Cloches d'or 487
— d'argent 487
— de gueules 487
Clochettes d'argent 488
Clous d'or 488
Cochons de gueules 245
Cœurs d'or 227
— d'argent 228
— de gueules 228
Collier de cheval de sable... 487
Colombes d'argent 300
— de gueules 302
— d'azur 302
Colonnes d'or 468
— d'argent 469
Concombres de sinople 366
Contre-écartelé 72
Coqs d'or 302
— d'argent 302
— de gueules 303
— d'azur 303

Coquerets d'or 359
Coquilles d'or 323
— d'argent 324
— de gueules 326
— d'azur 326
— de sable 327
— de sinople 327
Corbeaux d'or 303
— d'argent 303
— de sable 303
Cordelières d'or 438
Cordons d'or 438
Cornes de sinople 505
Corneilles de sable 304
Cornières d'or 488
Cors de chasse d'or 505
— d'argent 506
— de gueules ... 506
— d'azur 506
— de sable 507
Corselets d'argent 438
Cosses de sinople 366
Coticé 126
Cotices d'or 124
— d'argent 125
— de gueules 125
— d'azur 125
— de sinople 125
— de sable 125
Coudriers d'or 333
Couleuvres d'or 288
— d'argent 288
— de sinople 288
Coupé 55
Couperets d'or 488
— d'argent 488
Coupes d'or 443
Couronnes d'or 430
— d'argent 432
— de gueules 433
— d'azur 433
— de sinople 433
— de sable 435
Couteaux d'argent 489
— d'azur 489
— de sable 489
Coutelas d'or 490
Créquiers d'or 333

Crocodiles d'or	290
Croisettes d'or	142
— d'argent	143
— de gueules	143
— de sable	144
Croissants d'or	372
— d'argent	374
— de gueules	379
— d'azur	380
— de sinople	380
— de sable	381
Croix d'or	128
— d'argent	132
— de gueules	135
— de sinople	139
— de sable	140
— de vair	142
Croix de saint-Antoine ou tafs d'or	144
Crosses d'or	430
— d'argent	430
Cruches de gueules	443
Cygnes d'argent	304
— d'azur	305
Cyprès de sinople	334

D.

Daims de sable	254
Dauphins d'or	290
— d'argent	290
— d'azur	290
— de sable	291
Demi-vols d'or	320
— d'argent	320
— d'azur	320
Démons d'or	226
Dents d'argent	511
Dextrochères d'or	233
— d'argent	233
Diamants d'or	511
Dragons d'or	283
— de gueules	283
— de sinople	283
Drapeaux de sable	450

E.

Ecartelé	56
Echiqueté	179
Ecrevisses d'or	291
— d'argent	291
Ecritoires d'argent	490
— de sable	490
Ecureuils de gueules	254
— de sable	254
Ecus brochant ou en cœur	177
Ecus brochant d'argent	177
— d'azur	178
— d'hermine	178
Elans de gueules	255
Eléphants d'or	255
— d'azur	255
Emanché d'or	178
— d'argent	178
Emaux des champs	1
Emouchets d'or	305
Enfants d'argent	226
Epées d'or	451
— d'argent	451
— de gueules	453
— de sable	453
Eperviers d'or	305
— d'argent	305
— d'azur	306
— de sable	306
Epis de blé d'or	364
— d'argent	366
— de gueules	366
— d'azur	366
Epis d'avoine d'or	366
Eponges d'azur	512
Equerres d'azur	491
Equipolé	72
Escarboucles d'or	435
— de gueules	435
Etendards d'argent	453
Etoffes de gueules	439
Etoiles d'or	381
— d'argent	391
— de gueules	397
— d'azur	398
— de sable	400

… TABLE ALPHABÉTIQUE.

F.

Faisans d'or	306
Faisceaux d'argent	454
Fascé	104
Fasces d'or	90
— d'argent	94
— de gueules	98
— d'azur	100
— de sinople	102
— de sable	102
— d'hermine	103
— de vair	104
Faucons d'or	306
— d'argent	306
— de gueules	307
— d'azur	307
— de sable	307
Faulx d'argent	491
Fermaux d'argent	454
— d'azur	454
Fers de chevaux d'argent	454
— de gueules	454
— d'azur	455
Feuilles d'or	344
— de sinople	344
Fèves d'argent	367
— de sinople	341
Figures héraldiques ou pièces honorables	73
Figures artificielles ou meubles d'armoiries	429
Figures naturelles	203
Filets d'or	127
— d'argent	127
— de gueules	128
Fioles d'azur	442
Flambeaux d'argent	405
Flammes d'or	406
— de gueules	406
Flanchis ou sautoir	144
Flèches d'or	455
— d'argent	455
— de sable	456
Fleurs de lis d'or	348
— d'argent	353
— de gueules	355
Fleurs de lis d'azur	356
— de sable	357
Foi d'or	232
— d'argent	232
— de gueules	232
— d'azur	233
Fontaines d'argent	469
— de gueules	469
— d'azur	469
— de sable	469
Forces de sable	491
Foudre de Jupiter d'or	406
Fouets d'or	491
Fougères d'or	334
— de sinople	334
Fouines d'or	255
— d'azur	255
Fourmis de sable	287
Fraises de gueules	367
Francs-quartiers d'or	170
— d'argent	171
— de gueules	171
— d'azur	172
— d'hermine	172
Franges de sinople	438
Frênes d'or	334
— de sinople	334
Fretté, treillissé	148
Fretté d'or	148
— d'argent	148
— de gueules	149
— d'azur	149
— de sable	149
Frondes d'azur	512
Fusées d'or	182
— d'argent	182
— d'azur	183
— de sable	183
Fuselé	183

G.

Gantelets d'argent	456
Gants d'argent	438
Geais d'or	307
— d'argent	307
— de gueules	308
— de sable	308

TABLE ALPHABÉTIQUE.

Gerbes d'or............... 367
— d'argent............ 368
— de gueules......... 368
— de sinople.......... 368
Gerfauts d'argent........... 308
Gironné.................. 169
Girouettes d'argent......... 491
Glands d'or............... 369
— de sinople.......... 369
Globes d'or............... 407
— d'argent............ 407
— d'azur.............. 407
Gonfanons d'or............. 456
— d'argent......... 456
— de gueules....... 457
Granges d'or.............. 470
— d'argent........... 470
Grelots d'or............... 491
Grenades d'or.............. 369
— de gueules........ 369
— de sable.......... 369
Grenouilles d'or............ 255
— de sinople....... 255
Griffons d'or.............. 284
— de gueules......... 284
— d'azur............. 285
— de sinople......... 285
— de sable........... 285
Grillets d'or............... 491
Grils de sable............. 443
Grues d'or................. 308
— d'argent............ 308
— de gueules.......... 308
— de sable............ 309
Guidons d'or.............. 457
Guitare d'or ou luth........ 507

H.

Haches d'or............... 457
— d'argent............ 457
Hallebardes d'azur.......... 458
Harengs de sable........... 322
Haricots de sinople......... 370
Harpes d'or............... 507
— de sable............ 507
Heaumes d'or.............. 458
— d'argent............ 458

Hêtres d'or............... 335
— de sinople.......... 335
Hiboux de gueules.......... 309
Hirondelles d'azur.......... 309
Hommes en habit rouge..... 221
— de carnation....... 221
— d'azur............. 221
Hosties d'argent............ 512
Hôtelleries d'argent......... 470
Houx de sinople............ 335
Hures d'argent............. 277
— de sable............ 277

I.

Ifs d'or................... 335
Instruments d'arts et métiers 480
Instruments de guerre, de chasse et de navigation ... 445
Instruments de musique..... 505

J.

Joncs de sinople............ 341
Jumelles de gueules........ 106
— d'azur............ 107

L.

Lambels d'or.............. 439
— d'argent........... 439
— de gueules......... 439
— d'azur............. 440
— de sable........... 440
Lances d'or............... 458
— d'argent............ 458
— de gueules.......... 459
— de sable............ 459
Lancettes d'or............. 493
— de sable.......... 493
Lapins d'argent............ 245
— de gueules.......... 245
— de sable............ 246
Larmes d'argent............ 407
— de gueules.......... 408
Lauriers de sinople......... 335
Léopards d'or............. 256

47 *

Léopards d'argent..........	256
— de gueules........	257
— de sable..........	257
Lévriers d'or...............	246
— d'argent...........	246
— de gueules.........	248
— d'azur.............	248
— de sable...........	248
Lézards d'or...............	288
— de sinople..........	288
Licornes d'or..............	285
— d'argent...........	286
— de sable...........	286
Lièvres d'argent............	257
Limiers de sable............	248
Lin d'argent................	341
Lionceaux d'or.............	273
— d'azur.............	273
Lions d'or..................	257
— d'argent............	263
— de gueules..........	266
— d'azur.............	269
— de sinople..........	270
— de sable............	270
— d'hermine..........	272
— de vair.............	272
— de pourpre..........	273
Lion (ombre)................	273
Lis d'or (tige)..............	357
— d'argent.	357
Livres d'or.................	492
— d'argent............	492
— de gueules..........	492
— d'azur.............	492
Losanges d'or..............	180
— d'argent...........	180
— de gueules........	181
— de sable..........	181
Losangé....................	181
Loups d'or.................	273
— d'argent	274
— de gueules..........	274
— de sable............	274
Lunes d'or.................	401
— d'azur.............	401
Luth d'or ou guitare	507
Lyres d'or..................	507
— d'azur.............	508

M.

Macles d'argent............	183
— de gueules..........	183
— d'azur.............	184
— de sable............	184
Mai d'or...................	336
Maillets d'or...............	494
Mains d'or.................	230
— d'argent............	230
— de gueules..........	231
Mains de justice de sable....	435
Maisons d'argent...........	470
Marteaux d'argent..........	494
— d'azur.	494
Martinets d'or..............	309
— de sable..........	309
Masses d'armes d'argent.....	459
Massues d'or...............	512
Mâts de navire d'or.........	459
— d'argent.....	459
— de gueules...	460
— de sable.....	460
Maures d'or................	224
— d'argent............	224
— de gueules..........	224
— de sable............	225
Merles d'or.................	309
— d'argent............	309
— de sable............	310
Merlettes d'or..............	310
— d'argent..........	310
— de gueules........	311
— d'azur............	311
— de sable..........	311
Mers d'argent..............	408
— d'azur.............	408
Mi-parti....................	54
Miroirs d'argent............	494
Moineaux de gueules........	312
Molettes d'or...............	460
— d'argent...........	461
— de gueules.........	462
— d'azur............	462
— de sinople.........	462
— de sable..........	463
Monogrammes d'or..........	216

TABLE ALPHABÉTIQUE.

Monogrammes de sable..... 217
Montagnes d'or............ 409
— d'argent........ 409
— de gueules...... 410
— d'azur......... 410
— de sable....... 410
— de sinople...... 410
Monticules d'or............ 412
— de sinople...... 412
Monts d'or................ 411
— d'argent........... 411
— de gueules......... 411
— de sable........... 411
— de sinople......... 412
Mortiers d'or.............. 494
— d'azur............ 495
— de sable.......... 495
Mottes de sinople.......... 412
Mouches de sable.......... 287
Mouchetures d'hermine d'or. 281
— d'argent...... 281
— de gueules.... 281
— de sable...... 282
Moulins à vent d'or........ 470
Moutons d'or.............. 249
— d'argent........... 249
— d'azur............. 249
— de sable........... 249
Murailles d'argent......... 470
— de sable.......... 470
Mûres de gueules.......... 370
Mûriers de gueules......... 336

N.

Nacelles d'or.............. 463
Navettes d'or.............. 495
— d'argent.......... 496
— de gueules........ 496
— de sable.......... 496
Navires d'or............... 463
— d'argent........... 463
— de sable........... 464
Noms de Jésus d'or (I. H. S.). 218
— de Marie d'or....... 220
Nonnes d'or............... 214
Notre-Dame d'or........... 215
— d'argent........ 215

Notre-Dame de gueules...... 216
Noyers d'argent............ 336
— d'azur............. 336
— de sinople.......... 336
Nuages d'argent............ 404

O.

Objets divers.............. 508
OEillets d'or............... 359
— de gueules.......... 359
OEils d'argent............. 226
— de gueules.......... 226
Oies d'argent.............. 313
— de gueules.......... 313
— d'azur............. 313
— de sable............ 313
Oiseaux d'or............... 291
— d'argent........... 292
— de sinople.......... 292
— de sable........... 292
Oisons d'argent............ 313
Oliviers d'argent........... 337
— de sinople......... 337
Ombre de lion............. 273
Ondes d'argent............ 412
Ormes de gueules.......... 337
— de sinople......... 337
Ours d'or................. 275
— de sable........... 275
Ouvrages d'architecture..... 465
Ovales d'or................ 191

P.

Pains d'or................. 512
— de gueules.......... 512
— de sable............ 513
Pairles d'or................ 112
— d'argent........... 112
— de sable........... 112
Palmes d'or............... 342
— d'argent........... 343
— de sinople......... 343
Palmiers d'or.............. 338
— de sinople......... 338
Palé...................... 111
Pals d'or.................. 107

TABLE ALPHABÉTIQUE.

Pals d'argent.............. 108
— de gueules............ 109
— d'azur................ 110
— de vair............... 110
— d'hermine............ 111
— de sable.............. 111
Panaches d'or............. 496
Paons d'or................ 313
— de gueules............ 314
— de sable.............. 314
Papillons d'or............. 287
— d'argent........... 287
— de gueules........ 287
Parti...................... 53
Partition de l'écu........... 53
Patenôtre de sable.......... 497
Pâtés d'or................. 513
— de gueules............ 513
Pavillons de sinople......... 471
Pavots de pourpre.......... 359
Peaux d'or................ 279
Peignes de gueules.......... 497
Pélicans d'or.............. 314
— de gueules............ 314
— d'azur............... 315
Pelles de four d'or........... 497
— d'argent............ 497
— de sable............ 498
Pelouse de sinople.......... 342
Pensées d'or............... 359
— de sinople........... 359
Perdrix d'or............... 315
— d'argent............ 315
— de gueules........... 315
Perroquets d'or............ 315
— d'argent............ 315
— de sinople........... 316
Perruques de sable.......... 227
Peupliers de sinople......... 338
Phénix d'or................ 286
— de sable.............. 286
Pies d'argent............... 316
— de sable.............. 316
Pigeons d'or............... 316
— d'argent............ 317
— de gueules........... 317
Piliers d'argent............. 471
Pins d'argent............... 338

Pins de sinople............ 338
Pinsons de gueules.......... 317
Pistolets d'or............... 464
Plantes de vesce de sinople... 341
— de lin d'argent....... 341
Platanes de sinople.......... 339
Plumes d'or................ 498
— d'argent............ 498
— d'azur............... 499
— de sable............. 499
Pointes de gueules.......... 169
Poires d'or................ 370
— d'argent............ 370
— de gueules........... 370
Poiriers d'argent............ 339
— de sinople.......... 339
Poissons d'or.............. 321
— d'argent............ 321
— de gueules........... 321
Pommes d'or............... 370
Pommes de pin d'or........ 371
— de sable.... 371
Pommiers d'or............. 339
— d'azur.............. 339
— de sinople........... 339
Ponts d'or................. 471
— d'argent............ 471
— de gueules........... 471
Porcs de sable.............. 250
Porcs-épics d'or............ 250
— de sable.......... 250
Portails d'or............... 472
— d'argent............ 472
Portes d'or................ 472
Pots d'or.................. 443
— d'argent............ 444
Poulains d'argent........... 250
Poules d'azur.............. 317
Pruniers de sinople.......... 340
Pyramides d'or............. 472

Q.

Quintefeuilles d'or.......... 345
— d'argent...... 345
— d'azur........ 345
— de sinople..... 345

R.

Rabots d'or	500
— d'argent	501
— de gueules	501
— d'azur	501
Raisins d'argent	371
— de sable	371
Rameaux d'or	344
— de sinople	344
Ramiers d'argent	317
Rasoirs d'argent	502
Rats d'argent	276
— d'azur	276
— de sable	276
Rayons de soleil d'or	404
— d'argent	404
— d'azur	404
Renards d'or	275
— de gueules	275
— d'azur	276
— de sable	276
Rivières d'argent	412
— d'azur	413
— de sinople	414
Rochers d'or	414
— d'argent	414
— de gueules	415
— d'azur	415
— de sinople	415
— de sable	415
Roches d'or	416
— d'argent	416
— de gueules	416
— de sable	416
Rocs d'échiquier d'or	416
— d'argent	417
— de gueules	418
— d'azur	418
— de sable	418
Roitelets d'or	318
Rondelles de gueules	464
Roses d'or	359
— d'argent	361
— de gueules	362
Rosiers de sinople	340
Rossignols d'argent	318
Rossignols d'azur	318
Roues d'or	502
— d'argent	502
— de gueules	503
Rubans d'or	439
Ruches de sable	514

S.

Sabres d'argent	464
— de gueules	465
— d'azur	465
Saint André d'or	203
— Antoine de sable	203
— Augustin d'or	204
— Côme et St Damien d'or	204
— Côme et St Damien de sable	205
— Dizain et St Adrien d'or	205
— Eloi d'or	205
— Eloi d'azur	206
— Esprit d'argent	206
— Genès d'argent	206
— Genès de gueules	207
— Honoré d'or	207
— Honoré de sable	207
— Jean-Baptiste d'or	208
— Joseph d'or	208
— Louis d'or	209
— Louis d'azur	209
— Martin d'or	210
— Maurice d'or	210
— Maurice d'azur	210
— Michel d'or	210
— Pierre d'or	211
— Pierre d'argent	211
— Pierre et St. Antoine d'or	211
— Victor d'or	211
— Yves d'argent	212
— Yves de sable	212
Sainte Geneviève d'or	212
— Geneviève d'argent	213
— Magdeleine d'or	213
— Scolastique de sable	213
— Vierges d'or	213
— Vierge d'argent	214
— Vierge de gueules	214

Salamandres d'or	287	Terrasses de sinople	420
Sangliers d'argent	277	Têtes d'homme d'argent	223
— de sable	277	Têtes d'argent	223
Saumons d'or	322	— de gueules	224
— d'azur	323	— d'azur	224
Sauterelles d'or	287	Tiercé	55
— de sable	288	Tiercefeuilles d'or	347
Sautoirs ou Flanchis	144	— d'argent	348
Sautoirs d'or	144	— de sinople	348
— d'argent	145	Tiges d'argent	331
— de gueules	146	— de sinople	331
— d'azur	147	Tiges de lis d'or	357
— de sable	147	— d'argent	357
Sauvages d'or	222	Tilleuls de sinople	340
— de sable	223	Toisons d'or	280
Scies d'argent	503	— d'argent	280
— de sable	503	— d'azur	281
Scorpions d'or	278	Tonneaux d'azur	444
Selles d'or	503	— de sable	444
Serpents d'or	289	Toques de sable	439
— de gueules	289	Torches de gueules	406
Serres d'oiseaux d'argent	292	Torrents d'argent	421
Singes d'argent	278	Tortues d'or	279
— de sinople	278	— d'argent	279
Soie d'argent	514	— de sable	279
Soleils d'or	401	Tourelles d'or	472
— d'argent	403	Tours d'or	472
— de gueules	403	— d'argent	474
Soles d'or	323	— de gueules	478
Souci de sinople	340	— d'azur	479
Souliers de sable	439	— de sable	479
Souris d'or	278	Tourteaux d'or	187
Suisses d'église d'or	222	— d'argent	187
— de sable	222	— de gueules	187
		— d'azur	188
		— de sinople	188
T.		— de sable	189
		Tourterelles d'or	318
Tafs d'or ou croix de St.-Antoine	144	— d'argent	318
Taissons d'or	279	Tranché	55
Taureaux d'or	250	Tranchets d'or	504
— de gueules	250	— d'argent	504
— de sable	251	Trèfles d'or	345
Taux de gueules	503	— d'argent	346
Terrasses d'or	418	— de sinople	346
— d'argent	418	— de sable	347
— de gueules	419	Treillissé d'argent	149
— de sable	419	Treillissé, fretté	148

TABLE ALPHABÉTIQUE.

Triangles d'or............ 169
— d'argent......... 169
Troncs d'or. 344
Trophée de sable.......... 465
Truelles d'or............. 504
— de sable.......... 504
Truites d'argent........... 323
Tuiles d'argent............ 505
Tulipes d'or.............. 364

V.

Vaches de gueules.......... 251
— d'azur............. 251
Vaisseaux de sable......... 465
Valets d'argent............ 505
Vallons d'or.............. 421
Vans d'azur............... 505
Vanneaux d'or............. 327
Vases d'or................ 444
Veaux d'or............... 251
— d'azur............. 251
Vergettes de sable......... 105
Verres de gueules......... 445

Verres de sable........... 445
Verroux d'or.............. 505
Vesces de sinople......... 341
Vignes d'or............... 340
— d'azur............. 340
— de sinople......... 341
Villes d'or............... 480
— d'argent........... 480
— de sable........... 480
Violons d'azur............ 508
— de sable.......... 508
Vipères d'azur............ 289
— de sinople........ 289
Vires d'argent............ 465
Vols d'or................ 318
— d'argent........... 319
— de gueules......... 319
— d'azur............. 319
— de sable........... 319

Y.

Yeux d'argent............. 226

FIN DE LA TABLE.

www.ingramcontent.com/pod-product-compliance
Lightning Source LLC
Chambersburg PA
CBHW060756230426
43667CB00010B/1587